国家出版基金项目
"十三五"国家重点出版物出版规划项目

近感探测与毁伤控制技术丛书

声探测原理

Principle of Acoustic Detection

郝新红 栗苹 潘曦 贾瑞丽 著

北京理工大学出版社
BEIJING INSTITUTE OF TECHNOLOGY PRESS

内 容 简 介

本书从工程应用角度出发，系统研究了声探测系统的目标检测、识别、定位、跟踪技术及传感器阵列信号处理技术，分析了战场典型目标声学特性，研究了声源目标检测方法，将多传感器数据融合与人工神经网络技术应用于声探测系统，实现目标识别与定向。针对多个宽带声源目标定位问题，阐述了球谐波分析理论，构建了多球阵列结构模型，提出了基于多球阵列结构的球谐MUSIC算法对三维声源目标进行定位。

本书可作为高等院校探测、制导与控制专业或引信技术专业本科生、研究生的教学参考书，也可供探测与控制、引信及相关行业的科研与工程技术人员参考。

版权专有　侵权必究

图书在版编目（CIP）数据

声探测原理/郝新红等著 . —北京：北京理工大学出版社，2019.6（2019.12重印）

（近感探测与毁伤控制技术丛书）

国家出版基金项目　"十三五"国家重点出版物出版规划项目

ISBN 978-7-5682-7192-9

Ⅰ.①声…　Ⅱ.①郝…　Ⅲ.①声探测　Ⅳ.①U675.7

中国版本图书馆 CIP 数据核字（2019）第 131355 号

出版发行 /	北京理工大学出版社有限责任公司
社　　址 /	北京市海淀区中关村南大街5号
邮　　编 /	100081
电　　话 /	（010）68914775（总编室）
	（010）82562903（教材售后服务热线）
	（010）68948351（其他图书服务热线）
网　　址 /	http：//www.bitpress.com.cn
经　　销 /	全国各地新华书店
印　　刷 /	北京地大彩印有限公司
开　　本 /	787毫米×1092毫米　1/16
印　　张 /	14.5
字　　数 /	224千字
版　　次 /	2019年6月第1版　2019年12月第2次印刷
定　　价 /	72.00元

责任编辑 / 张慧峰
文案编辑 / 张慧峰
责任校对 / 周瑞红
责任印制 / 李志强

图书出现印装质量问题，请拨打售后服务热线，本社负责调换

近感探测与毁伤控制技术丛书

编 委 会

名誉主编：朵英贤

主　　编：崔占忠　粟　苹

副 主 编：徐立新　邓甲昊　周如江　黄　峥

编　　委：（按姓氏笔画排序）

王克勇　王海彬　叶　勇　闫晓鹏

李东杰　李银林　李鹏斐　杨昌茂

肖泽龙　宋承天　陈　曦　陈慧敏

郝新红　侯　卓　贾瑞丽　夏红娟

唐　凯　黄忠华　潘　曦

总序

引信是武器系统终端毁伤控制的核心装置，其性能先进性对于充分发挥武器弹药系统的作战效能，并保证战斗部对目标的高效毁伤至关重要。武器系统对作战目标的精确打击与高效毁伤，对弹药引信的目标探测与毁伤控制系统及其智能化、精确化、微小型化、抗干扰能力与实时性等性能提出了更高要求。

依据这种需求背景撰写了《近感探测与毁伤控制技术丛书》。丛书以近炸引信为主要应用对象，兼顾军民两大应用领域，以近感探测和毁伤控制为主线，重点阐述了各类近感探测体制以及近炸引信设计中的创新性基础理论和主要瓶颈技术。本套丛书共 9 册：包括《近感探测与毁伤控制总体技术》《无线电近感探测技术》《超宽带近感探测原理》《近感光学探测技术》《电容探测原理及应用》《静电探测原理及应用》《新型磁探测技术》《声探测原理》和《无线电引信抗干扰理论》。

丛书以北京理工大学国防科技创新团队为依托，由我国引信领域知名专家崔占忠教授领衔，联合航天 802 所等单位的学术带头人和一线科研骨干集体撰写，总结凝练了我国近炸引信相关高等院校、科研院所最新科研成果，评述了国外典型最新装备产品并预测了其发展趋势。丛书是展示我国引信近感探测与毁伤控制技术有明显应用特色的学术著作。丛书的出版，可为该领域一线科研人员、相关领域的研究者和高校的人才培养提供智力支持，为武器系统的信息化、智能化提供理论与技术支撑，对推动我国近炸引信行业的创新发展，促进武器弹药技术的进步具有重要意义。

值此《近感探测与毁伤控制技术》丛书付梓之际，衷心祝贺丛书的出版面世。

序
PREFACE

  认识作者团队已二十余载，有幸见证了《声探测原理》一书的诞生历程。

  战场电磁环境的日趋复杂，使得无源探测的被动声探测技术因具有抗干扰能力强，全天候工作，受地貌地形影响小等突出优势，引起各国关注。20世纪90年代，作者团队开始战场被动声探测技术的系统研究。我参加了团队的战场典型声源目标坦克、直升机等目标特性测试，并合作开展了目标检测、识别、定位技术研究。转眼弹指一挥间，作者团队在被动声探测技术方面已硕果累累，研究成果凝练成书。

  《声探测原理》是《近感探测与毁伤控制技术丛书》9分册之一，是中近程目标多种物理场探测体制中的重要分支。该书特点鲜明。一方面，全书的系统性与理论性强，既结合实际工程应用背景，同时又立足于国防科学技术前沿。专著系统论述了战场被动声探测系统的目标检测、识别、定位、跟踪技术及阵列信号处理技术，同时又涵盖宽带多源声目标定位的理论前沿问题。另一方面，论述内容实用性强，注重工程应用经验的凝练与总结。如战场典型声源目标特性测试、声定位实时性算法研究等,具有重要工程应用价值。该专著不仅具有鲜明的近炸引信应用特色,而且体现了该领域技术发展水平,具有前沿性和引领性。

相信这本书的出版将对我国近感探测与毁伤控制技术与装备的发展起到重要的理论支撑与技术推动作用。该书在引信技术、探测与控制等军民两用方向,不论高等院校或者工程技术界,均具有广阔的应用前景。

谨以此作序。

前言

《声探测原理》是《近感探测与毁伤控制技术丛书》9分册之一。按照丛书"反映近感探测与毁伤控制领域最新研究成果，涵盖新理论、新技术和新方法，展示该领域技术发展水平的高端学术著作"的总定位，本书立足于战场声探测的目标检测、识别、定位、跟踪技术与阵列信号处理技术开展系统研究，强调战场声探测技术和工程应用经验的凝练与总结。

战场地面和低空目标侦查监视系统及反坦克、反直升机等武器系统的需要，使得作为无源探测的被动声探测技术成为中近程目标探测体制中的重要分支，其具有抗干扰能力强、可全天候工作、受地貌地形影响小等突出优势。

本书以实际工程应用为背景，同时立足于国防科学技术前沿，系统研究战场被动声探测系统的目标检测、识别、定位、跟踪及阵列信号处理技术。全书共7章。第1章~第5章在阐述被动声探测定位理论基础上，建立了被动声探测系统能量方程；分析了战场典型声源目标坦克、直升机、枪炮的声学特性及战场环境对声探测系统的影响，并对坦克等目标特性进行了外场测试及分析；

构建了声探测系统目标检测与识别系统模型，阐述了基于回归运算的目标检测方法和基于高阶统计量的低信噪比目标检测方法；提出了声探测系统目标识别特征提取方法，结合神经网络分类器实现了坦克目标识别；论述了声源目标定位方法，分析了目标位置估计量的最小方差，讨论了均匀媒质和非均匀媒质中的定位误差，给出了定位误差公式；将多传感器数据融合技术用于声探测系统，提出了适合于声探测系统的原始信息、特征信息、决策信息融合方法，建立了多传声器数据融合系统框架；提出了人工神经网络目标检测、目标识别及目标定向系统的具体结构，并经过仿真与实测数据进行验证。第6章和第7章针对当前多个宽带声源目标定位的热点问题，基于球谐波分析理论，讨论了平面波展开理论，提出了声场球谐波分解方法，分析了声场球谐分解得到的模态强度和球谐函数的性质；基于球谐波理论将声场分解到球谐域后，使用球傅里叶变换系数构建多重信号分类MUSIC算法中的协方差矩阵；建立了多球阵列结构模型，提出了基于多球阵列结构的球谐MUSIC算法对三维声源目标进行定位；讨论了多球阵列不同尺寸、不同分布方式对DOA估计结果的影响；给出了多球阵列设计的规则。

本书是北京理工大学老师们多年的研究成果总结。郝新红编写了第1章、第2章，栗苹编写了第3章~第5章，潘曦编写了第6章、7章，贾瑞丽老师编辑了全书图表、公式。全书由郝新红统稿。

感谢北京理工大学闫晓鹏教授在本书编写过程中给予的指导和帮助。董二娃、王雄武、陈齐乐、周文等同学，在本书编写过程中也给予了大力支持与帮助，在此表示诚挚的谢意。

本书不仅可以作为高等院校探测、制导与控制专业或引信技术专业本科生、研究生的教学参考书，也可供探测与控制、引信及相关行业的科研与工程技术人员参考。

此外，本书部分内容还参考了国内外同行专家、学者的最新研究成果，在此一并表示诚挚的谢意！

由于作者水平有限，书中难免存在不妥之处，敬请读者批评指正。

作　者

目 录
CONTENTS

第1章 声探测定位理论基础 ⋯⋯⋯⋯⋯⋯⋯⋯⋯⋯⋯⋯⋯⋯⋯⋯⋯⋯⋯⋯⋯⋯⋯ 1
  1.1 声波传播机理 ⋯⋯⋯⋯⋯⋯⋯⋯⋯⋯⋯⋯⋯⋯⋯⋯⋯⋯⋯⋯⋯⋯⋯⋯⋯⋯ 1
    1.1.1 声学中的物理概念 ⋯⋯⋯⋯⋯⋯⋯⋯⋯⋯⋯⋯⋯⋯⋯⋯⋯⋯⋯⋯⋯⋯ 1
    1.1.2 声源的类型和传播模型 ⋯⋯⋯⋯⋯⋯⋯⋯⋯⋯⋯⋯⋯⋯⋯⋯⋯⋯⋯ 6
    1.1.3 声波的传播特性 ⋯⋯⋯⋯⋯⋯⋯⋯⋯⋯⋯⋯⋯⋯⋯⋯⋯⋯⋯⋯⋯⋯⋯ 8
  1.2 声探测定位方法 ⋯⋯⋯⋯⋯⋯⋯⋯⋯⋯⋯⋯⋯⋯⋯⋯⋯⋯⋯⋯⋯⋯⋯⋯ 11
    1.2.1 被动声探测定位方法 ⋯⋯⋯⋯⋯⋯⋯⋯⋯⋯⋯⋯⋯⋯⋯⋯⋯⋯⋯⋯ 11
    1.2.2 阵列技术 ⋯⋯⋯⋯⋯⋯⋯⋯⋯⋯⋯⋯⋯⋯⋯⋯⋯⋯⋯⋯⋯⋯⋯⋯⋯ 14
    1.2.3 时延估计测向、测距技术 ⋯⋯⋯⋯⋯⋯⋯⋯⋯⋯⋯⋯⋯⋯⋯⋯⋯⋯ 14
  1.3 声定位系统 ⋯⋯⋯⋯⋯⋯⋯⋯⋯⋯⋯⋯⋯⋯⋯⋯⋯⋯⋯⋯⋯⋯⋯⋯⋯⋯ 18
  1.4 声探测系统的三种应用场合 ⋯⋯⋯⋯⋯⋯⋯⋯⋯⋯⋯⋯⋯⋯⋯⋯⋯⋯ 18

第2章 声探测系统目标与环境特性分析 ⋯⋯⋯⋯⋯⋯⋯⋯⋯⋯⋯⋯⋯⋯⋯ 19
  2.1 声探测系统的能量方程 ⋯⋯⋯⋯⋯⋯⋯⋯⋯⋯⋯⋯⋯⋯⋯⋯⋯⋯⋯⋯ 19
  2.2 战场典型声源的特性与分析 ⋯⋯⋯⋯⋯⋯⋯⋯⋯⋯⋯⋯⋯⋯⋯⋯⋯⋯ 21
    2.2.1 单目标声信号特性分析 ⋯⋯⋯⋯⋯⋯⋯⋯⋯⋯⋯⋯⋯⋯⋯⋯⋯⋯⋯ 22
    2.2.2 多目标和单目标声信号关系 ⋯⋯⋯⋯⋯⋯⋯⋯⋯⋯⋯⋯⋯⋯⋯⋯ 33
    2.2.3 多目标声信号特性分析 ⋯⋯⋯⋯⋯⋯⋯⋯⋯⋯⋯⋯⋯⋯⋯⋯⋯⋯⋯ 36

2.3 战场环境特性分析及对声探测系统的影响 …………………… 44
　2.3.1 声波的发散衰减对声探测系统的影响 ………………… 44
　2.3.2 空气吸收对声探测系统的影响 ………………………… 45
　2.3.3 地面环境对声探测系统的影响 ………………………… 47
　2.3.4 风、雨、温度梯度等气象条件对声探测系统的影响 …… 48
2.4 目标特性测试和分析系统 ………………………………………… 52

第3章　声探测系统目标检测与识别技术 …………………………… 54
3.1 声探测目标检测和目标识别系统模型 …………………………… 55
3.2 目标检测系统判决准则的确定 …………………………………… 58
3.3 基于回归运算的检测系统 ………………………………………… 62
　3.3.1 高斯噪声中高斯信号的回归检测方法 ………………… 63
　3.3.2 对回归检测算法的讨论 ………………………………… 69
　3.3.3 高斯噪声中非随机未知信号的回归检测方法 ………… 72
3.4 利用高阶统计量进行信号检测研究 ……………………………… 75
　3.4.1 高阶统计量的基本概念 ………………………………… 76
　3.4.2 高阶统计量在目标检测中的应用研究 ………………… 77
3.5 声探测系统目标识别技术研究 …………………………………… 79

第4章　声探测系统目标定位与跟踪技术 …………………………… 84
4.1 传声器阵列输出信号模型 ………………………………………… 85
　4.1.1 均匀线阵的输出信号模型 ……………………………… 88
　4.1.2 均匀平面阵的输出信号模型 …………………………… 89
　4.1.3 均匀圆阵的输出信号模型 ……………………………… 90
4.2 目标定位方法研究 ………………………………………………… 92
4.3 目标方向角估计的最小方差分析 ………………………………… 98
　4.3.1 单目标方向角估计的最小方差分析 …………………… 98
　4.3.2 多目标方向角估计的最小方差分析 …………………… 104
4.4 目标定位系统定位误差分析 ……………………………………… 107
　4.4.1 不同坐标系定位误差之间的关系 ……………………… 107
　4.4.2 联合测向测距目标定位系统误差分析 ………………… 109
　4.4.3 均匀媒质中定位误差分析 ……………………………… 111

4.4.4　非均匀媒质中定位误差分析 ·· 118
　4.5　运动目标的跟踪技术 ·· 121
　　4.5.1　跟踪坐标系的选择及状态方程、观测方程的建立 ······················ 122
　　4.5.2　目标跟踪系统跟踪精度的提高 ·· 124

第5章　人工神经网络和多传感器数据融合技术在声探测系统中的应用研究 ······ 127
　5.1　多传感器数据融合的基本原理 ·· 128
　5.2　声探测系统多传声器数据融合方法 ··· 130
　　5.2.1　声探测系统多传声器原始信息融合方法 ································· 130
　　5.2.2　声探测系统多传声器特征信息融合方法 ································· 134
　　5.2.3　声探测系统多传声器决策信息融合方法 ································· 135
　5.3　目标定位多传声器信息融合方法 ··· 139
　　5.3.1　最小二乘法在目标位置融合中的应用 ···································· 140
　　5.3.2　加权最小二乘法在目标位置融合中的应用 ······························ 142
　5.4　人工神经网络的基本理论及在声探测系统中的应用 ····················· 145
　　5.4.1　人工神经网络的基本模型和基本理论 ···································· 145
　　5.4.2　基于人工神经网络的目标检测技术 ·· 148
　　5.4.3　基于人工神经网络的目标识别技术 ·· 150
　5.5　人工神经网络技术用于目标的方向角估计 ·································· 153
　　5.5.1　人工神经网络输入矢量的确定 ·· 154
　　5.5.2　用两个神经网络提高目标定向精度 ·· 156
　　5.5.3　计算机模拟实验结果 ·· 158
　　5.5.4　对几个问题的讨论 ·· 159

第6章　球谐波理论及声场球谐域建模 ·· 162
　6.1　平面波 ··· 162
　　6.1.1　声波方程和欧拉方程 ·· 163
　　6.1.2　三维空间中的平面波 ·· 164
　6.2　球面波 ··· 165
　　6.2.1　球坐标系中声波方程的通解 ··· 165
　　6.2.2　三维空间声场的球面散射 ·· 168
　　6.2.3　球谐函数 ·· 172

6.3 基于球形阵列的声场球谐分解及其性能分析 ·············· 173
　　6.3.1 球麦克风阵列的设计 ································ 173
　　6.3.2 基于球形阵列的声场球谐分解 ···················· 176
　　6.3.3 基于球形阵列声场球谐分解有限阶数引起的截断误差分析 ·········· 180

第7章 多声源定位的多球阵列结构设计 ················ 182
7.1 球谐多重信号分类算法 ·································· 183
7.2 多球阵列的算法 ·· 185
7.3 多球阵列的设计与仿真 ·································· 186
　　7.3.1 不同半径的单球阵列 ································ 187
　　7.3.2 半径相同和半径不同的多球阵列 ················ 189
　　7.3.3 不同分布方式的多球阵列 ························· 192
　　7.3.4 多球阵列设计规律 ·································· 197

参考文献 ·· 198
索　引 ·· 201

第1章 声探测定位理论基础

1.1 声波传播机理

声波的本质是由质点或物体在弹性媒质中的振动而产生的机械波。如果这种波的频率在人耳的可闻范围内（2 Hz ~ 20 kHz），就称为声波，低于此频率范围的称为次声波，高于此频率范围的称为超声波，在声探测技术中习惯将它们统称为声波。当振动在气体和液体中传播时，形成压缩和伸张交替运动现象，所以声波在流体介质中表现为压缩波的传播，即纵波。在固体中由于有切应力，可以传播纵波和横波。在横波传播中介质质点振动方向与波传播的方向垂直；相反，纵波是介质质点振动方向与波传播方向一致的波。此外，在固体的自由表面上，由于表面纵波与表面横波的合成，还会出现表面起伏波形的表面波，称为瑞利波。

1.1.1 声学中的物理概念

1. 声压

存在声波的空间称为声场。声场中的声压是与时间和空间有关的函数，在时间域，声场中某一瞬时的声压值称为瞬时声压 p_t，在声信号的某一段时间内的最大瞬时声压值称为峰值声压 p_m，而在这一段时间 T 内的瞬时声压对时间取均方根值，则称为有效声压 p_e，即

$$p_e = \sqrt{\frac{1}{T}\int_0^T p_t^2 dt} \tag{1-1}$$

式中，e——有效值；

T——取平均的时间间隔。在周期声压时，T 取一个或几个周期；对非周期声压，T 应该取足够长，以使间隔长度的微小变化不影响测量结果。

一般声学上使用的声压值和声学仪器上测量的声压值均多指有效声压。

声压的大小反映了声波的强弱，声压的单位为 Pa（帕斯卡），简称帕，1 Pa = 1 N/m^2。

有效声压大小的典型例子有：人耳对 1 kHz 声音的可听阈（即刚刚能觉察到它存在时的声压）约 2×10^{-5} Pa，微风轻轻吹动树叶的声音或在郊外静夜约 2×10^{-4} Pa，在房间中的高声谈话声（相距 1 m 处）0.05 ~ 0.1 Pa，交响乐演奏声（相距 5 ~ 10 m 处）约 0.3 Pa，一般鼓风机房约 2 Pa，舰船的动力机房或在前排听摇滚乐演奏约 20 Pa，喷气飞机起飞时约 200 Pa，导弹发射现场约 2×10^3 Pa，核爆炸约 2×10^4 Pa。

平面声波的声压表达式为

$$p(x) = p_a e^{j(\omega t - kx)} \tag{1-2}$$

式中，p_a——声波的振幅，对平面波而言，它是一个常数；

ω——声波的角频率；

k——声波波数，$k = \dfrac{\omega}{c_0}$，c_0 为声速；

x——声波在 x 方向上运动。

2. 声能量与声能量密度

在一个足够小的体积元内，其体积、压强增量和密度分别记为 V_0、p、ρ_0，则声扰动的能量表示为声动能和声势能之和，有

$$\Delta E = \Delta E_k + \Delta E_p = \frac{V_0}{2}\rho_0 \left(v^2 + \frac{1}{\rho_0^2 c_0^2} p^2 \right) \tag{1-3}$$

式中，v——质点速度。

单位体积内的声能量称为声能量密度，其表达式为

$$\varepsilon = \frac{\Delta E}{V_0} = \frac{1}{2}\rho_0 \left(v^2 + \frac{1}{\rho_0^2 c_0^2} p^2 \right) \tag{1-4}$$

以上方程对所有形式的声波都成立,具有普遍意义。对于平面波,有

$$\Delta E = V_0 \frac{p_a^2}{\rho_0 c_0^2} \cos^2(\omega t - kx) \tag{1-5}$$

单位体积内的平均声能量为平均声能密度,有

$$\bar{\varepsilon} = \frac{\overline{\Delta E}}{V_0} = \frac{p_a^2}{2\rho_0 c_0^2} = \frac{p_e^2}{\rho_0 c_0^2} \tag{1-6}$$

式中,$p_e = \frac{p_a}{\sqrt{2}}$,为有效声压。

3. 声功率和声强

声功率是指声源在单位时间内通过垂直于声传播方向的面积 S 的平均声能量,又称为平均声能量流,单位为瓦(W),符号用 $\overline{W}$ 表示。声能量是以声速 c_0 传播的,因此平均声能量流应等于声场中面积为 S、单位时间内声源传播的距离(即声速 c_0)所形成的柱体内包括的平均声能量,即

$$\overline{W} = \bar{\varepsilon} c_0 S \tag{1-7}$$

声功率是表示声源特性的物理量,声功率越大,表示声源单位时间内发射的声能量越大,引起的噪声越强。它的大小,只与声源本身有关。

声强是指单位时间内声波通过垂直于声传播方向的单位面积上的平均声能量,单位为瓦/米²(W/m²),符号用 I 表示,有

$$I = \frac{\overline{W}}{S} = \bar{\varepsilon} c_0 \tag{1-8}$$

声功率和声强的关系:单位面积上的平均声功率即为声强,或者表示为声功率等于声强在声传播垂直方向上的面积积分,即

$$\overline{W} = \int_S I dS \tag{1-9}$$

需要注意的是,声强是一个矢量,具有方向性,表示声场中能量流的运动方向。

4. 声压级、声强级与声功率级

1)声压级

声强或声压的变化范围很大，通常人耳可以感受到的最弱的声音和能够忍受的最强的声音，声压数值的变化范围可达 10^6 量级，使用起来极不方便。另一方面，人耳对声音的接收，并不是正比于声强的绝对值，而是听觉的响度大小与声压呈对数比例关系。因此，在声学中普遍使用对数标度来度量声压、声强、声功率等声学参量，分别称为声压级、声强级和声功率级，单位用分贝（dB）表示。所谓"级"的概念，就是一个物理量对同类的一个基准量的比值取对数。

声压级的符号为 L_p，其定义为将待测声压的有效值 p_e 与基准声压 p_0 的比值取常用对数，再乘以 20，即

$$L_p = 20\lg\left(\frac{p_e}{p_0}\right) \quad (\text{dB}) \tag{1-10}$$

在空气中，参考声压 $p_0 = 2 \times 10^{-5}$ Pa，该数值是具有正常听力的人对 1 kHz 声音刚刚能够觉察到的最低声压值。因此，式（1-10）也可以写为

$$L_p = 20\lg p_e + 94 \quad (\text{dB}) \tag{1-11}$$

一般来说，微风轻轻吹动树叶的声压级约为 20 dB，在房间中的高声谈话（相距 1 m 处）声压级为 68～74 dB，大型鼓风机房（离风机 1 m）的声压级约为 120 dB，喷气飞机起飞时的声音约为 140 dB，导弹发射（发射场）时的声压级约为 160 dB，核爆炸（试验场）的声压级约为 180 dB。一个声音比另一个声音的声压大一倍时，声压级增强 6 dB；一般人耳对于声音强弱的分辨能力约为 0.5 dB。

2）声强级

声强级用符号 L_I 表示，其定义为将待测声强 I 与基准声强 I_0 的比值取常用对数，再乘以 10，即

$$L_I = 10\lg\left(\frac{I}{I_0}\right) \quad (\text{dB}) \tag{1-12}$$

在空气中，基准声强 $I_0 = 10^{-12}$ W/m²，这一数值是取空气的特性阻抗为 400 Pa·s/m 时与声压 2×10^{-5} Pa 相对应的声强。因此，式（1-12）又可以写为

$$L_I = 10\lg I + 120 \tag{1-13}$$

由于

$$I = \frac{p_e^2}{\rho_0 c_0} \tag{1-14}$$

因此，可得

$$L_I = 10\lg\left(\frac{I}{I_0}\right)$$

$$= L_p + 10\lg\frac{400}{\rho_0 c_0} = L_p + \Delta L_p \tag{1-15}$$

一般情况下，ΔL_p 的值很小，因此声压级 L_p 近似等于声强级 L_I，即 $L_p \approx L_I$。

3）声功率级

声功率级一般用于计量声源的辐射声功率。声源的声功率级用 L_w 符号表示，它定义为这一声源的辐射声功率 W 与基准声功率的比值取常用对数后乘以 10，即

$$L_w = 10\lg\left(\frac{W}{W_0}\right) \text{ (dB)} \tag{1-16}$$

式中，W_0——基准声功率，$W_0 = 10^{-12}$ W。

一些典型噪声源的声功率级如下：轻声耳语的声功率级约为 30 dB，歌唱的声功率级为 70~80 dB，大型鼓风机的声功率级约为 140 dB，喷气客机的声功率级约为 170 dB，宇宙火箭的声功率级约为 190 dB。

值得注意的是，对于一个确定的声源，其声功率级不变，而声压级、声强级均随着测试点的不同而变化。如自由声场（无发射声场）中的点声源，其声压级和声强级随着距离的增加而减小。

5. 声速

声速取决于媒质特性，它与媒质的弹性模量 E 与密度 ρ 的比值的平方根成正比。声速可表示为

$$c_0 = \sqrt{\frac{E}{\rho}} \tag{1-17}$$

式中，$E = \dfrac{p}{\Delta\rho/\rho_0}$，$p$ 为声压，$\Delta\rho/\rho_0$ 为密度的相对增量，$\Delta\rho = \rho - \rho_0$，$\rho$ 与 ρ_0 分别为媒质的密度和静密度。

在某一特定的媒质中，声速是个常数，因而频率 f 与波长 λ 成反比。此外，在等熵情况下，空气中的声速还随温度而变化，其关系为

$$c = c_0\sqrt{\frac{T}{T_0}} \quad \text{或者} \quad c = c_0\left(1 + \frac{t}{273}\right)^{\frac{1}{2}} \text{ (m/s)} \tag{1-18}$$

式中，T——空气的绝对温度，$T = t + 273$（K）；

T_0——绝对零度，$T_0 = -273℃$；

t——空气的摄氏温度（℃）；

c_0——0 ℃时空气中的声速。

1.1.2 声源的类型和传播模型

根据声源的大小和形状与声波的传播距离相比较的结果，可以把声源分为点声源、线声源、面声源和体声源。不同声源的辐射图形不同，但大部分声源符合下列规律：

当辐射出来的声波波长比声源的尺寸大很多倍时，声波比较均匀地向各方向传播；当辐射出来的声波波长小于声源的尺寸时，声波集中地向正前一个尖锐的圆锥体的范围内传播。

在声音传播过程中，通常把波的传播方向称为波线（或射线），把某一时刻振动所传播到的各点所连成的曲面称为波前，而把传播过程中振动相位相同的质点所构成的曲面称为波阵面。按照波阵面的不同，声波可以分为柱面波、平面波和球面波三类。如果声波的波阵面为一系列的同心球面，这样的声波称之为球面波。球形声源产生的声波是球面波，它是实际环境中最常见的一种声波形式。

各类声波传播模型见图1.1~图1.3。

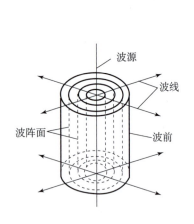

图1.1 柱面波的传播

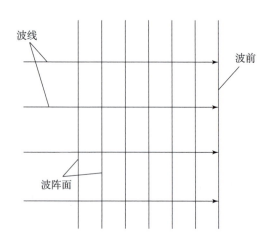

图1.2 平面波的传播

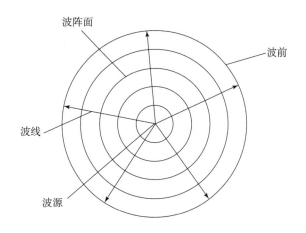

图 1.3　球面波的传播

1. 点声源声波传播

点声源是理想化的声源模型,是指声源的大小和形状与声波传播距离相比,可忽略不计。因为在各向同性介质中,振动在各个方向上的传播速度大小是相同的。因此,点声源产生的振动,在各向同性介质中向各个方向传播出去,其波前和波阵面都是以点声源为中心的球面。如果点声源是在无穷远处,则在一定范围的局部区域内,波面和波前都近乎是平面。点声源声波的传播模型如图 1.1 所示。

2. 平面波

平面波是指声波沿一个方向(如 x 方向)传播,在其余方向上所有质点的振幅和相位均相同的声波。平面波的波阵面为平面,波线是与波面垂直的许多平行直线。平面声波的传播模型如图 1.2 所示。

通常条件下不会产生真正意义上的平面波。但在声学领域,平面波是主要的研究对象。这是因为:

①在辐射声场的远场,各种类型的声波均可近似为平面波;

②在管道中或利用特殊的声学装置(如驻波管)可以产生理想的平面波;

③平面波具有其他类型声波主要的物理特性,同时其理论分析又相对简单。

平面波的声压表达式如式(1-2)所示。

平面波的声强表达式为

$$I = \frac{p_e^2}{\rho c} \tag{1-19}$$

式中，p_e——有效声压。

由此可见，平面波在均匀理想介质中传播时，声压幅值是不随距离而改变的常数，也就是说声波在传播过程中幅度不会有任何衰减。平面波是远场目标距离和方向估计的声学模型。

3. 球面波

球面波的波阵面为同心球面，波线从点波源出发，沿径向呈辐射状，在各向同性介质中它的波线与波面垂直。如图1.3所示，点声源发出的声波即为球面波。

在无界空间中（也称为自由空间），点声源辐射产生的声波为各向均匀的球面波，其声压表达式为

$$p = \frac{jk\rho c q_0}{4\pi r} e^{j(\omega t - kr)} \tag{1-20}$$

式中，k——前面所提到的声波波数，$k = \dfrac{\omega}{c_0}$；

q_0——声源强度，由球源半径 r 和球面振动幅度确定。

球面波声强表达式为

$$I = \frac{p_e^2}{\rho c} \tag{1-21}$$

可以看出，球面波的声强在关系形式上仍与平面波声场一样，但因为球面波声压与距离的一次方成反比，因而声强不再处处相等，而是随距离 r 的平方反比地减小。球面波是近场目标距离和方向估计的声学模型。

1.1.3 声波的传播特性

1. 声波的反射、折射、散射和衍射

声波在两种媒质的分界面上会发生反射、透射（对垂直入射声波）和折射（对斜入射声波）现象。当声波在介质中传播时，会遇到几何尺寸不一的障碍物，如大气中悬浮的颗粒、岩石、建筑物及花草树木等。当障碍物的尺寸远远大于声波波长时，声波会产生反射现象。此时，反射声波和垂直于分界面的法线所成的角度与入射声波和法线所成的角度相等。除了反射声波外，还有一部分声波将进入障碍物。由于此时声波从一种媒质进入到另一种媒质，其传播方向发生变化，即发生了折射现象。

当障碍物的尺寸比较小且大于入射声波波长时，声波则会出现一部分发生反射、一部分偏离原来的路径传播的现象。通常，把实际的波与假设障碍物不存在时所出现的不受干扰的波之间的差异部分定义为散射波，散射波一部分均匀地向各个方向散开，另一部分则集中在障碍物后面，与反射波干涉叠加，从而形成阴影区。当障碍物的尺寸远远小于入射波波长时，声波通过散射的作用而使得散射波和一部分入射波干涉叠加，从而使障碍物后面没有明晰的"阴影区"，这时可认为是声波绕过障碍物继续传播，这种现象被称之为声波的衍射。声波的散射与衍射都是声波遇到障碍物后，由于一部分声波的传播方向被改变从而在障碍物后面形成了复杂的干涉与叠加的物理现象：当声波的波长小于障碍物尺寸时，称之为散射，反之称之为衍射。从波动原理考虑，声波的散射与衍射之间没有本质区别。声波遇到障碍物后发生衍射的程度取决于声波的波长与物体大小之间的关系。对于同一个障碍物，频率较低的声波较易发生衍射，而频率较高的声波不易发生衍射现象，它具有较强的方向性。

2. 声波的衰减

即使不遇到障碍物，声波在非理想的实际介质中传播时，仍会出现随传播距离增大而逐渐衰减的物理现象，并且在传播较高频率的超声波时这个现象尤为明显。

引起声波在介质中传播衰减的原因，主要归纳为以下三个方面：

（1）几何衰减。传播过程中由于声波波阵面的扩展，引起能量空间扩散，已知波振幅随距离增加而减弱。如球面声波和柱面声波的波阵面扩展传播。

（2）散射作用。由于介质中的粒子的散射作用，使得有用传播方向的声波能量减少。这时，传播的平面波阵面似乎并未扩大，但实际上部分声波被零星、陆续地散开，而偏离了平面波主体方向，从而沿平面波主体方向的声波减弱了。这种情况下，声波的总能量并没有减少，只是从指定的方向看，声波越传越弱。

（3）吸收损失。由于介质本身对声能的吸收，声波不断损失能量。或者说，波动形式的力学能量不断转化为其他种类的能量，在大多数情况下，转换为热能。

引起介质对声波吸收的原因很多。在均匀介质中产生声吸收的原因是介质的黏性、热传导以及介质的微观过程引起的弛豫效应等。前两种吸收机理，早在19世纪就由斯托克斯（Stokes）和基尔霍夫（Kirchhoff）做了理论阐明和计算。但在实际中发现，按此理论计算所得的吸收值比实际测量的吸收值小得多。随着测量技术的提高以及声学应用和理论的发展,提出了介质声吸收的内分子能量传输的弛豫过程理论。

斯托克斯的黏性吸收和基尔霍夫的热传导吸收,统称为声波的经典吸收。当声吸收比较小时,热传导效应和黏滞效应引起的声吸收是可加的,得出总的声吸收系数公式

$$\alpha = \alpha_\eta + \alpha_h \approx \frac{\omega^2}{2\rho_0 c_0^3}\left[\frac{4}{3}\eta' + \kappa\left(\frac{1}{C_v} - \frac{1}{C_p}\right)\right] \quad (1-22)$$

式中,α_η——黏性吸收系数,$\alpha_\eta = \frac{\omega^2 \eta}{2\rho_0 c_0^3}$,$\eta$ 为黏滞系数;

c_0——声速;

ω——角频率;

ρ_0——大气密度;

α_h——热传导吸收系数,$\alpha_h = \frac{\omega^2 \kappa}{2\rho_0 c_0^3}\left(\frac{1}{C_v} - \frac{1}{C_p}\right)$;

κ——热传导系数;

C_v——定容比热容;

C_p——定压比热容;

η'——切变黏滞系数。

公式(1-22)就是著名的斯托克斯-基尔霍夫公式,是声吸收系数的经典公式。如果再加上弛豫声吸收系数公式,则总的声吸收系数公式如下

$$\alpha = \alpha_\eta + \alpha_h + \alpha_R \approx \frac{\omega^2}{2\rho_0 c^3}\left[\frac{4}{3}\eta' + \kappa\left(\frac{1}{C_v} - \frac{1}{C_p}\right) + \frac{\eta''}{1+\omega^2 \tau'^2}\right] \quad (1-23)$$

式中,α_R——弛豫声吸收系数,$\alpha_R = \frac{\omega^2}{2\rho_0 c_0^3}\left(\frac{\eta''}{1+\omega^2 \tau'^2}\right)$;

η''——低频容变黏滞系数;

$\tau' = \tau \cdot \frac{C_{vn}}{C_v}$,$\tau$ 为弛豫时间,C_{vn} 为外自由度能量引起的定容比热容。

3. 声波的接收

要利用目标噪声的声波来进行定位,首先必须接收到声波。这主要依靠声接收器,在空气中用各种传声器。当声接收器置于声场中,这时入射到接收器表面的声波在此

面上产生一个声压,在声压的作用下,接收器的机械系统发生振动,这一机械振动又以某种方式转换为电振动,产生正比于接收器表面声压的电压,这就是声波的接收过程。

实际上,接收器在声场中相当于一个散射体,在其表面将激起散射波,因此,这时接收器表面上的实际声压应该等于在该表面上入射声压和散射声压之和。当接收器尺寸与声波波长相比很小时,其对声波不是一个显著的障碍,所以散射声压很小,基本可以认为只有入射波;相反,如果接收器尺寸与声波波长相比较大时,则接收器表面对声波就形成一个显著的屏障,这时散射波的强度近似与入射波相等。

1.2 声探测定位方法

1.2.1 被动声探测定位方法

声定位技术是利用声传感器(也称传声器)阵列和电子装置接收并处理声场信号,以确定自然声源或人为声源位置的一种技术。根据探测方式不同,声定位技术可分为主动声探测定位和被动声探测定位两种。主动声探测定位系统包括发射和接收装置;被动声探测定位系统仅有接收装置而没有发射装置。同传统的主动声探测定位技术相比,被动声探测定位技术具有隐蔽性强、不受电磁波干扰等特点,可用于探测车辆、坦克、火炮等军事目标位置,在军事、医疗、机器人等领域有着广泛应用。本书主要论述战场被动声探测定位技术。

目前,传声器阵列被动声探测定位方法主要有波束形成定位方法、高分辨率谱估计定位方法、声压幅度比定位方法、基于时延估计定位方法。

1. 波束形成定位方法

波束形成定位方法是基于最大输出功率的定位方法,其基本作用原理是采集传声器阵列各阵元的信号,并赋予不同权值进行加权求和形成波束,并通过调整权值使得传声器阵列输出的功率最大,最大输出功率所对应的位置即为目标声源位置。传统波束形成器的权值取决于传声器阵列各阵元信号的相位延迟,而相位与信号间的时延差紧密相关,因此,传统波束形成器又称为时延求和波束形成器。传统的波束形成器工作原理如图 1.4 所示，FFT 意为快速傅里叶变换（Fast Fourier Transform）。而现代波束，则根据某种权值调整判据进行权值调整，依此获得最佳波束形成器。此外，在进行时间校正的同时对信号加以滤波，因此，现代波束形成器也称为滤波求和波束形成器。

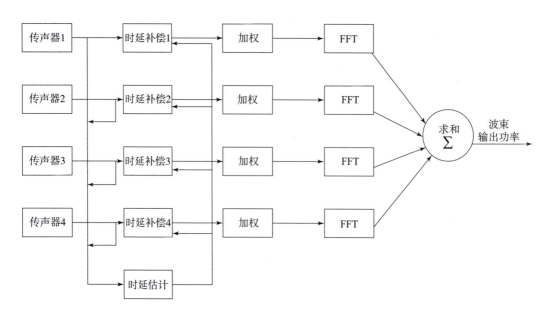

图 1.4 传统波束形成器作用原理

波束形成定位方法本质上是一种最大似然估计，它需要声源和环境噪声的先验知识。在实际应用中，这种先验知识往往较难获得。此外，定位估计是非线性优化问题，进行非线性优化时其目标函数通常存在多个极点，对初始点选取很敏感。当采用搜索全局最优点方法时会增加计算量，不适用于实时系统。

2. 高分辨率谱估计定位方法

高分辨率谱估计定位方法是利用传声器阵列的各阵元接收信号相关矩阵的空间谱，通过求解传声器间的相关矩阵估计目标声源位置。常用方法有特征值分解法（如 MUSIC、ESPRIT 算法）、最小方差估计法（MVE）、最大熵法（ME）、自回归 AR 模型法等。

该方法适合处理多信源定位问题，但需要假设信号源为理想信号源、传声器特性相同，且声音信号是窄带平稳过程，而且传声器阵列处于远场情况。这些条件限制了该方法不适合近距离定位，其定位效果及稳定性不如波束形成定位法，运算量也较大。

3. 声压幅度比定位方法

声压幅度比定位方法是利用传声器阵列各阵元接收到目标声信号的声压幅度比的差异实现目标声源定位。所谓声压幅度比是指由声压在传声器处产生的输出电压与相应目标声源到传声器间距离的对应关系所推导出的用于声源定位的约束条件。这些约束条件既可以单独使用，也可以和基于时间差方法导出的约束条件一起使用。将多个传声器布成立体阵列，即可确定目标声源的三维空间位置。

该方法对传声器的匹配性能及安装精度等要求较高，对噪声和采集速率也很敏感，定位精度受外界条件影响较大。

4. 基于时延估计定位方法

基于时延估计定位方法是利用传声器阵列各个阵元上接收目标声信号因传输距离不同而引起的时间差，然后根据时间差列出方程，方程的解即为声源目标的空间位置，从而实现声源目标的联合测向和测距，定位原理如图 1.5 所示。基于时延估计定位方法的定位精度相对较高，实时性较好，其算法计算量远小于波束形成定位方法和高分辨率谱估计定位方法。

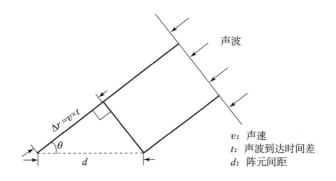

图 1.5　时延估计定位原理图

该定位方法分成时延估计和定位两步完成，因此定位算法使用的时延估值是对过去时间的估计，是次最优估计；此外，受反射混响、噪声以及量化等引起的时延估计误差会传递给给定位估计，影响整个系统定位的准确性；该方法应用于单声源定位时，定位效果较好。

在地面战场被动声探测系统中，时延估计定位方法由于定位精度高，实时性好，具有较强的抗干扰性能,因而被广泛采用。地面战场被动声探测定位技术涉及阵列技术和时延估计测向、测距技术两个关键技术。

1.2.2 阵列技术

被动声探测定位方法对声源目标定位性能的影响与传声器布设阵列形式有关,随着阵列布设方式的不同,所得到的目标定位性能也不同。传声器阵列布设方式可分为线性阵列、平面阵列和立体阵列等形式。

线性阵列可以确定目标的二维参量,但由于其轴对称性,故在定位时会造成空间模糊。平面阵列能确定目标的二维参量,可以在整个平面对目标进行定位,也可以对阵列所在平面为界的半个空间进行定位。如果声源目标是落地的炮弹,要测量落点的位置,可以采用平面阵列;如果声源目标是低空或超低空飞行的武装直升机以及地面上的坦克,亦可以采用平面阵列。由 N 个传声器阵元组成的阵列,可得到 $N-1$ 个独立的时延估计。空中直升机对于被动声定位系统而言可认为传声器阵列处于远场情况,因此,空中直升机可被看作点目标,具有三个自由度;地面上的坦克则只有两个自由度。如果定位系统要求具有通用性,盲区范围小,就必须使用立体阵列。

由于在相同时延估计精度下,不同阵形如三角阵、正方形阵或平面圆阵等,所得到的目标定位性能不同。所以,在实际应用中选用和设计合理的阵列形式非常重要。合适的几何阵形,不仅可以消除目标方位变化对测距精度的影响,还可以抑制时延估计方差对测距性能的影响。

与线性阵列、平面阵列结构相比,球形阵列作为一种特殊的立体阵列,在三维空间中具有良好的空间对称性,这一特点使得球形阵列非常适合用于对三维空间中的声场信号进行处理。另外使用球形阵列在球坐标系中将声场分解成球谐函数的展开式的一个主要的优点就是:球谐分解可以将接收信号中频率相关的分量从角度相关的分量中解耦出来,这一特点非常有利于处理宽带源声信号产生的声场。因此,本书将基于球谐波理论的球形阵列多声源定位方法研究作为重要内容之一。

1.2.3 时延估计测向、测距技术

时延估计方法主要有直接时延估计法和间接时延估计法。

直接时延估计法一般适用于宽带源信号定位。直接时延估计的目的是估计出声源信号到达两个声传感器的时间差。利用直接时延估计法实现声源定位至少需要 3 个传感器。估计出其中两个声传感器相对于基准传感器的时延，可以得到两条双曲线，声源的几何位置则为两个双曲线的交点。直接时延估计法主要包括互相关时延估计方法、基于高阶统计量的时延估计方法和基于循环统计量的时延估计方法。

间接时延估计法一般适用于窄带源信号定位。间接时延估计中对于均匀线阵，由于时延包含了角度和距离两个参数，因此可以直接对这两个参数进行估计，确定声源的位置。间接时延估计法有极大似然（Maximum Likelihood，ML）法、特征值分解法（如 MUSIC 算法、ESPRIT 算法）、多项式根法、SWV（Spatial Wigner-Ville）变换法、二阶统计量法、循环统计量法等时延估计方法。

常用的时延估计方法是基于互相关的时延估计方法，主要有基本互相关法、广义互相关法（Generalized Cross Correlation，GCC）、相位谱时延估计法和自适应滤波时延估计法（ATDE）等。

1. 基本互相关法

基本互相关法是通过两个信号进行互相关估算时延，设待估计时延的两传声器输出信号为 $x_1(t)$、$x_2(t)$，则

$$\begin{cases} x_1(t) = s(t) + n_1(t) \\ x_2(t) = s(t) + n_2(t) \end{cases} \quad (1-24)$$

式中，$s(t)$——声信号；

$n_1(t)$，$n_2(t)$——环境中的加性噪声信号。

这里假设 $s(t)$ 与 $n_1(t)$、$n_2(t)$ 之间不相关，则 $x_1(t)$、$x_2(t)$ 的互相关函数为

$$R_{x_1 x_2}(\tau) = E[x_1(t) \cdot x_2(t+\tau)] \quad (1-25)$$

将式（1-25）展开，可得

$$\begin{aligned} R_{x_1 x_2}(\tau) &= E\{[(s(t)+n_1(t)][s(t-D+\tau)+n_2(t+\tau)]\} \\ &= E[s(t) \cdot s(t-D+\tau)] + E[n_1(t) \cdot s(t-D+\tau)] + \\ &\quad E[s(t) \cdot n_2(t+\tau)] + E[n_1(t) \cdot n_2(t+\tau)] \\ &= E[s(t) \cdot s(t-D+\tau)] \\ &= R_{SS}(\tau - D) \end{aligned} \quad (1-26)$$

式中，D——声源信号到达两个传声器的时延差；

R_{ss}——声信号的自相关函数。

由式（1-26）可知，当 $\tau = D$ 时，$x_1(t)$、$x_2(t)$ 的互相关函数 $R_{ss}(\tau - D)$ 输出最大相关峰值。因此，互相关法估算时延本质上是求函数极大值问题，主极大峰值比较尖锐时，极大值点的位置才比较容易确定。而在实际应用中并不方便：一是假设声源信号和噪声之间互不相关，这在实际中受到限制；二是互相关函数的计算在数学上是一种严格的统计平均，而无限时间的平均值是在平稳遍历的情况下才能代替严格的统计平均。因此在实际应用中，通常用有限时间平均来取代无限时间平均。

对于观测时间有限的离散信号，互相关估计为

$$\hat{R}_{x_1 x_2}(n) = \begin{cases} \dfrac{1}{N-M} \sum_{i=1+M}^{N} x_1(i) x_2(i+n) & -M \leqslant n \leqslant 0 \\ \dfrac{1}{N-M} \sum_{i=1}^{N-M} x_1(i) x_2(i+n) & 0 < n \leqslant M \end{cases} \quad (1-27)$$

相关函数的长度为 $2M+1$，要求 $M > |D|$。由于 $\hat{R}_{x_1 x_2}(n) \approx \hat{R}_{x_1 x_2}(nT_s)$，$T_s$ 为采样周期，对时延精度有影响，造成时延估计 $\pm 0.5 T_s$ 的误差。

2. 广义互相关法

广义互相关法时延估计是基本互相关法的改进形式。互相关函数的傅里叶变换是互功率谱函数，在相关器前加窗综合为广义互相关算法。其基本原理是在求取信号互相关函数之前对其功率谱进行加权滤波，突出信号并抑制噪声干扰部分，从而突出相关函数在时延处的峰值。首先对信号进行预滤波，然后送入相关器进行互相关。$x_1(t)$、$x_2(t)$ 用广义互相关法估算时延 $\hat{D}$ 的流程框图如图 1.6 所示。

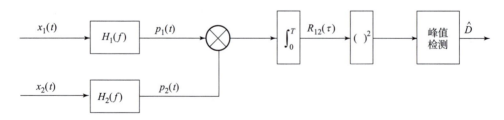

图 1.6 广义互相关法时延估计原理图

由图 1.6 可知，加窗预滤波后，$x_1(t)$、$x_2(t)$ 的互功率谱函数可表示为

$$G_{p_1 p_2}(f) = H_1(f) H_2^*(f) G_{x_1 x_2}(f) \quad (1-28)$$

根据互相关函数与互功率谱函数互为傅里叶变换对的关系，得到互相关函数输出为

$$R_{12}(\tau) = \int_{-\infty}^{+\infty} W(f) G_{x_1 x_2}(f) e^{j2\pi f t} df \qquad (1-29)$$

式中，$W(f) = H_1(f) H_2^*(f)$，为加权函数。

由上述原理可知，广义互相关法不能处理非平稳信号，在信号与噪声、噪声与噪声相关条件下，其时延估计精度会急剧下降；另一方面，其加权函数需要相应先验知识。但广义互相关法运算量小，便于硬件实现，在信噪比较高情况下定位精度也较高，因而广义互相关法多应用于实时系统，在被动声定位系统中应用较广泛。

3. 相位谱时延估计法

信号的互相关函数与其功率谱是一对傅里叶变换对，因此，可以在频域实现时延估计。即将两路信号通过傅里叶变换转换到频域，计算其功率谱密度函数的相位估计，时域估计的时延 τ 对应于频域相位函数 $\theta(f) = -2\pi f\tau$，因此可以通过相位函数估计时延差值。

相位谱时延估计法硬件实现容易，适用于环境噪声较小的情况，且相位和时延应具有近似线性关系。当信号的相位谱起伏较大时，算法性能会下降。

4. 自适应滤波时延估计法

自适应滤波时延估计法是一种基于自适应信号处理技术的时延估计算法。这种时延估计算法采用自适应横向滤波器对信号进行滤波消除噪声，按服从 $|x_1(t)、x_2(t)|^2$ 最小原则来调节滤波器的权系数，然后根据权系数估计时延 D，LMS（Least Mean Square，最小均方误差）自适应滤波器原理如 1.7 图所示。以一路信号 $x_1(t)$ 为目标信

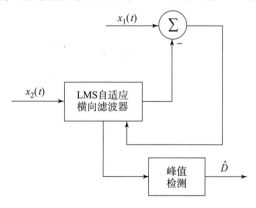

图 1.7　基于 LMS 自适应滤波器的时延估计原理图

号,另一路信号 $x_2(t)$ 为参考信号,根据两路信号的误差自动调整自适应滤波器的权值系数,使得参考信号 $x_2(t)$ 逼近目标信号 $x_1(t)$,即本质上等效于在参考信号 $x_2(t)$ 中插入一个延迟 τ 使得两通道信号对齐达到相关峰值。

自适应滤波时延估计法不需要目标信号与噪声的统计先验知识,且自适应滤波器的参数在迭代过程中根据最优准则不断调整,因此自适应时延估计用于跟踪动态变化的输入环境时有独特优势,并且其鲁棒性很好,广泛应用于未知信号和噪声统计特性方面。

另外,随着声探测技术的不断发展及信号处理技术的日益成熟,还发展形成了诸如高阶统计量时延估计法、基于小波变换的广义互相关时延估计法、基于子空间分解的时延估计法等方法,它们各有自身优点及应用。

1.3 声定位系统

以被动声探测技术为核心的定位系统,其组成如图 1.8 所示。传声器阵列采集声源辐射信号并转换为电信号,前置放大电路对传声器阵列输出的多路电信号进行前置滤波和放大处理,前置放大电路输出信号经 A/D 转换后形成声信号数据,计算机系统对声信号数据进行处理即可进行声源定位。

图 1.8　声定位系统框图

1.4 声探测系统的三种应用场合

(1) 作为战场警戒系统,其功能是目标检测、识别、定位和跟踪;
(2) 用于武器系统的预警装置,其功能是目标检测、识别,并"唤醒"下一级装置;
(3) 作为武器系统的起爆控制装置,其功能是目标检测、识别、定位和跟踪。

第 2 章　声探测系统目标与环境特性分析

声探测系统的任务是通过一定的装置或分析处理方法，根据目标辐射的声波信号对目标进行检测、识别、定位和跟踪，这必然要求声探测系统与目标和环境协调工作。目标检测、识别、定位和跟踪技术的关键是对传声器阵列输出信号中有用信息的提取，并根据这些有用信息采用一定的处理系统做进一步的检测、识别、定位和跟踪工作，即信息的利用。信息的提取和利用水平决定了声探测系统性能的好坏，而这些是同目标和环境的特性紧密相关的，所以，只有把目标、战场环境、传声器、信号处理装置（或方法）等有机结合起来，形成一个整体，从系统的高度讨论声探测系统所面临的问题及系统内部之间的联系，才能使声探测系统有序运行。

为了实现声探测系统的各项功能，必须研究作为探测系统探测对象的目标特性和战场环境特性，只有掌握了这些特性，才能决定后续处理方法。目前，虽然有关于目标特性和环境特性的分析，但这些分析基本停留在对目标频谱特性的分析及大气中声传播规律的研究上，这些特性分析不能满足开展声探测技术研究的要求。为此，为了更深入和实际地发展声探测系统并为后续几章的分析打下基础，本章首先进行了典型目标的特性分析，包括目标的时域、频域、相关域、分布特性分析；其次讨论了战场环境，如战场气象条件、地理条件的特性及对声探测系统的影响，丰富了声探测技术研究的资料准备。

2.1　声探测系统的能量方程

声探测系统根据传声器接收信号中所包含的有用信息完成识别、定位等工作，即目标的检测、定位与跟踪，都是从信号中提取为达到各种目的而必需的信息并对信息进行利用的过程。虽然"信息就是信息，不是物质，也不是能量"，但信息的传递、提取与应用是以一定的物质和能量为基础的。所以，声探测系统的工作前提就是要满足能量方程，只有在满足了能量方程的基础上，才可能提取信息、利用信息，完成其各项任务。

在声呐系统中，声呐方程反映了介质、声呐系统和目标以及声呐工作动态之间的内在联系。本书认为，在声探测系统中也存在着与声呐方程相类似的方程，并将此方程视为在能量意义上的目标、战场环境、声探测系统之间的联系，即称此方程为能量方程。下面结合声探测系统的功能给出此方程的具体形式，并进行讨论。

声探测系统将目标视为点目标，而不是体目标。从声学观点，当声源的尺寸与探测距离相比很小时，可将此声源视为点声源，战场上的典型目标，如直升机、坦克等，都满足上述条件，可视为点目标。声探测系统的功能目前还达不到对目标的部位进行识别，所以，视为点目标是可行的。本书中，如不特殊说明，声目标都视为点目标。当声探测的对象是目标群时，视为多个点目标。

如图 2.1 所示，SL 为目标强度，指离目标 1 m 处的声压；NL 为背景噪声级，它由自然噪声，或自然噪声和非目标等辐射的噪声组成；TL 为传播损失，指从距目标 1 m 处到达传声器基阵处的传播损失；GS 为声探测的空间增益，它与传声器阵列布置方式及阵列处理技术有关；GT 为声探测系统的时间增益，它是由信号处理装置在时间上的积累而取得的；DT 为检测阈，指能够进行目标检测、识别、参数估计和跟踪所需的最小信噪比。由此，可得出声探测系统的能量方程如式（2 – 1）所示。

$$SL - NL - TL + GS + GT = DT \tag{2-1}$$

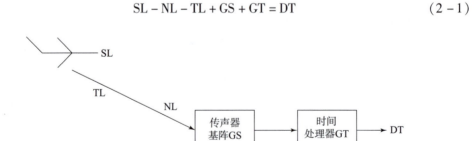

图 2.1　声探测系统能量方程推导示意图

由此可以看出，声探测系统的能量方程提供了其内部之间及与目标、外界环境之间的关系描述。

（1）如果已知 SL、NL、TL 和 DT，即掌握了目标声强、传播损失、背景干扰及目标检测、识别等方法所需的信噪比，则可以计算 GS 和 GT，从而可选择传声器及其阵列形式、空间处理和时间处理装置或算法。

（2）如果已知 SL、NL、TL 和 GS、GT，则可以计算出 DT，因为实现目标检测、识别、定位、跟踪有多种方法，但每种方法都是在一定的信噪比前提下工作的，所以，根据 DT，可进行方法选择。

（3）如果探测系统的性能已定，即 GS、GT、DT 已知，则对于一定的目标和背景（SL、NL 已知），可以计算出 TL。因 TL 是与探测距离有关的量，则由此可以判断出该探测系统的作用距离等。

声探测系统的能量方程为声探测系统的设计及各部分的协调提供了一个分析方法和依据。式（2-1）即为本书提出的声探测系统的能量方程，根据此方程，可以设计声探测系统，它是研究目标检测、识别、定位、跟踪技术的出发点。

虽然式（2-1）为声探测系统的设计提供了一个依据，但是，设计一个好的声探测系统仍然是十分复杂的，这种复杂性表现在：

（1）从目标和环境方面，SL、NL、TL 等是随目标种类、运动状态、目标与传声器相对位置、战场地理条件、气象条件等不断发生变化的；

（2）从信息表现形式方面，携带信息的信号是随机的，信号形式也随目标种类、运动状态、传播条件等发生变化；

（3）从信号拾取方面，传声器的性能各异，阵列的布置形式及空间处理、时间处理方法等也具有多样性。

这些都使得设计一个实用的声探测系统复杂化。由此，必须研究战场各目标的特性、战场环境特性及对声探测系统的影响，为进一步研究目标检测、识别、定位和跟踪技术提供依据和努力方向，为设计实用的声探测系统提供理论和方法准备。

2.2 战场典型声源的特性与分析

战场上的声源都具有双重性质，即声源可能成为目标源，也可能成为干扰源。当此声源为探测系统的探测对象时，该声源具有目标的性质；当此声源不是探测系统要探测的对象时，该声源则是干扰源，此时，便具有干扰的性质。

无论声源以目标形式出现,还是以干扰形式出现,都应该对其特性有充分的了解,以便更好地提取目标信息和去除干扰信息。

如前述,目前关于声源的特性分析一般仅是对其频谱特性的分析,而声源的特性仅用此分析是不足以充分描述的,如目标检测技术是利用声源和背景噪声的统计分布特性进行检测的,而目前缺少声源和背景统计特性分析的资料,所以,本书声源的特性分析包括声源的分布特性分析。

在目标识别过程中,识别系统利用任何可以利用的各种类型目标之间的差异,对目标进行分类,在现有的目标识别系统中,一般都是利用目标的频谱特性间的差异,本书认为除目标频谱特性可以用于目标识别外,目标的相关特性也是目标识别的有用特性之一,所以,本书声源特性分析包括目标的频谱特性及相关特性分析。

在目标定位和目标跟踪过程中,定位和跟踪系统也须利用目标的频谱特性。

综上所述,对战场典型声源的特性分析应包括对声源的统计分布特性、频谱特性、相关特性等的分析。

2.2.1 单目标声信号特性分析

1. 坦克噪声的测试与特性分析

地面战争是决定战争最终结局的作战手段,而坦克是地面战场中的主要武器。利用声探测技术,一方面可以掌握敌方的坦克部署情况,另一方面也是作为反坦克武器的一种控制手段。

一辆中型坦克重约 40 t,最大行驶速度 40 km/h,能爬 20°~30°的陡坡和跨越壕沟。这么重的物体具有如此性能,其主要原因是其有一副履带和大功率的发动机,而这些又是坦克的主要声源。坦克目标的行驶噪声(这里噪声是指声波或声音,而不是指背景噪声,但考虑到语言习惯,仍用噪声)主要是由机械部件运转造成的机械噪声和发动机工作过程中引起的空气动力噪声两部分组成,且空气动力噪声一般高于机械噪声。机械噪声主要是机械零件产生的发动机噪声和车体结构噪声;空气动力噪声主要是发动机的排气与进气噪声以及冷却风扇噪声,这些噪声的主要能量集中在中、低频段。

由于不同类型的坦克、同一坦克的不同运动状态都使坦克的声波信号有所不同。

对坦克目标的特性分析应包括对各种坦克类型、坦克的各种运动状态等的全面分析，但因条件有限，本书只选取了一种坦克型号在十几种不同运动状态和不同边界条件下的声波数据并对其进行了分析。

在测试过程中，磁带机连续记录从坦克距离传声器阵列 400 m 处运动至 10 m 处的传声器输出信号；测试条件为坦克以不同的速度行驶，砂土地面和水泥地面，坦克上坡、下坡，坦克转弯，坦克驶向传声器和驶离传声器等。

将存在于磁带机上的现场测试的数据在实验室进行分析，下面为几种典型情况下的目标特性分析结果。

1）坦克以不同速度匀速行驶时

该坦克的最高速度可达 40 km/h，在行进速度为 30 km/h 情况下，坦克距传声器阵列 150~300 m，坦克驶向传声器阵列方向时的典型功率谱图、典型相关曲线、统计分布曲线如图 2.2 所示。

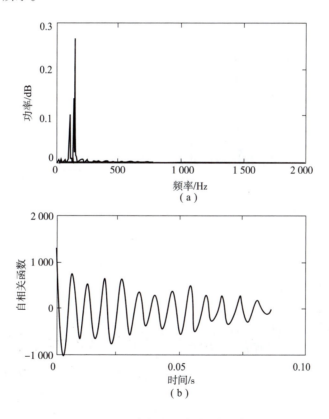

图 2.2 坦克匀速行驶时目标特性

(a) 典型功率谱图；(b) 典型相关曲线

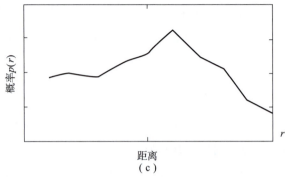

图 2.2 坦克匀速行驶时目标特性（续）
（c）统计分布曲线

2）坦克下坡时

当坦克行至距传声器阵列 60~100 m 处时，道路上有 -10°左右的坡度，坦克在下坡过程中，发动机关闭，此时声信号典型功率谱图、典型相关曲线、统计分布曲线如图 2.3 所示。

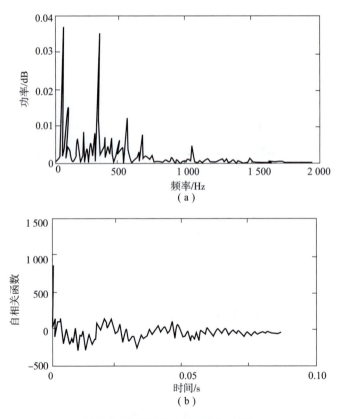

图 2.3 坦克下坡行驶时目标特性
（a）典型功率谱图；（b）典型相关曲线

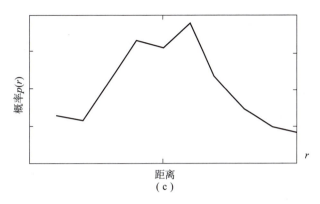

图 2.3 坦克下坡行驶时目标特性（续）
（c）统计分布曲线

3）坦克上坡时

坦克在上坡时，发动机功率加大，典型功率谱图、典型相关曲线、统计分布曲线如图 2.4 所示。

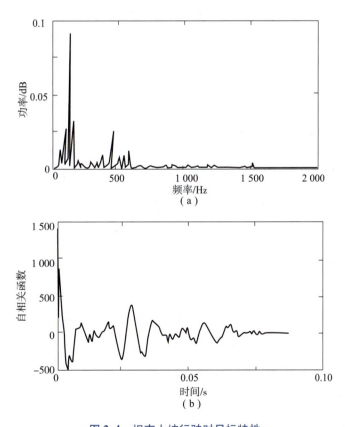

图 2.4 坦克上坡行驶时目标特性
（a）典型功率谱图；（b）典型相关曲线

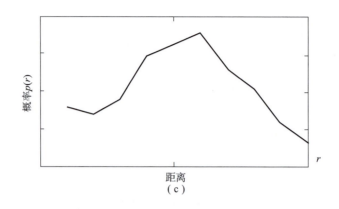

图 2.4 坦克上坡行驶时目标特性（续）

(c) 统计分布曲线

通过对坦克声学特性测试及分析，可以得出如下结论：

（1）坦克声谱为宽带谱，其主要能量集中在 2 kHz 以下，且有较明显的特征峰值；

（2）坦克声信号能够被普通的传声器在 300 m 远处探测到；

（3）坦克声波信号的统计分布近于高斯分布；

（4）坦克声波信号的相关特性为长周期和衰减性质，但对于坦克的不同运动状态，声波信号的相关曲线略有变化。

2. 直升机的噪声特性分析

直升机是战场上普遍使用的一种武器，且由于其机动灵活的特点，许多现有探测系统对其探测能力降至最低限。据有关资料介绍，雷达对 50 m 以下直升机的发现概率几乎为零。所以，分析直升机的噪声特性，对研究探测直升机的方法或设备是有现实意义的。

直升机的飞行噪声主要来自旋翼噪声、发动机噪声和尾桨噪声三个方面。由于尾桨在机尾，且直径比较小，如米－8 直升机尾桨直径为旋翼直径的 0.18 倍；SA330 "美洲豹" 直升机尾桨直径为旋翼直径的 0.2 倍，所以，尾桨对空气的扰动要比旋翼小。同时直升机的排气噪声是有方向性的，即发动机产生的噪声主要是向机身后面传播的。这样，当直升机的飞行方向是指向传声器时，直升机的旋翼噪声是直升机噪声的主要成分。直升机的旋翼有两种类型：一种是单旋翼；另一种是多旋翼，多旋翼有共轴和不共轴之分。在世界上现有的直升机中，以单旋翼居多，如我国的 Z－5、Z－8、Z－9 直升机，法国、德国、印度、意大利、英国等国家以及国际合作生产的直升机都为单旋翼机，只有俄罗斯（苏联）和美国生产有双旋翼直升机，如 Ka – 25、Ka – 26、Ka – 27、Ka – 126、XH – 59、MV – 22 等为共轴式双旋翼直升机，波音 114/414、波音 234、波音 360 为不共轴式双旋翼直升机。单旋翼和多旋翼直升机的声源是不同的，须对它们的特性和差异进行详细研究。

旋翼噪声包括旋翼旋转噪声和宽带噪声。旋翼旋转噪声是由桨叶上载荷的周期性扰动以及桨叶厚度而引起的。当作用在桨叶上的升力和阻力随桨叶位置的不同而周期性变化时，周围空气的力场随桨叶一起旋转而呈现周期性扰动；桨叶厚度引起的噪声是当桨叶旋转时，桨叶厚度迫使周围气体体积位移周期性充填，由此引起噪声。旋翼的宽带噪声主要是由作用在桨叶上的随机脉动力而引起的。

单旋翼直升机的声谱包含有离散和宽频分量，如图 2.5 所示。离散分量的频率相应于旋翼和尾桨的基频和谐波分量，宽频的频率是由旋翼和发动机、尾桨共同产生的。

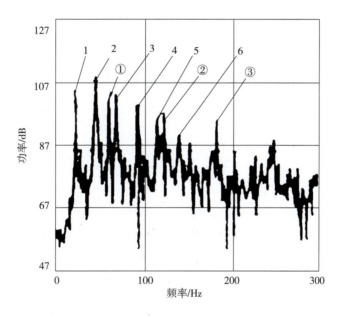

米 – 26 直升机的噪声谱（$\Delta f = 1.25$ Hz）

1 ~ 6—升力桨噪声谐波；① ~ ③—舵桨噪声谐波

图 2.5　单旋翼直升机典型功率谱图

相关文献也给出了类似的计算和测量结果。

文献对几种直升机的旋翼噪声基频进行了计算，其基频均在 16 ~ 24 Hz 之间，其 6

倍频也不超过 150 Hz。当直升机以速度 v 飞向传声器时，基频上还要加一个多普勒频移，多普勒频移 Δf 可由下式计算

$$\Delta f = \frac{f_1 \cdot v}{c} \cdot \cos\theta$$

式中，f_1——直升机基频；

c——声速；

θ——直升机飞行方向与传声器连线间的夹角。

取直升机最大平飞速度 $v = 300$ km/h，$\theta = 0°$，$f_1 = 24$ Hz，则 $\Delta f_{max} = 5.88$ Hz，即使考虑多普勒频移，也不会改变直升机噪声的周期性和低频特性。

双旋翼同轴式直升机的桨噪声是宽带和脉冲噪声的综合。直升机的声场在水平面上十分不均匀，这主要是由于脉冲声辐射的方向性。当过来的叶片端切面有效马赫数小于临界值时，脉冲噪声源是下面桨过来的叶片末端段，所发出的声音沿直升机飞行方向传播。在超临界马赫数，脉冲噪声源是下面和上面桨过来的叶片，噪声集中在直升机的整个前半部。

双旋翼同轴式直升机的噪声谱是在宽的频段内离散的，并且是叶片运行频率倍数的各谐波调幅综合，相关文献给出了图 2.6 所示的结果。

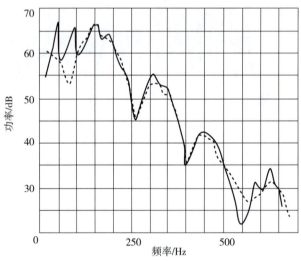

同轴式直升机平飞时（$v=189$ km/h；$H=150$ m）噪声包线谱
——为总和噪声；----为脉冲噪声分量

图 2.6 双旋翼直升机典型功率谱图

通过上述分析可以发现，直升机声波信号的最大特点在于其低的基频和线谱特性，这是直升机与坦克、枪、炮等声源特性具有的明显区别之处。

3. 机枪噪声特性分析

机枪是战场上的常见声源，通常情况下，在声探测系统中，机枪声源不是作为目标，而是作为干扰声源。掌握干扰声源的噪声特性也是声探测系统必须具备的知识。

机枪射击噪声是由两部分组成的：一部分是弹丸冲击膛口以超声速飞行，弹丸头部的空气来不及向周围扩散，便形成圆锥形激波，这种激波伴随有噪声，不过这种噪声在空气中衰减很快，7.62 mm 弹丸在几米远处就不见了；另一部分是火药在膛内产生的高温、高压气体，随弹丸冲击膛口，这种气体急剧膨胀，猛烈压缩膛口周围的空气，激起空气剧烈扰动，形成膛口冲击波，伴随有声音。一般后者比前者高几十分贝。因此射击噪声的主要来源是膛口火药气体的冲击波。膛口噪声的性质为强脉冲声，其峰值声压级比有效声压级高十几分贝甚至二十多分贝，一般持续时间为十几个毫秒。此外，枪口噪声具有较强的指向性，其声能的分布是不均匀的，大部分声能集中在 ±75° 方位内。

机枪声压峰值频率一般在 250~1 000 Hz 范围，用 7.62 mm 班用机枪进行野外射击测试，测点设在机枪口左侧垂直方向 73 cm 处，将获得的信号进行频谱分析，见图 2.7 所示。

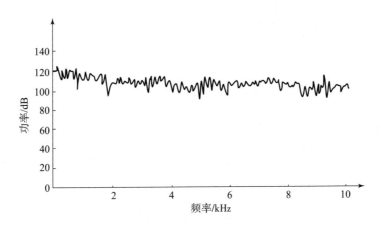

图 2.7 机枪射击时典型功率谱图

从分析及图中可知，机枪噪声在时域和频域内都具有明显的特点，在时域上表现为强脉冲信号形式，在频域上表现为宽带特点，且根据数学信号处理理论可以直接得出在相关域上机枪声信号表现为快速衰减的性质。这些为机枪目标识别或消除机枪噪声干扰提供了可能性。

4. 火炮噪声特性分析

火炮是战场上最古老的声源之一。声探测系统的最初形式就是以火炮为探测对象的，虽然随着时代的发展、技术的进步，火炮已从其原始形式演变成现在的具有多功能的武器装备，但对火炮的声探测技术相对其他声源的探测技术来讲，仍然是比较成熟的。这也间接说明了火炮噪声的特点比较明显。

火炮射击时的噪声产生机理与机枪相同。火炮射击噪声也表现为强脉冲声，声压峰值频率不高，但声信号的幅值较高。如152 mm加榴炮在80～500 Hz范围，这些噪声在空气中能够传得很远，其频谱如图2.8所示。

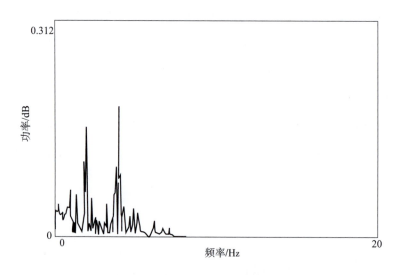

图2.8　152 mm加农榴弹炮典型功率谱图

图示表明，火炮噪声与直升机、坦克等声源相比具有明显的不同，尤其是时域内的脉冲性质及极高的峰值特性为火炮识别、定位及消除其干扰技术提供了可以利用的途径。

5. 吉普车、微型汽车、语音及脚步声的测试和特性分析

在声探测系统的三种应用中，吉普车、微型汽车、语音、脚步声等在不同的应用场合分别具有目标和干扰的性质。在战场警戒系统中，它们常是目标源，在武器系统的预警装置或起爆控制装置中，它们通常是作为干扰源存在于探测系统周围，所以研究这些声源的特性主要是研究它们在传声器附近辐射声波信号的特性。

对这些声源特性的测试分析系统与坦克特性测试分析系统相同。

吉普车在距传声器阵列 10~20 m 范围内开动、转弯，微型汽车开动时的典型功率谱图、典型相关曲线、统计分布曲线如图 2.9 所示。

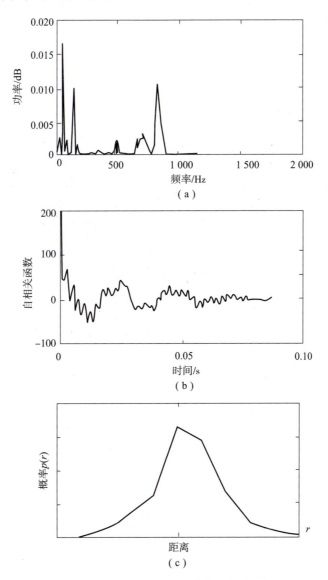

图 2.9　吉普车和微型汽车行驶时目标特性

(a) 典型功率谱图；(b) 典型相关曲线；(c) 统计分布曲线

在传声器周围有人或人群讲话或行进脚步声时典型功率谱图、典型相关曲线、统计分布曲线如图 2.10 所示。

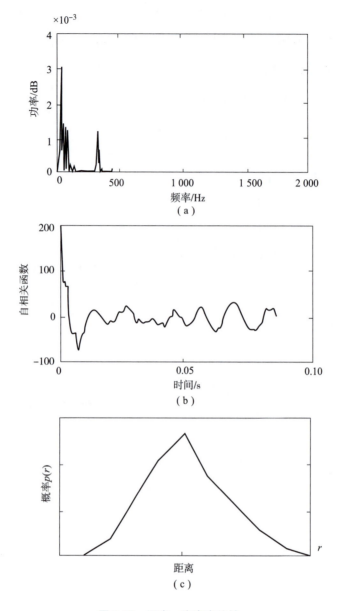

图 2.10 语音、脚步声特性

(a) 典型功率谱图；(b) 典型相关曲线；(c) 统计分布曲线

通过上述对测试结果的分析，可以得出吉普车、微型汽车、语音及脚步声的频谱特性和相关特性与前述各声源特性不同，虽然在某些情况下，这些声源声信号的相关曲线与坦克在离传声器距离较近时的声信号相关曲线具有相似的形状，但是这些声源声信号的能量远低于坦克声源。

以上分析了战场典型声源的时域、频域、相关域特性及统计分布特性,这些分析和测试的结果为后续目标检测、识别、定位和跟踪技术的研究提供了依据,同时从各目标特性的区别上也说明了利用声波信号作为战场探测手段的可行性。

2.2.2 多目标和单目标声信号关系

本节的目的是说明多目标信号和单目标信号的关系,从战场目标声信号的合成理论来讨论。战场目标声信号的合成,主要是在物理声学的基础上,利用能量声学理论研究两个点声源在空间某一点的信号合成方法,由于声引信通常采用的是驻极体声压传感器,所以本节将从声场、声压和能量等方面研究战场声信号合成。

战场声信号合成在线性声学领域、理想自由声场范围内进行研究。

下面分两种情况讨论战场声场中不同声目标的合成规则。

(1) 当两列声波的频率相同、相位差固定时,就会产生干涉现象,叠加后声场的情况取决于该两列声波的相位关系,有

$$p_1 = p_{1A}\cos(\omega t - \phi_1) \tag{2-2}$$

$$p_2 = p_{2A}\cos(\omega t - \phi_2) \tag{2-3}$$

并设两列声波到达该位置时的相位差 $\phi = \phi_1 - \phi_2$ 不随时间变化,也就是说两列声波始终以一定的相位差到达该处。当然 ϕ 可能随位置而不同。

由叠加原理,合成声场的声压为

$$p(t) = p_1(t) + p_2(t) = p_{1A}\cos(\omega t - \phi_1) + p_{2A}\cos(\omega t - \phi_2) = p_A\cos(\omega t - \varphi) \tag{2-4}$$

式中,合成声波的振幅 p_A 与相位 φ 经过简单运算可由下式表示

$$\begin{aligned} p_A^2 &= p_{1A}^2 + p_{2A}^2 + 2p_{1A}p_{2A}\cos(\phi_2 - \phi_1) \\ \varphi &= \arctan\frac{p_{1A}\sin\phi_1 + p_{2A}\sin\phi_2}{p_{1A}\cos\phi_1 + p_{2A}\cos\phi_2} \end{aligned} \tag{2-5}$$

该位置上合成声压仍然是一个相同频率的声振动,但合成声压的振幅并不等于两列声压的振幅之和,而是与两列声波的相位差 ϕ 有关。

这种情况在现实的战场声场中存在较少。

(2) 如果两列声波的频率不同,那么即使具有固定的相位差,也不可能发生干涉现象,在这种情况下它们的相位关系极其复杂,但具有很大的实际意义,对应很多战

场中的实际情况。下面进行具体分析。

$$p_1(t) = p_A \cos[\omega_1(t) \times t + \phi_1(t)] \qquad (2-6)$$

$$p_2(t) = p_B \cos[\omega_2(t) \times t + \phi_2(t)] \qquad (2-7)$$

$$p(t) = p_1(t) + p_2(t) = p_A \cos[\omega_1(t) \times t + \phi_1(t)] + p_A \cos[\omega_2(t) \times t + \phi_2(t)] \qquad (2-8)$$

这里的 ϕ_1、ϕ_2 以及 ω_1、ω_2 都是随时间做无规则变化的,所以没有普遍规律,只能针对 ϕ_1、ϕ_2 以及 ω_1、ω_2 进行定量分析,而战场声场工况无法累计,我们可以从有效声压的角度研究声信号的合成。

根据能量守恒规律,在声信号合成点的能量等于各个单独传到该点的声波在该点的能量之和,即

$$p_e^2(t) = p_{1e}^2(t) + p_{2e}^2(t) \qquad (2-9)$$

根据这个规则进行处理运算得出其两列波同时存在时的声压数据,同时我们也可以在知道合成声压的情况下计算其单独存在时的声压。这种情况和实际战场中的很多情况相对应,具有很大现实意义。

同样采用上面的推导可知,两列不同频率、相位无规则变化的声波显然也是不会发生干涉的。

以上关于两列声波叠加的讨论可以类似地推广到多列声波叠加的情况,通常由各种杂乱无章的声源发出的声音形成的合成噪声声场的平均能量密度等于各列声波平均声能量密度之和,或者用声压表示为

$$p_e^2(t) = p_{1e}^2(t) + p_{2e}^2(t) + \cdots + p_{ne}^2(t) \qquad (2-10)$$

由此,我们可以得出战场声场中不同声目标的合成规则。这个结论在实际应用中具有重要意义,可以应用于战场中的很多情况,为声信号合成的继续研究提供了一定的理论基础。

为进一步证明上述声信号合成方法,进行了如下的实验。实验是在中科院声学所消声室内进行的。实验系统组成如下(参见图 2.11):

图 2.11 声信号合成实验框图

首先,两个不同的声源 1、2 分别发声,经过声压传感器接收、前置放大电路放大和 A/D 变换后,用数据采集与分析系统进行采集,得信号 $x_1(n)$、$x_2(n)$,$(n=1, 2, \cdots, N)$。然后,再将声源 1、2 同时发声,经同系统采集得信号 $x(n)$,$(n=1, 2, \cdots, N)$。分析 $x_1(n)$、$x_2(n)$ 与 $x(n)$ 得出的频谱如图 2.12 所示。

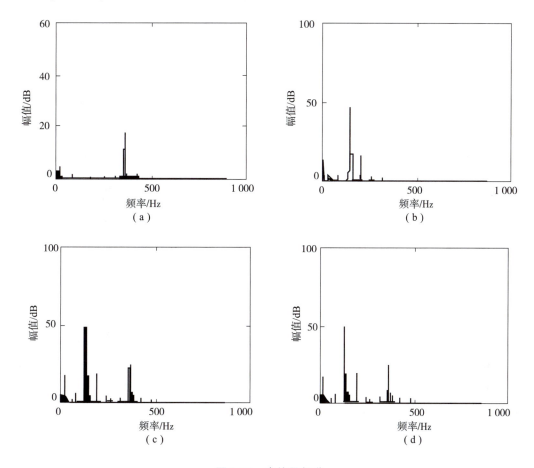

图 2.12　声信号频谱

(a) 声源 1 的频谱;(b) 声源 2 的频谱;(c) 声源 1、2 同时发声时的频谱;
(d) 按规则得出的合成声信号的频谱

从图中可以看出声源 1、2 同时发声的声信号的频谱(如图(c)所示)和按合成规则得出的合成声信号的频谱(如图(d)所示)非常相似,所以声信号的合成符合上面得出的合成规则。

故实际需要得到两个或多个声源的合成信号时,可以用它们各自的声信号按本书所述规则进行合成得出,不必重新测试两个或多个声源同时存在时的声信号。

2.2.3 多目标声信号特性分析

1. 战斗机声信号特性分析

单架战斗机起飞状态下实测数据的时域波形和频谱图如图 2.13 所示。

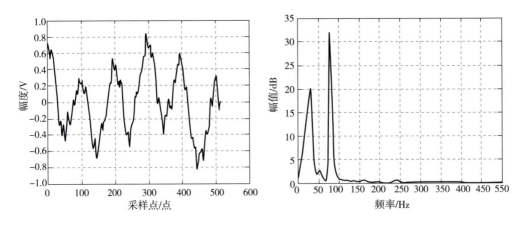

图 2.13 单架战斗机起飞状态下的时域波形和频谱图

两架战斗机起飞状态下实测数据的时域波形和频谱图如图 2.14 所示。

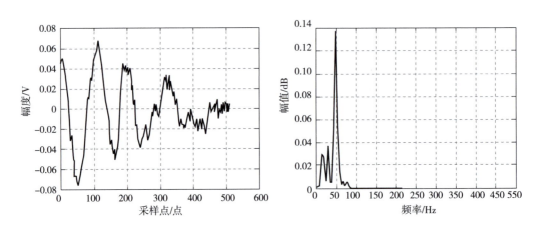

图 2.14 两架战斗机起飞状态下的时域波形和频谱图

两架战斗机的时域波形和频谱图如图 2.15 所示，其中（a）图和（b）图为单架战斗机的时域波形和频谱图，（c）图为合成的战斗机的时域波形和频谱图。

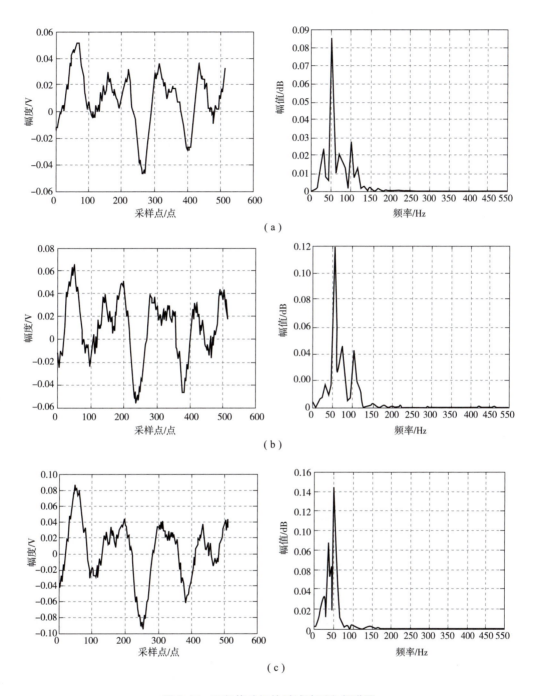

图 2.15 两架战斗机的时域波形和频谱图

（a）、(b) 单架战斗机的时域波形和频谱图；(c) 合成的两架战斗机的时域波形和频谱图

从图中可以看出实测数据和按合成规则合成的数据非常类似。

通过上面对战斗机声信号的分析，可以得到下述结论：

多目标状态下的战斗机声信号是单目标信号的叠加,符合信号的合成规则。战斗机声信号为一宽带信号,其主要能量一般集中在几十 Hz 以内。

2. 直升机声信号特性分析

图 2.16 给出了单架直升机的时域波形和频谱图。

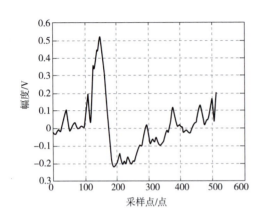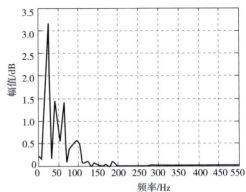

图 2.16　单架直升机时域波形和频谱图

图 2.17 给出了合成的两架直升机的时域波形和频谱图,其中(a)图和(b)图为单架直升机的时域波形和频谱图,(c)图为合成的直升机的时域波形和频谱图。

通过上面对直升机声信号的分析,可以得到下述结论:

(1) 直升机声信号为一宽带信号,其主要能量一般集中在 400 Hz 以内。

(2) 其声谱由离散谱和连续谱组成,它是在连续谱上叠加了一系列离散谱的一种典型声谱。其典型特征与螺旋桨的片数和发动机的转速有关,连续谱能量较低。

(3) 离散谱的幅值随频率的增加而减小,连续谱的幅值在低频段低于离散谱,在高频段离散谱被连续谱淹没。

(4) 离散谱峰值之间的频率差为主螺旋桨的叶片运行的频率值,并在一定的比例关系下叠加有尾螺旋桨的峰值频率。

(5) 直升机空中悬停时,其谱线峰值甚为明显,此时主旋翼和尾桨的基频及谐波频率关系十分明显。

(6) 直升机与传声器距离在 200～1 000 m 范围内时,直升机信号的频谱结构特征十分明显;当直升机与传声器距离较近时,特别是在几十米范围内,其频谱结构发生变化,虽然其谐波频率特征还存在,但幅值分布情况发生了变化。这是因为距离比较

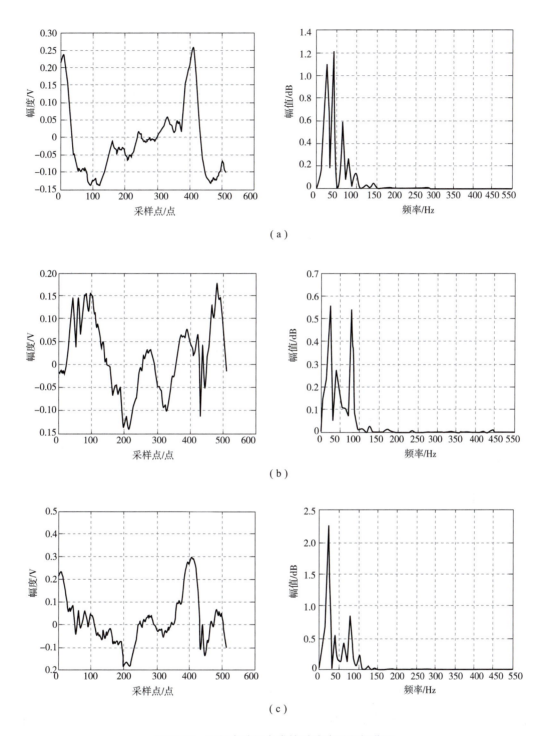

图 2.17 两架直升机合成的时域波形和频谱图

(a)、(b) 单架直升机时域波形和频谱图;(c) 合成的两架直升机的时域波形和频谱图

近时，直升机声源模型已不能作为点声源看待，其声波的传播特性已发生变化。

（7）直升机声信号的最大特点在于其低的基频和线谱的谐波特性，这与战场上其他噪声源（坦克、枪、炮等）有明显的区别，这就使我们可以利用现有的技术实现对直升机声目标信号的检测、跟踪与识别。

（8）多目标状态下的信号是单目标信号的叠加，符合信号的合成规则。

另外，由上述分析还可以看出，虽然测试结果中含有多普勒频移的影响，但由于频移量很小，因此，即使考虑多普勒频移的影响，也不会改变直升机声信号的频谱特征。

3. 坦克、履带式装甲车声信号特性分析

图 2.18 给出了单辆坦克的时域波形和频谱图。

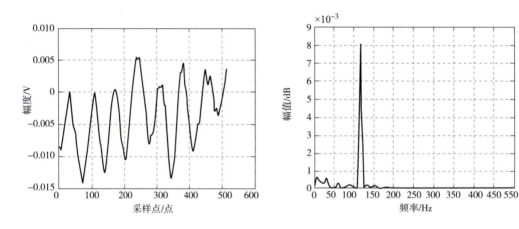

图 2.18　单辆坦克的时域波形和频谱图

图 2.19 给出了合成的两辆坦克的时域波形和频谱图。

通过对坦克、履带式装甲车测试数据的分析，可以得到如下结论：

（1）坦克和履带式装甲车的噪声信号为宽带信号，信号的主要能量集中在 1 kHz 以内，为一中、低频连续谱。

（2）在小于 300 Hz 的低频段，坦克和履带式装甲车有不同的且较明显的特征峰值，坦克和履带式装甲车特征峰值的分布与数量有较明显的不同。如某一中型坦克在以 15 km/h 的速度行驶时，其功率谱最大峰值在 80 Hz 附近；而所测履带式装甲车在以 35 km/h 的速度行驶时，其功率谱最大峰值则在 50 Hz 附近。

（3）坦克和履带式装甲车声信号能够被普通传声器在 300 m 远处探测到。但履带

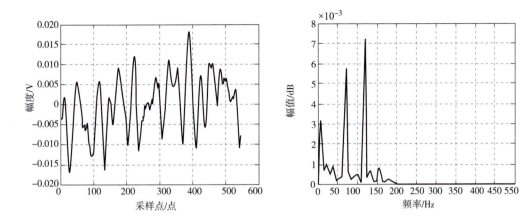

图 2.19 两辆坦克合成的时域波形和频谱图

式装甲车的声级远低于坦克的声级,目标声级与其发动机的功率有关。

(4) 目标的声级远大于背景噪声,利用目标信号、背景噪声在频谱结构上的差异,完全可以进行有效的分类与识别目标。

(5) 由于坦克和履带式装甲车的行驶速度较直升机要慢,测试中引起的多普勒频移很小,因此它不会改变坦克和履带式装甲车的频谱特性,分析时可以不予考虑。

(6) 多目标状态下的信号是单目标信号的叠加,符合信号的合成规则。

4. 轮式车辆声信号特性分析

图 2.20 给出了单辆车辆的时域波形和频谱图。

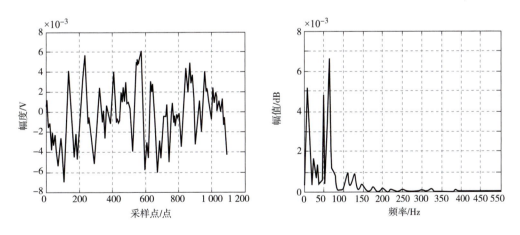

图 2.20 单辆车辆的时域波形和频谱图

图 2.21 给出了合成的两辆车辆的时域波形和频谱图。

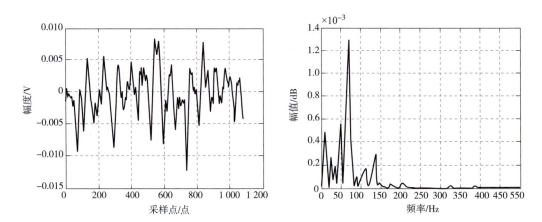

图 2.21　两辆车辆合成的时域波形和频谱图

通过对轮式车辆声信号的分析,可以得到如下结论:

(1) 轮式车辆噪声信号为宽带信号,其功率谱由离散谱和连续谱组成,信号的主要能量集中在 1 000 Hz 以下,也为一中、低频连续谱。在 400 Hz 以下的频段中,不同类型的轮式车辆有不同的但明显的特征谱峰。

(2) 各种轮式车辆都有一组或两组准周期谱线,其准基频在 50~100 Hz 范围内,并随轮式车辆的行驶速度、车辆状况、车辆类型及与传声器的相对位置(驶向传声器或远离传声器)的变化而略有变化,但其谐波频率特征远不如直升机的明显。

(3) 轮式车辆的行驶噪声主要来自发动机的运转和汽缸的排气噪声,而排气噪声的频率与发动机转速有直接的关系,当轮式车辆以某一速度行驶时,由于驾驶人员和路况等因素会使转速改变,造成上述的准基频有一定的漂移,这种漂移在远距离时很难与多普勒频移相区别,因此,可不单独考虑多普勒频移的影响。

(4) 轮式车辆噪声信号与坦克和装甲车声信号有较多相似之处,特别是大型卡车。但轮式车辆频谱峰值的频率分布及数量与坦克和装甲车相比还是有很大的区别,且轮式车辆的声级要远低于坦克和装甲车的声级。

(5) 多目标状态下的信号是单目标信号的叠加,符合信号的合成规则。

5. 枪、炮声信号特性分析

图 2.22 给出了单门炮的时域波形和频谱图。

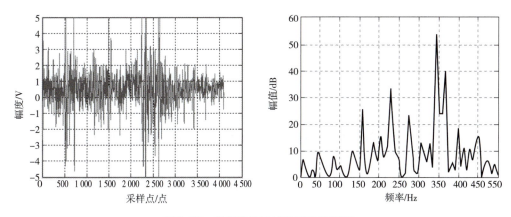

图 2.22　单门炮的时域波形和频谱图

图 2.23 给出了两门炮合成的时域波形和频谱图。

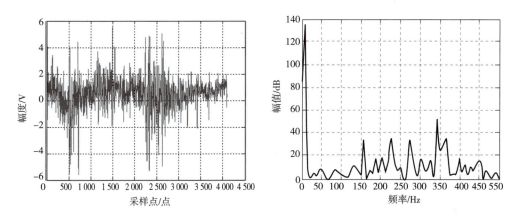

图 2.23　两门炮合成的时域波形和频谱图

通过对机枪、半自动步枪、火炮噪声信号的分析，可以得到如下结论：

（1）机枪、半自动步枪的噪声信号为宽带信号。机枪信号在整个频带内能量分布比较均匀；半自动步枪在 1 000 Hz 频带内能量较其他频带内的要高，且它的峰值频率一般在 250～1 000 Hz 范围内。

（2）火炮的噪声信号也为宽带信号。信号在 1 000 Hz 频带内能量较其他频带内的要高，火炮噪声（包括射击噪声和爆炸声）的峰值频率一般在 80～500 Hz 范围内。

（3）枪炮噪声信号声级较大，但它们的频谱结构与坦克、装甲车及直升机等声信号有明显的不同，特别是在低于 100 Hz 的频段内，枪炮噪声没有明显的特征谱峰，这非常有利于将它们与目标信号区分开来。

（4）枪炮噪声信号在时域上表现为一作用时间极短、峰值极高的冲击脉冲，且有较强的方向性。因此，如果在时域对信号采取适当的预处理可以减小枪炮噪声干扰对目标识别所带来的影响。

(5) 多目标状态下的信号是单目标信号的叠加，符合信号的合成规则。

2.3　战场环境特性分析及对声探测系统的影响

声探测系统所能提取和利用的信息是包含于传声器输出信号中的信息，也就是说，只有能够被传声器所接收的信息才能被探测系统所使用。通常情况下，传声器所输出的声信号是各种目标声波经大气传播及战场环境所"污染"后的信号，所以，必须研究战场环境特性及其对声探测系统的影响，以对传声器的接收或输出信号有一清楚的了解，使探测系统能够更加充分地提取和利用包含于传声器输出信号中的信息。

根据第 1 章对声探测系统功能的描述，声探测系统的探测目标可以分为地面目标和空中目标，且声探测系统能够工作在各种气象条件、各种地面情况下，即可以全天候工作。根据声学基本理论，地波是目标与传声器均处于 30～60 m 以下的声传播方式；空对地波是目标处于 30～60 m 以上，500～600 m 以下，传声器位于 30～60 m 以下的声传播方式。所以当声探测系统的探测目标为地面或超低空目标时，目标到传声器的声波传播方式为地波；当探测目标为空中目标时，目标到传声器的声波传播方式为空对地波。对地波来讲，声传播衰减除声场球面波的发散衰减外，受地面影响很大。对于空对地波，地面影响不大，主要是空气吸收引起的损失。对于声探测系统的各种应用场合，除了声传播过程引起的各种衰减对声探测系统有影响外，各种气象条件，如风、温度、雨、雾等也对声探测系统有不同程度的影响。下面详述战场环境特性、环境因素对声探测系统的影响及减小不利影响的措施。

2.3.1　声波的发散衰减对声探测系统的影响

无论声探测系统用于哪种场合，探测目标是地面目标还是空中目标，都存在声波本身的发散衰减。但根据目标的运动范围不同，衰减程度也不同。

如前所述，战场目标都视为点目标，根据其在战场中的运动状态，可将其声波辐射的空间分为自由空间和半自由空间。如直升机在空中飞行时，可以认为声传播媒质为均匀、各向同性、边界影响可以不计的自由空间，这时，在与目标距离 R 处的声压级 L_r 与目标声功率 L_w 的关系为

$$L_r = L_w - 20\lg R - 11 \text{ （dB）} \tag{2-11}$$

如直升机声功率为 100 dB，则在 500 m 远处，由于声波发散引起的衰减为 65 dB；1 000 m 处，衰减为 71 dB。

当坦克在地面上运动时，相当于点源放在一个宽阔平坦的反射面上，如图 2.24 所示，S 为目标，M 为传声器，目标中心与反射面的距离 h 比所研究的声波波长小得多；或者相对于传声器来讲，反射波的声传播路程（$R_1 + R_2$）与直达声路程 R 之差比 R 小得多，此时，可以认为坦克目标是在反射面上向半空间反射。这时在某一距离 R 处的声压级为

$$L_r = L_w - 20\lg R - 8 \text{ （dB）} \tag{2-12}$$

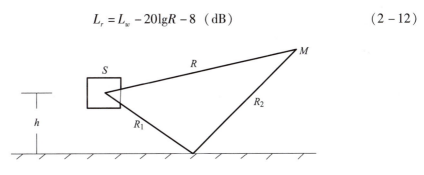

图 2.24　直达声和反射声

对于同样声压级的直升机和坦克来讲，在同样的距离上，由于声波本身的发散衰减引起的声压级降低，坦克比直升机要小 3 dB。通常情况下，坦克的声压级比直升机的声压级高，同时，由于坦克运动速度常小于直升机的飞行速度，根据第 1 章对声探测系统信号处理实时性的讨论，坦克的探测距离可以比直升机小，所以，在声波发散衰减意义上，坦克比直升机更容易被探测到。

2.3.2　空气吸收对声探测系统的影响

空气的吸收作用对声传播的影响主要体现在因空气的黏滞性和热传导，在压缩与膨胀过程中，使一部分声能转化成热能而损耗掉（经典吸收），以及声波通过空气时，气体的弛豫现象引起的能量损失。在 1 个大气压，20 ℃ 气体中黏性吸收系数为

$$\alpha_v = 8.5 \times 10^{-8} \cdot f^2 \text{ （dB/km）} \tag{2-13}$$

式中，f——声波频率。

在同样条件下，热传导的吸收系数为

$$\alpha_T = 3.6 \times 10^{-8} \cdot f^2 \quad (\text{dB/km}) \tag{2-14}$$

分子弛豫吸收的吸收系数对 20 ℃氧气为

$$\alpha_d = \frac{0.056 \dfrac{f^2}{f_m}}{1 + \left(\dfrac{f}{f_m}\right)^2} \quad (\text{dB/km}) \tag{2-15}$$

式中，f_m——分子振动的弛豫频率。

式（2-13）~式（2-15）为理论计算的结果，但实际结果表明，经典吸收的吸收系数与声波频率不是简单的平方关系，而且绝对数值也比经典值大，在某些频率处要大很多；且无论是经典吸收，还是分子弛豫吸收，都与气压、温度、湿度有密切关系。J. E. Piercy 和 T. E. W. Embleton 综合了各种实验结果，归纳出一系列空气吸收系数与频率关系曲线。如图 2.25 所示为 1 个大气压，20 ℃，相对湿度为 70% 时的空气吸收系数与频率的关系，图中实线是总吸收。

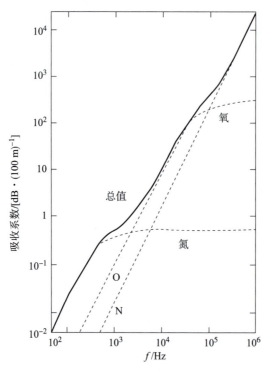

图 2.25　1 个大气压，20 ℃，相对湿度 70% 时的空气吸收系数与频率的关系

对声探测系统,可以采用下面的简化公式,α_a 代表空气吸收系数,在 20 ℃时

$$\alpha_a = 7.4 \frac{f^2}{\phi} \times 10^{-5} \quad (\text{dB/km}) \tag{2-16}$$

式中,ϕ——相对湿度。

对于不同温度,有

$$\alpha_a = \frac{\alpha_{a(20\ ℃,\phi)}}{1 + \beta \cdot \Delta T \cdot f} \tag{2-17}$$

式中,ΔT——实际温度与 20 ℃相差的摄氏度数;

β——常系数,$\beta = 4 \times 10^{-6}$。

通过上面的分析,可以看出,对于小于 2 kHz 的战场目标频率的空气吸收,在 500 m 探测距离上为 2.1 dB,在 1 000 m 探测距离上为 4.2 dB。虽然对于空对地波的声传播方式,空气吸收引起的衰减影响较大,但由于声探测系统探测目标的频谱主要集中在中、低频,所以空气吸收引起的衰减并不显著。同时,在声探测系统的工作温度范围内,如 -20 ~ 40 ℃,由于目标声波的频率不高,尤其是直升机的基频声波,对温度变化不敏感。

2.3.3 地面环境对声探测系统的影响

战场地面环境对声探测系统的影响主要表现在声波从目标传播到传声器过程中地面对声波的吸收而影响声波的传播距离。

声探测系统能够探测在各种地面上运动的目标,目标既可能在沙漠中,也可能在树林中,还可能在水泥地面等各种地面上运动。当探测系统探测在不同地面上运动的目标时,传声器所接收到的信号是目标发出的声波经过不同程度的衰减而变化了的信号。分析战场地面环境对声波的吸收作用,可以根据目标的声强及频谱结构,确定在一定探测距离上声信号的衰减程度,并合理选择传声器和信号处理手段。

当地面为非刚性时,对声传播有附加衰减,在较近的探测距离内,如 30 ~ 50 m,这种衰减可以忽略不计,在 70 m 以上,可以用单位距离(如 100 m)衰减的分贝数表示。

声波在厚的草原上,或穿过灌木丛的传播,在 1 000 Hz 时衰减较大,可达 25 dB/100 m,并且频率再增加一倍时,每 100 m 衰减增加大约 5 dB,这时,衰减系数 α_{g1} 可

以表示为

$$\alpha_{g1} = (0.18\lg f - 0.31) \times 10^3 \quad (\text{dB/km}) \qquad (2-18)$$

声波穿过树林或森林时，不同树木衰减相差很大。在 1 kHz 时，穿过浓密的常绿树有 23 dB/100 m 的衰减，而穿过地面上的稀疏树干，只有 3 dB/100 m，甚至还小的衰减。如果对各种树木求一个平均的附加衰减，衰减系数为

$$\alpha_{g2} = 10 \, (f)^{\frac{1}{3}} \quad (\text{dB/km}) \qquad (2-19)$$

从上面的分析可知，声探测系统与目标之间是厚的草原或灌木丛时，较高频率成分的声波信号几乎都被衰减掉了，即使是 100 Hz 的信号，在 500 m 的探测距离上，信号也被衰减了 25 dB，所以，在这种地面情况下，当声探测系统用于战场警戒系统时，由于探测距离可以近一些，传声器接收到的坦克、车辆等地面目标辐射的声信号中，包含有低频和中频信号成分；当声探测系统用于武器系统的预警装置或起爆控制装置时，由于探测距离一般大于 500 m，传声器接收信号中只有较低频率的声信号。

2.3.4 风、雨、温度梯度等气象条件对声探测系统的影响

风、雨、温度梯度等对声探测系统的影响，突出地表现为这些因素构成了声探测系统的背景噪声干扰。研究这些因素对声探测系统的干扰情况，目的在于寻找抗干扰措施。

战场环境中，风是最常见的气象干扰，其次是雨。其他一些气象条件，如雾、雪等，对于声波传播影响很小，大约每 1 000 m 只有不到 0.5 dB 的附加吸收，且对传声器接收信号影响很小，可以忽略不计。

雨对声探测系统的干扰，主要是雨对传声器敏感元件的作用，雨对声的传播过程影响很小，与雾、雪等类似。

可以采用加防雨罩方式减小雨对传声器的影响，目前已有专用的雨罩产品。如丹麦 B&K 公司的 UA0393 雨罩。

风对传声器接收信号的影响比雨要复杂得多。它不仅影响传声器敏感元件本身，还影响声的传播过程。风是最典型的噪声干扰。

一般风的速度为每秒几米，大风时，可以达到每秒十几米，甚至更大些，与声速相比是不可以忽略的，风影响空气质点的位置，因而影响声波的传播。风对探测系统

的影响，可以综合为三个方面：一是风速对有效声速的影响；二是风速梯度的存在，使声线产生弯曲；三是风对传声器的影响。上述这三方面的影响对于声探测系统的三种应用场合都存在，只是当声探测系统用于战场警戒系统时，第二方面的影响较声探测系统的其他两种应用影响要小。

风速对声速的影响，表现为实际声速（或称有效声速）为平均声速与风速的矢量和。顺风时，风速与平均声速方向相同，有效声速比平均声速快；逆风时，风速与平均风速相反，有效声速比平均声速慢。风速对有效声速的影响，对目标检测和目标识别影响不大，但对定位和跟踪精度产生影响，有关问题的讨论见本书第4章。

由于地面对运动空气的摩擦，使靠近地面的风速形成一个风速梯度场，形成这种风速梯度场的大气层可达几百米，这样，顺风和逆风传播的声速也有一个梯度。图2.26形象地表示出风对点目标发出的球面波的影响。没有风作用时，声线是从目标辐射出的直线，波阵面是一组同心球面；有风时，由于风速及风速梯度使地面上的声速发生变化，从而使声波沿地面传播时发生折射，当声波发生向上偏的折射时，就出现了声影区，即因折射而传播不到直达声的区域。传声器阵列不能布置于此区域内。风的存在，使波阵面产生了畸变。

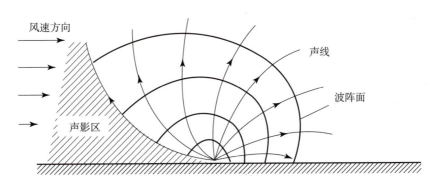

图 2.26　风对声传播的影响

风对传声器的影响，表现为风速的变化以及由于气流通过传声器形成的湍流和周围气流不断变化而形成的湍流，都会在传声器上产生很大的交变电压，从而产生测量误差，甚至"淹没"目标信号。根据伯努利定理

$$p + \frac{1}{2}\rho\omega^2 = C \qquad (2-20)$$

式中，p，ρ，ω 分别为大气的压力、密度和风速；C 为一常数。当风速起伏为 $\Delta\omega$ 时，

压力起伏为 $\Delta p = \rho \cdot \omega \cdot \Delta \omega$。当风速在 6～11.2 m/s 范围内无规则变化时，相应地有约为 50 Pa 的随机压力起伏，这一压力起伏比远处目标的声波在传声器处的压力起伏大得多。可见风是一个很大的噪声源。

消除或减弱风的噪声干扰，可以同时采用两条途径：一是在传声器上加防风罩的方法；二是在设计传声器阵列时，使传声器间距大于风噪声的相关半径，并附之以相关处理技术。风的相关半径可以通过实验测得，理论计算可以参考文献。

防风罩通常是由特制的多孔聚乙烯海绵制造，传声器心座悬置在防风罩中央。防风罩引起的声场阻抗特性的变化很小，所以对于入射到传声器上的声波影响极小，但却能大大地减小罩内的风速，有效地降低由风感生的噪声。

文献给出了不同测试条件、不同风速下防风罩对测量结果的影响曲线及加与未加防风罩在某种风速下不同频率上噪声级的对比曲线。从这些曲线中可以明显看出防风罩的作用。

声在空气中的传播，还受温度梯度的影响。通常情况下，温度每升高 1 ℃，声速增加 0.6 m/s。地面上大气温度是不均匀的，随着高度不同，温度不同。而地表面附近的温度受地面加热、冷却的影响特别剧烈。在白天，尤其是午后，从地面向上有显著的温度负梯度，而在夜间，情况则正好相反。

由于温度梯度的存在，地面附近目标发出的声波被折射，声线朝着温度较低的方向弯曲，图 2.27 表明了声波传播受温度变化的影响。

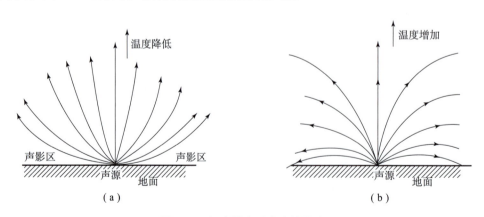

图 2.27 温度梯度对声波的影响

(a) 温度降低；(b) 温度增加

在夜间，由于温度梯度使得声线发生图 2.27（b）所示的变化，而这种向下弯的声线经过一段距离射到地面后被地面反射回来，反射角等于入射角，反射声线是向上的，这些反射波再一次遇到声速不均匀的大气介质，又被它折射，仍然向下弯，于是，形成一个个的拱形声线，如图 2.28 所示。这样，声波能量集中在地面附近，不会折射到空间去，声波一直传到最后完全被大气介质和大气－地面界面消耗掉为止。声波的这种现象，使得在夜间传播比白天要远得多。由此，说明了声探测系统在夜间具有更好的性能。

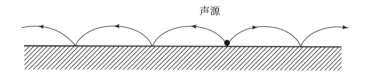

图 2.28　夜间声波传播曲线

有风时，可减小温度梯度对声传播的影响。因为风使空气层相互混合，使温度均匀化，减小了温度梯度。

气象条件对目标声信号传播过程的影响是复杂的，这种复杂性除了声传播受多种因素影响以外，还在于风力、风向是不稳定的。由此引起声波在传播时声级的随机变化。在比较稳定的大气中，如静夜、弱风条件下，典型起伏范围为 5 dB，在不稳定的大气中，如晴天、强风，典型起伏范围为 15～20 dB。

以上讨论了战场环境特性及其对声探测系统的影响，通过上面的分析，在声探测系统设计时，必须注意以下几个方面：

（1）确定传声器接收信号的类型和频率上限时应考虑战场环境的影响，传声器接收到的信号为目标辐射声波并经战场环境影响后的信号。当声探测系统用于战场警戒系统时，探测距离可以比声探测系统的其他两种应用场合近，目标声波的高频信号成分相对衰减小一些，所以传声器的上限频率相对高一些，但在声探测系统的三种应用场合中，传声器的上限频率都不必选得过高。

（2）声探测系统的性能受战场环境的影响较大，在规定其性能时，必须限定其试验条件或使用条件。

（3）对某些不利于声探测系统工作的因素，如风、雨等，应在到达传声器之前予以消除，不能消除的因素，可以采用信号处理或误差修正的方法消除或减弱这种不利因素的影响。

(4) 掌握自然噪声的特性，可以指导传声器基阵设计，如可以计算背景噪声的空间相关半径，指导传声器阵元间距的选择。

(5) 对于不同类型的目标信号，在不同的战场环境下，应采用不同的信号处理方法。如声探测系统用于探测远距离空中飞行直升机和在厚草原上运动的坦克目标时，由于坦克的声波信号衰减很大，而直升机基频信号能量可以远距离传播，所以在这种情况下，目标识别根据信号频率和幅值即可判断是直升机还是坦克目标；但当直升机和坦克都在传声器阵列附近运动时，必须提取其他一些特征来识别直升机和坦克。

2.4 目标特性测试和分析系统

目标特性包括为实施探测目的而需要的各种关于目标辐射声波的性质。在本书中，目标特性指目标辐射声波的时域、频域、相关域及统计特性。掌握目标的特性，获得丰富的样本资料，对声探测技术的研究具有重要的意义。

目标特性的获得可以有两条途径：一是直接借鉴现有的成果或资料，二是通过实验测试的方法获得。由于目前可以直接利用的目标特性分析不够完善，所以本书建立了一套目标特性测试和分析系统。测试系统的功能是利用传声器获得目标辐射声波的时域信号，并以适当的形式保存；分析系统的功能是根据测试系统得到的目标辐射声波的时域信号进行频谱、和相关统计分析，得出探测系统为实施探测目的而需要的目标特性。

战场中的目标很多，对这些目标的特性测试系统和分析系统的组成基本相同。测试系统和分析系统组成框图如图 2.29 和图 2.30 所示。

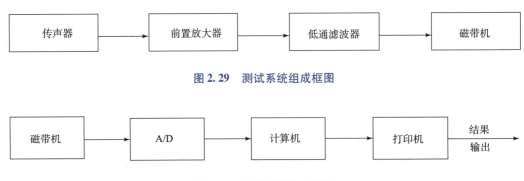

图 2.29　测试系统组成框图

图 2.30　分析系统组成框图

在测试系统中,最重要的是传声器的性能,传声器性能的好坏直接影响测试数据的使用。

在大气声学中,用于测量声信号的传感器称为传声器。传声器把声信号转变为相应的电信号。根据工作原理分,传声器可分为声压式和压差式两类;按照指向性分,传声器分为无指向性、双指向性、单指向性等;根据换能方式分,传声器又可分为电动式、电容式、压电式等。

由于战场目标声波的频谱都集中在中、低频段,且目标信号在远距离处比较微弱,同时测试系统必须工作在室外,所以选择驻极体电容式无指向传声器作为战场目标特性测试的传感器。电容式传声器具有以下主要特点:

(1) 性能比较稳定;

(2) 基本不受温度的影响;

(3) 灵敏度高;

(4) 在很宽的频率范围内有比较好的频率响应特性。

电容传声器的这些特点使得它非常适合于战场声学测量,但一般的电容传声器在工作时需要一个极化电压,给使用带来不便,而驻极体式电容传声器已经过极化,使用十分方便,所以选用驻极体电容式传声器作为战场声学测试的传感器。

驻极体式传声器的另一个特点在于它的廉价性,这为声探测技术的开展及广泛应用提供了可能性。声探测系统工作时的传声器可以选用与测试时相同的传声器类型,所以目标特性测试的传声器选择对声探测系统的传声器选择有指导意义。

测试系统中前置放大器和低通滤波器起到放大传声器输出的微弱电信号,同时降低噪声干扰的作用,在测试系统中使用的放大器和滤波器为自行设计的两级放大和有源低通滤波器。

分析系统中,A/D 转换采用 16 通道 12 位高速 A/D—D/A 数据采集卡,A/D 通道的最高转换速度为 2 μs。数据采集及数据分析均在计算机上由软件完成,分析结果以文件形式存于磁盘上或在打印机上以数据或图形方式输出。

通过对坦克、车辆、语音等目标特性的测试及分析,证明了本书所建立的目标特性测试和分析系统是可行且可靠的。

第3章 声探测系统目标检测与识别技术

根据第1章所述，声探测系统的三种应用场合都需要进行目标检测和目标识别，研究检测和识别技术具有重要的实际意义。

声探测系统目标检测和目标识别是指：

（1）判断传声器阵列所接收的信号中，是否具有目标信号成分，即判断是否有目标存在，称之为目标检测。

（2）在发现有目标的基础上，进一步判断目标的类型，称之为目标识别。

在现有的声探测技术研究中，大都是研究目标识别技术，目标检测技术研究开展得很少，而目标检测是声探测系统实现其他功能的前提，所以，必须研究目标检测技术。另外，虽然目标识别技术已有一些研究基础或成果，但现有的目标识别系统在实时性、识别准确率及适用范围上都存在不足，所以，仍有必要进一步开展目标识别技术研究。

目标检测和目标识别技术是声探测技术中的两大主要技术。虽然声探测技术是一门崭新的技术学科，但其目标检测和目标识别技术可以借鉴现有的信号检测和模式识别理论成果，并在此基础上根据声探测系统的探测目标及战场环境特点，发展适合于声探测系统的目标检测和目标识别技术。本书是在现有信号检测和模式识别技术基础上，研究了能够使声探测系统工作在低信噪比环境下，且易于计算机软件或硬件实现的基于回归运算的检测统计量计算方法以及高阶统计量作为检测统计量方法，这两种检测方法均采用数字信号处理技术，具有数字处理的优点。基于上述两种检测方法建立的目标检测系统能够使声探测系统具有高的检测概率和低的虚警概率，且能够满足声探测系统三种应用场合的计算实时性要求，同时，本书提出的检测方法对其他非声波信号的检测技术发展也具有一定的理论和实际意义。

本书在分析了目标特性的基础上，提出了利用传声器输出信号的一阶和二阶统计量等作为识别特征量的目标识别特征量提取技术，这种特征提取技术比现有特征提取方法简单，易于实现，并采用人工神经网络作为目标分类器。

3.1　声探测目标检测和目标识别系统模型

在弹性媒质（如空气）中运动的任何物体都会发出声波从而成为一个声源，而且每个声源都存在着固有的特征。在战场上，敌方声源的存在使得利用声探测系统检测和识别敌方目标成为可能，这样可以及时掌握敌人的行动，适时地打击敌人。然而由于大气中声的非线性传播，同时存在自然噪声干扰，声探测系统要完成目标检测、识别等任务只靠一个传声器是不可靠的，需要多个传声器的共同作用。充分利用传声器拾取到的原始信号中的有用信息，剔除噪声干扰，同时，利用多传声器接收信号在空间和时间上的差异，才能提高检测概率和识别准确率，更好地完成探测任务。

总之，一个良好的声探测系统应能够排除各种复杂因素，"最佳"或"有效"地完成目标检测和目标识别的任务。

声探测系统从理论和实际结构上均可分为几个子系统，如传声器系统、检测系统、识别系统、定位系统、跟踪系统，从功能上讲，这些系统是相互独立的；从信息传输及利用的角度上讲这些系统又是相互联系的。本书第 4 章将讨论目标定位和目标跟踪系统中的技术问题，第 5 章将对后续检测、识别系统输出包含有足够信息量的信号进行专门研究，本章主要讨论声探测系统中的两个基本且主要的系统，即目标检测和目标识别系统。

声探测目标检测和识别系统的模型如图 3.1 所示。

直升机、坦克等目标在运动过程中向外辐射声波 $s'(t)$，通过大气传播，到达传声器阵列中各个传声器，传声器将声信号转换成电信号输出，每个传声器所输出的信号 $r(t)$ 包括两部分，即目标声信号 $s'(t)$ 经大气传播到达传声器且经传声器转换后的信号 $s(t)$ 及噪声 $n(t)$，即

$$r(t) = s(t) + n(t) \quad \text{有目标存在时}$$

$$r(t) = n(t) \quad \text{无目标存在时}$$

式中，$n(t)$ 为空气中的自然噪声经传声器转换后的输出信号和传声器内部噪声的折算

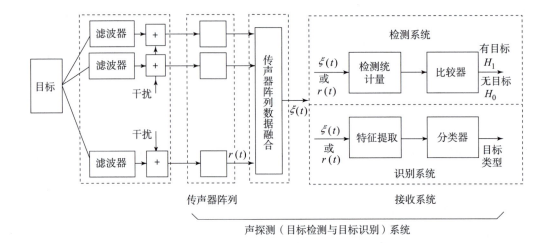

图 3.1　检测系统和识别系统模型

量。实际上，从目标到传声器，声波 $s'(t)$ 的传播路径不止一个，为了简化讨论，我们假设不存在多路径传播效应，并用滤波器描述从目标到传声器的信道作用。每个传声器的输出信号可以直接输入给目标检测系统或目标识别系统，也可以先通过传声器阵列信号处理技术或融合技术将多个传声器的输出信号加以融合，得到一个比每一个传声器输出具有高信噪比的信号 $\xi(t)$，再将 $\xi(t)$ 作为目标检测和目标识别系统的输入数据。有关多传声器数据融合技术详见第 5 章，这里讨论的目标检测和目标识别技术是根据 $r(t)$ 或 $\xi(t)$ 判断有无目标存在，以及目标的类型。

为了分析 $r(t)$ 或 $\xi(t)$ 中是否含有目标信号成分，或对目标进行分类而对 $r(t)$ 或 $\xi(t)$ 进行信号处理的设备或手段称为接收系统。目标检测系统和目标识别系统统称为接收系统。检测系统提取传声器（或阵列）输出信号中能够用于目标检测的信息，并利用此信息做出有无目标存在的判断；识别系统则提取传声器（或阵列）输出信号中能够用于目标分类的信息，并以特征量形式体现出来，然后，采用相应的分类规则对目标进行分类。由于 $r(t)$ 和 $\xi(t)$ 具有相同的信号形式，不同点仅在于信噪比不同，所以，下面的讨论中，将对 $r(t)$ 和 $\xi(t)$ 不加区分，都以 $r(t)$ 表示。

如第 2 章所述，战场上声源很多，一些声源是以干扰源的性质存在的，即这些声源不是声探测系统要探测的目标，而是声探测系统的干扰，如探测系统的探测对象为直升机和坦克时，机枪、火炮就成为探测系统的干扰源。如果将自然噪声和传声器本身噪声的折算量统称为噪声，以 $n(t)$ 表示；直升机、坦克目标信号称为信号，以 $s(t)$

表示；机枪、火炮等干扰信号称为干扰，以 $d(t)$ 表示，则检测系统就是给出下面的判断：

$$\left.\begin{array}{r} r(t) = s(t) + n(t) \\ r(t) = d(t) + n(t) \\ r(t) = s(t) + d(t) + n(t) \end{array}\right\} \text{有检测目标存在}$$

$$r(t) = n(t) \qquad \text{无检测目标存在}$$

检测系统不具有区分目标和干扰的能力，无论是目标源、干扰源出现，都视为有目标存在。

而识别系统就是要区分出现的检测目标是直升机、坦克，或是其他干扰源。在本章的目标检测识别中，对 $s(t)$ 和 $d(t)$ 不加以区分，都以 $s(t)$ 表示。

从信息传输角度来看，图 3.1 所示模型为一信息传输系统，即目标为信源，从目标到传声器的传播空间为信道，传声器阵列及检测系统（或识别系统）为信宿。如果目标信息无噪声传输，则目标检测是十分简单的，只要目标信息存在于信道的输出端，就有可能通过放大等手段，检测出目标。然而，实际信道中，不可避免地存在噪声，且根据第 2 章的分析，声探测系统的背景噪声比较强，这样，信道传输的信息就具有不确定性，如果仍然只依靠对传声器输出信号进行简单的放大及门限电路进行目标检测，则必然使检测概率大幅度下降。因此，信宿的作用就是从噪声背景中尽可能提取目标信息并利用这些信息实现检测和识别任务。

从声探测系统目标检测和目标识别模型可以看出，目标检测和目标识别是与目标特性、战场环境特性及系统的检测、识别性能密切相关的（这一点也可以从能量方程中得出）。无论声探测系统用于三种应用场合中的哪一种场合，只要是远距离探测系统，由于探测系统的输入信噪比比较低，则要求检测和识别系统能够在低信噪比条件下工作；而近距离探测系统，虽然信噪比比远距离探测时高，但检测和识别的实时性要求则比较突出。所以，声探测目标检测和目标识别系统要解决的基本问题有两个：一是低信噪比条件下的目标检测和目标识别技术研究，另一个是实时或快速目标检测和目标识别算法的研究。本书就是在这两方面上做了一定的研究工作，提出了能用于低信噪比条件下且易于实现的回归检测算法和高阶统计量检测方法，以及快速的目标识别特征量提取技术。

总之,从能量上看,检测和识别系统必须符合声探测系统能量方程,必须以满足能量方程为前提;从信息角度看,探测系统必须尽可能提取有用信息,提高检测概率和识别正确率;从信号处理时间上看,探测系统的处理时间必须小于实际所容许的时间要求。

3.2　目标检测系统判决准则的确定

目标检测对传声器输出信号有很强的依赖性,不同的信号形式有不同的检测方法。因为目标所辐射的声波带有随机性,且声波传播介质不均匀,同时噪声也是随机的,所以传声器的输出信号是随机信号,这样,检测系统就是从随机噪声中检测随机信号问题,属于统计检测理论范围,信号统计检测理论可以直接指导目标检测系统设计。

在检测系统中,只需对目标存在与否做出判决,即二元假设检验问题,若把有目标存在情况定为 H_1,无目标存在情况定为 H_0,则检测系统就是对 H_1 和 H_0 的判决。

$$
\begin{aligned}
H_1 &: r(t) = s(t) + n(t) \\
H_0 &: r(t) = n(t)
\end{aligned}
\quad (3-1)
$$

传声器不断地输出 $r(t)$,而检测系统只能且必须根据 $r(t)$ 在某一段时间 T 内的输出波形 $r(t)$($-T \leq t < 0$)做出 H_1 或 H_0 的判断,即检测系统只利用随机过程的一个样本函数。$r(t)$($-T \leq t < 0$)包含了所有可以被检测系统利用的信息,检测系统就是从这一样本中提取为实现检测目的而需要的信息的。而根据此信息对目标存在与否做出判断还有赖于判决准则的客观性和实用性。

判决准则的确定是与传声器输出信号的形式和特点有关的。在声探测系统中,使用驻极体电容式传声器,这种传声器的输出信号是连续的,因为检测系统只是利用其中的一个样本,即时间有限的波形,同时,传声器输出信号的频带也是有限的,则根据抽样定理限时限带样本波形可以用 $N = 2T\Omega$ 个取样值完成描述,其中,T 为观察时间,Ω 为波形的谱宽,这样,一个样本波形 $r(t)$($-T \leq t < 0$)可以用 N 维空间的一个点 ($r_1, r_2, \cdots, r_{2T\Omega}$) 来表示

$$
\boldsymbol{r} = (r_1, r_2, \cdots, r_{2T\Omega}) \quad (3-2)
$$

由此,全部可能的传声器输出结果就构成了观察空间 $D = \{\boldsymbol{r}\}$,显然,D 连同一定

的概率分布，完全代表了检测系统所接收的随机过程，检测系统要完成对接收信号是 H_1 还是 H_0 的判决，就是将观察空间 D 分为 D_0 和 D_1，只要接收值 r 落入 D_1，则判为 H_1，落入 D_0，则判为 H_0。而如何划分观察空间 D，即划分 D_0 和 D_1 的准则，就称为判决准则，如图3.2所示。有一种划分方式，就有一种判决准则。

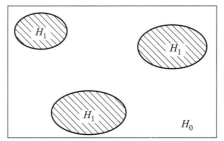

图3.2 判决准则

判决准则不同，就是对观察空间的划分方式不同。典型的判决准则有贝叶斯（Bayes）准则、最小错误概率准则、奈曼-皮尔逊准则、最大似然准则、极大极小准则、最大互信息（MMI）准则等，这些准则各有特点，它们的区别在于它们的"最佳"含义不同和使用条件不同。如贝叶斯准则是在指定了多种代价和信号先验概率的条件下使平均代价达到最小；最小错误概率准则是在先验概率已知的情况下使平均错误概率达到最小；奈曼-皮尔逊准则是在给定虚警概率的条件下使漏报概率达到最小（或检测概率达到最大）；最大似然准则是在不知道先验概率，也无法指定代价的条件下，直接用似然函数来进行判决；极大极小准则是不知道先验概率，但已经规定了代价因子的条件下，使最大可能的代价极小。在声探测系统的三种应用场合中，目标出现与否的先验概率通常是不知道的，但可以根据探测系统的使用场合规定其虚警概率，并力求在给定虚警概率的前提下，使检测概率最大，所以，声探测系统三种应用场合中的目标检测系统的判决准则都应选奈曼-皮尔逊准则，应在这一准则下设计检测系统。

目标检测的理想情况是，传声器输出的样本波形实际为 H_1，被判为 H_1；实际为 H_0，被判为 H_0。但是，实际中，由于传声器输出信号样本的随机性，目标检测可能出现下面四种情况：

（1）实际为 H_1，判为 H_1，出现这种情况的概率记为 $P(D_1|H_1)$。

(2) 实际为 H_0，判为 H_0，出现这种情况的概率记为 $P(D_0|H_0)$。

(3) 实际为 H_0，判为 H_1，出现这种情况的概率记为 $P(D_1|H_0)$。

(4) 实际为 H_1，判为 H_0，出现这种情况的概率记为 $P(D_0|H_1)$。

其中，第（1）、(2) 种判决为正确判决，称 $P(D_1|H_1)$ 为检测概率。第（3）种判决为第一类错误判决，称 $P(D_1|H_0)$ 为虚警概率。第（4）种判决为第二类错误判决，称 $P(D_0|H_1)$ 为漏报概率。

上述这四种概率，均是条件概率，显然，这些概率的大小随空间 D 的划分方式而变化。

采用奈曼-皮尔逊准则的最佳检测系统，为似然比检验系统，即根据下式进行判决

$$L(\boldsymbol{r}) = \frac{p(\boldsymbol{r}|H_1)}{p(\boldsymbol{r}|H_0)} > \lambda_0 \tag{3-3}$$

当上述条件满足时，判为 H_1，否则为 H_0。$p(\boldsymbol{r}|H_i)$ 称为 H_i 的似然函数，表示 H_i 为真时，$\boldsymbol{r}$ 的条件概率密度函数，它们的比值 $L(\boldsymbol{r})$ 称为似然比，λ_0 为门限。对于奈曼-皮尔逊准则，门限 λ_0 的取值是根据虚警概率来确定的，由下式计算得出

$$P(D_1|H_0) = \int_{D_1} p(\boldsymbol{r}|H_0)\,\mathrm{d}\boldsymbol{r} = \int_{p(\boldsymbol{r}|H_1)/p(\boldsymbol{r}|H_0)>\lambda_0} p(\boldsymbol{r}|H_0)\,\mathrm{d}\boldsymbol{r} \tag{3-4}$$

式中，λ_0 是唯一的未知量，通过上式就可以得到门限值。

图 3.3 为门限 λ_0 的取值对判决域的影响。

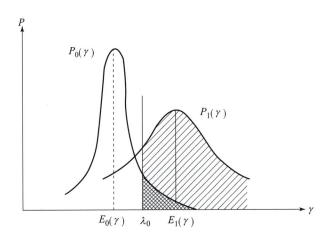

图 3.3 门限取值对判决域的影响

文献证明，当检测系统的检验统计量为一高斯变量时，满足奈曼－皮尔逊准则的检测系统可以使在给定相同的检测概率和虚警概率及相同输出信噪比的条件下，能够检测到最远的目标。这些特点正是探测系统需要的性质，所以，选择奈曼－皮尔逊准则是合理的。

确定了判决准则后，最佳检测系统的结构也就随之确定，如图 3.4 所示。

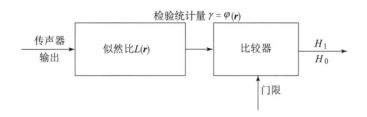

图 3.4 最佳检测系统结构

由于最佳检测系统的检验统计量 $\gamma = \varphi(\boldsymbol{r})$ 为似然比，$\varphi(\boldsymbol{r}) = L(\boldsymbol{r})$，所以不论 $p(\boldsymbol{r}|H_i)$ 的维数如何，γ 都为一维统计量，且为充分统计量。

目标检测系统检验统计量与门限值的选择对目标检测系统检测概率和虚警概率的影响可以通过下面的说明获得更加清楚的认识。

当检验统计量 γ 为高斯变量时（当传声器输出信号具有高斯特性，且检测系统中不存在非线性电路时，γ 为高斯变量），在 H_1 和 H_0 情况下，输出 γ 的区别仅在于均值和方差有所不同。出现目标信号时，输出 γ 的均值和方差有所增大，因此，$P_1(\gamma)$ 的曲线将移向 $P_0(\gamma)$ 曲线的右方，且较宽较矮。检测系统将输出检验统计量 γ 与某一门限 λ_0 进行比较。在 H_1 条件下，$\gamma > \lambda_0$ 的概率为系统的检测概率，其大小等于图 3.3 中 $P_1(\gamma)$ 下面的斜线面积。在 H_0 条件下，$\gamma > \lambda_0$ 的概率为系统的虚警概率，其大小等于图 3.3 中 $P_0(\gamma)$ 下面的斜线面积。从图中可以直观看出门限值对检测概率和虚警概率的影响。而检验统计量的选择则影响图 3.3 中两条概率分布曲线间的距离大小，即目标有或无这两种情况的易分程度。

从图 3.3 可以看出，目标检测系统要解决两个问题：一是检验统计量的选择，另一个是门限值的确定。门限值的确定影响对观察空间的划分方式，而检验统计量的选择和计算则影响 H_0 与 H_1 之间的可分程度。本书提出的基于回归运算的检测方法和高阶统计量检测方法就是根据声探测系统的应用场合中信噪比比较低的实际条件（尤其是远距离探测,信号幅值或能量很小,而背景噪声很大),使目标检测系统的检验统计量比现有的最佳似然比检验统计量易于实现,但性能相近,同时,比一般常用的非最佳检验统计量计算方法更能使 $P_1(\gamma)$ 与 $P_0(\gamma)$ 之间的距离加大,使声探测能够在低信噪比环境中进行目标检测。

最佳检测系统是在判决准则意义上的最佳,通常情况下,最佳系统的结构是难以实现的,同时,从最佳准则未能包括的一些要求,如环境参数的敏感性、价格、易维护性等方面来考虑,最佳系统常有这样或那样的缺点,因此,有必要讨论那些按给定准则来讲是非最佳或是次最佳的实用系统。下面推导的两种目标检测算法都是在最佳检测系统的指导下,结合具体应用实际而产生的次最佳实用系统。

3.3 基于回归运算的检测系统

战场中,传声器接收到的背景噪声中包含有大量随机因素,因此,根据数理统计中的中心极限定理,可以假设噪声是符合高斯分布的。对于信号来讲,有两种可能:

(1)信号是由诸多随机声源造成的,这里声源既是指直升机、坦克,也是指某一目标内许多发出声波的部件,所以也可以假设由这些随机因素构成的目标信号是高斯分布的,通过第2章对战场典型声源特性的分析,可以看出坦克等目标信号基本上符合正态分布;

(2)信号的统计特性无法事先确定,研究这类的信号检测问题可以看成是非随机未知信号的检测。

在上述两种情况下,声探测系统目标检测问题就转化成高斯背景中高斯信号的检测及高斯背景下非随机未知信号的检测问题。信号检测理论中已有关于这两类问题的检验统计量计算方法,但现有系统大多是采用模拟电路实现,且只适合于传声器输出信号是平稳随机信号的场合,而本书采用数字技术,首先将传声器输出的连续信号进行 A/D 变换,再利用离散的数字量进行运算,构成检验统计量,且所示方法适用于传声器输出信号为平稳或非平稳过程。

本书研究的回归检测方法主要是利用目标信号和噪声信号各离散样本点间的相关性不同,而使得有目标信号存在与无目标信号存在时的检验统计量输出值间差异增大,从而达到在一定的输入信号信噪比前提下，提高检测概率或降低虚警概率的目的。或者说，在一定的检测概率和虚警概率前提下，声探测目标检测系统能够在较低的信噪比环境下工作。

俄罗斯 ХОХЛОВ 教授曾提出过用回归统计方法进行目标检测和识别的思想，但他只给出简单的检测公式，没有公式的证明、公式物理意义及应用方面的说明。本书从 ХОХЛОВ 教授给出的检测公式的形式中受到启发，根据现有的信号检测理论，从似然比检验推导出一种基于传声器输出信号样本点间相关程度，即回归系数的目标检测检验统计量计算方法，此方法的检测公式与 ХОХЛОВ 教授的信号检测公式相类似，在此基础上，本书又对此公式的物理意义进行了论述和说明，并给出了计算机模拟结果。

3.3.1 高斯噪声中高斯信号的回归检测方法

设信号和噪声都为非平稳高斯过程，且彼此相互独立，其均值和协方差阵分别为

$$\boldsymbol{\mu}_s = [\mu_{s1}, \mu_{s2}, \cdots, \mu_{sN}]^T, \boldsymbol{\mu}_n = [\mu_{n1}, \mu_{n2}, \cdots, \mu_{nN}]^T \tag{3-5}$$

$$\boldsymbol{c}_s = \begin{bmatrix} c_{s11} & c_{s12} & \cdots & c_{s1N} \\ \cdots & \cdots & \cdots & \cdots \\ c_{sN1} & c_{sN2} & \cdots & c_{sNN} \end{bmatrix}, \boldsymbol{c}_n = \begin{bmatrix} c_{n11} & c_{n12} & \cdots & c_{n1N} \\ \cdots & \cdots & \cdots & \cdots \\ c_{nN1} & c_{nN2} & \cdots & c_{nNN} \end{bmatrix}$$

式中，$\boldsymbol{\mu}_s$——信号的均值；

$\boldsymbol{\mu}_n$——噪声的均值；

$\boldsymbol{c}_s$——信号的协方差阵；

$\boldsymbol{c}_n$——噪声的协方差阵。

$c_{sik} = E[(r_i - \mu_i)(r_k - \mu_k)]$ 为传声器输出信号 $\boldsymbol{r}$ 的两个离散点 r_i、r_k 的协方差，μ_i、μ_k 为信号均值的两个离散点，E 为数学期望。

因为信号、噪声分别为高斯过程，且相互独立，所以，信号加噪声过程也是高斯过程，此时

$$\boldsymbol{\mu} = \boldsymbol{\mu}_s + \boldsymbol{\mu}_n, \boldsymbol{c} = \boldsymbol{c}_s + \boldsymbol{c}_n$$

在 H_1 假设，即有目标存在为真时，传声器输出波形 $\boldsymbol{r} = \{r_i, | i = 1, 2, \cdots, N\}$ 的条件概率密度函数为（连续信号形式）

$$p(\boldsymbol{r}|H_1) = \frac{1}{(2\pi)^{\frac{N}{2}}|\boldsymbol{c}|^{\frac{1}{2}}}\exp\left[-\frac{1}{2}(\boldsymbol{r}-\boldsymbol{\mu})^{\mathrm{T}}\boldsymbol{c}^{-1}(\boldsymbol{r}-\boldsymbol{\mu})\right] \quad (3-6)$$

式中，T 表示矩阵转置，-1 表示矩阵求逆，以下同。

当 H_0 为真时，$\boldsymbol{r}$ 的条件概率密度函数为

$$p(\boldsymbol{r}|H_0) = \frac{1}{(2\pi)^{\frac{N}{2}}|\boldsymbol{c}_\mathrm{n}|^{\frac{1}{2}}}\exp\left[-\frac{1}{2}(\boldsymbol{r}-\boldsymbol{\mu}_\mathrm{n})^{\mathrm{T}}\boldsymbol{c}_\mathrm{n}^{-1}(\boldsymbol{r}-\boldsymbol{\mu}_\mathrm{n})\right] \quad (3-7)$$

将式（3-6）、式（3-7）代入式（3-3）得

$$\exp\left[-\frac{1}{2}(\boldsymbol{r}-\boldsymbol{\mu})^{\mathrm{T}}\boldsymbol{c}^{-1}(\boldsymbol{r}-\boldsymbol{\mu}) + \frac{1}{2}(\boldsymbol{r}-\boldsymbol{\mu}_\mathrm{n})^{\mathrm{T}}\boldsymbol{c}_\mathrm{n}^{-1}(\boldsymbol{r}-\boldsymbol{\mu}_\mathrm{n})\right] > \lambda_0 \cdot \frac{(2\pi)^{\frac{N}{2}}|\boldsymbol{c}|^{\frac{1}{2}}}{(2\pi)^{\frac{N}{2}}|\boldsymbol{c}_\mathrm{n}|^{\frac{1}{2}}}$$

$$(3-8)$$

两边取对数

$$-\frac{1}{2}(\boldsymbol{r}-\boldsymbol{\mu})^{\mathrm{T}}\boldsymbol{c}^{-1}(\boldsymbol{r}-\boldsymbol{\mu}) + \frac{1}{2}(\boldsymbol{r}-\boldsymbol{\mu}_\mathrm{n})^{\mathrm{T}}\boldsymbol{c}_\mathrm{n}^{-1}(\boldsymbol{r}-\boldsymbol{\mu}_\mathrm{n}) > \ln\lambda_0 + \frac{1}{2}\ln|\boldsymbol{c}| - \frac{1}{2}\ln|\boldsymbol{c}_\mathrm{n}|$$

$$(3-9)$$

式（3-9）右边为一标量，计为 $\frac{\lambda}{2}$，则

$$-(\boldsymbol{r}-\boldsymbol{\mu})^{\mathrm{T}}\boldsymbol{c}^{-1}(\boldsymbol{r}-\boldsymbol{\mu}) + (\boldsymbol{r}-\boldsymbol{\mu}_\mathrm{n})^{\mathrm{T}}\boldsymbol{c}_\mathrm{n}^{-1}(\boldsymbol{r}-\boldsymbol{\mu}_\mathrm{n}) > \lambda \quad (3-10)$$

将式（3-10）写成离散形式

$$-\sum_{i=1}^{N}\sum_{k=1}^{N}a_{ik}(r_i-\mu_i)(r_k-\mu_k) + \sum_{i=1}^{N}\sum_{k=1}^{N}b_{ik}(r_i-\mu_{\mathrm{n}i})(r_k-\mu_{\mathrm{n}k}) > \lambda \quad (3-11)$$

式中，$a_{ik} = (\boldsymbol{c}^{-1})_{ik}$，$b_{ik} = (\boldsymbol{c}_\mathrm{n}^{-1})_{ik}$。

上式即为高斯背景下检测高斯信号的判决公式，这里，信号和噪声都可以是非平稳随机过程。

式（3-11）是根据最佳检测系统似然比检验推导出来的，因而也具有最佳性。但是，在声探测系统中，它通常不具有实用性。首先，要完成检测判决，需进行大量的乘积运算，这样，计算时间较长，不易实现实时检测。其次，在使用该公式前，须知道各均值分量，否则，上式也无法应用。为克服上述缺点，对式（3-11）作进一步简化和推导，即给出基于回归运算的检测方法。

为了对式（3-11）简化，首先考察下式

$$\mathscr{S} = -\sum_{i=1}^{N}\sum_{k=1}^{N} a_{ik}(r_i - \mu_i)(r_k - \mu_k) \tag{3-12}$$

令 $r_i - \mu_i = \dot{r}_i$, $r_k - \mu_k = \dot{r}_k$，且将 $-\sum_{i=1}^{N}\sum_{k=1}^{N}$ 简写成 $-\sum_{i}\sum_{k}$，则

$$\mathscr{S} = -\sum_{i}\sum_{k} a_{ik}\dot{r}_i\dot{r}_k \tag{3-13}$$

因为

$$-\frac{1}{2}\sum_{i} a_{ii}\left[\dot{r}_i - \sum_{k\neq i}\left(-\frac{a_{ik}}{a_{ii}}\right)\dot{r}_k\right]^2 = -\frac{1}{2}\sum_{i} a_{ii}\dot{r}_i^2 + \sum_{i} a_{ii}\sum_{k\neq i}\left(-\frac{a_{ik}}{a_{ii}}\right)\dot{r}_i\dot{r}_k -$$
$$\frac{1}{2}\sum_{i} a_{ii}\left[\sum_{k\neq i}\left(-\frac{a_{ik}}{a_{ii}}\right)\dot{r}_k\right]^2 \tag{3-14}$$

式中，$\sum_{k\neq i}$ 是 $\sum_{\substack{k=1\\k\neq i}}^{N}$ 的简写。

当 $\sum_{k\neq i}\left(-\frac{a_{ik}}{a_{ii}}\right)\dot{r}_k = \hat{\dot{r}}_i$，$\hat{\dot{r}}_i$ 是对 $\dot{r}_i$ 的估计时，式（3-14）可以写成

$$-\frac{1}{2}\sum_{i} a_{ii}\left[\dot{r}_i - \sum_{k\neq i}\left(-\frac{a_{ik}}{a_{ii}}\right)\dot{r}_k\right]^2 = -\frac{1}{2}\sum_{i} a_{ii}\dot{r}_i^2 - \sum_{i}\sum_{k\neq i} a_{ik}\dot{r}_i\dot{r}_k - \frac{1}{2}\sum_{i} a_{ii}\hat{\dot{r}}_i^2$$
$$\tag{3-15}$$

当 $\dot{r}_i^2 = \hat{\dot{r}}_i^2$ 时

$$-\frac{1}{2}\sum_{i} a_{ii}\left[\dot{r}_i - \sum_{k\neq i}\left(-\frac{a_{ik}}{a_{ii}}\right)\dot{r}_k\right]^2 = -\sum_{i} a_{ii}\dot{r}_i^2 - \sum_{i}\sum_{k\neq i} a_{ik}\dot{r}_i\dot{r}_k = -\sum_{i}\sum_{k} a_{ik}\dot{r}_i\dot{r}_k$$
$$\tag{3-16}$$

由此，式（3-13）为

$$\mathscr{S} = -\frac{1}{2}\sum_{i} a_{ii}\left[\dot{r}_i - \sum_{k\neq i}\left(-\frac{a_{ik}}{a_{ii}}\right)\dot{r}_k\right]^2 \tag{3-17}$$

下面，证明 $\hat{\dot{r}}_i = \sum_{k\neq i}\left(-\frac{a_{ik}}{a_{ii}}\right)\dot{r}_k$ 成立。

证明： $\dot{r}_i$、$\dot{r}_k$ 来自同一个随机过程，取 $\dot{r}_i$ 以外的其余 $N-1$ 个 $\dot{r}_k$ 的任意线性组合：$\sum_{k\neq i}\dot{\beta}_{ik}\dot{r}_k$，这里，$\dot{\beta}_{ik}$ 为任意常数，用这一线性组合构成对 $\dot{r}_i$ 的一个估计 $\hat{\dot{r}}_i$，定义估计

值与真值的均方误差最小时，$\dot{\beta}_{ik}$ 的取值为回归系数。

$$\varepsilon^2 \triangleq E\left[(\dot{r}_i - \sum_{k\neq i}\dot{\beta}_{ik}\dot{r}_k)^2\right]$$

$$= E\left[\dot{r}_i\dot{r}_i - 2\dot{r}_i\sum_{k\neq i}\dot{\beta}_{ik}\dot{r}_k + \sum_{k\neq i}\dot{\beta}_{ik}\dot{r}_k \cdot \sum_{j\neq i}\dot{\beta}_{ij}\dot{r}_j\right]$$

$$= c_{ii} - 2\sum_{k\neq i}\dot{\beta}_{ik}c_{ik} + \sum_{k\neq i}\dot{\beta}_{ik} \cdot \sum_{j\neq i}\dot{\beta}_{ij}c_{kj} \tag{3-18}$$

式中，$c_{ik} = E[\dot{r}_i\dot{r}_k]$ 为 r_i、r_k 间的协方差。

在 ε^2 极小处，由于 $\dot{\beta}_{ik}$ 的变化引起 ε^2 的变化应等于0，即

$$\mathrm{d}\varepsilon^2 = -2\sum_{k\neq i}\mathrm{d}\dot{\beta}_{ik} \cdot c_{ik} + \sum_{k\neq i}\sum_{j\neq i}\dot{\beta}_{ij}\mathrm{d}\dot{\beta}_{ik} \cdot c_{kj} + \sum_{k\neq i}\sum_{j\neq i}\dot{\beta}_{ik}\mathrm{d}\dot{\beta}_{ij} \cdot c_{kj} = 0 \tag{3-19}$$

将上式中第三项 $\sum_{k\neq i}\sum_{j\neq i}\dot{\beta}_{ik}\mathrm{d}\dot{\beta}_{ij} \cdot c_{kj}$ 的 k、j 互换，不会影响结果，整理得

$$\mathrm{d}\varepsilon^2 = -2\sum_{k\neq i}\mathrm{d}\dot{\beta}_{ik} \cdot c_{ik} + 2\sum_{k\neq i}\sum_{j\neq i}\dot{\beta}_{ij} \cdot \mathrm{d}\dot{\beta}_{ik} \cdot c_{kj} = 0 \tag{3-20}$$

欲使上式在 $\mathrm{d}\dot{\beta}_{ik}$ 任意下成立，唯一的可能是下式成立

$$\sum_{k\neq i}c_{ik} = \sum_{k\neq i}\sum_{j\neq i}\dot{\beta}_{ij}c_{kj} \tag{3-21}$$

上式即为 $N-1$ 个回归系数所要满足的 $N-1$ 个方程，即

$$\begin{cases}\dot{\beta}_{i1}c_{11} + \dot{\beta}_{i2}c_{12} + \cdots + \dot{\beta}_{iN}c_{1N} = c_{i1} \\ \dot{\beta}_{i1}c_{21} + \dot{\beta}_{i2}c_{22} + \cdots + \dot{\beta}_{iN}c_{2N} = c_{i2} \\ \cdots \cdots \\ \dot{\beta}_{i1}c_{N1} + \dot{\beta}_{i2}c_{N2} + \cdots + \dot{\beta}_{iN}c_{NN} = c_{iN}\end{cases} \tag{3-22}$$

它是从 N 个联立方程中除去第 i 个方程和第 i 个未知数 β_{ii} 而得到的，根据线性方程组理论，方程组的解为

$$\dot{\beta}_{ik} = \frac{\Delta_k}{\Delta} \tag{3-23}$$

式中，Δ——方程组的系数行列式；

Δ_k——Δ 中第 k 列元素代之以 c_{i1}，c_{i2}，$\cdots$，c_{iN} 后而得到的行列式。因为 Δ 也可以理解为行列式 $\det \boldsymbol{c}$ 的 c_{ii} 所对应的余子式。

$$\det \boldsymbol{c} = \begin{vmatrix} c_{11} & c_{12} & \cdots & c_{1i} & \cdots & c_{1N} \\ c_{21} & c_{22} & \cdots & c_{2i} & \cdots & c_{2N} \\ \cdots & \cdots & \cdots & \cdots & \cdots & \cdots \\ c_{i1} & c_{i2} & \cdots & c_{ii} & \cdots & c_{iN} \\ \cdots & \cdots & \cdots & \cdots & \cdots & \cdots \\ c_{N1} & c_{N2} & \cdots & c_{Ni} & \cdots & c_{NN} \end{vmatrix} \quad (3-24)$$

记为 $\Delta = (-1)^{i+i} Q_{ii} = Q_{ii}$。而将 Δ_k 的第 k 列元素与右邻元素相继交换 $(i-1-k)$ 次后，得到的正好是 $\det \boldsymbol{c}$ 第 ik 元素 c_{ik} 的余子式，记为

$$\Delta_k = (-1)^{i-1-k} \cdot (-1)^{k+i} Q_{ik} = -Q_{ik} \quad (3-25)$$

所以

$$\dot{\beta}_{ik} = -\frac{Q_{ik}}{Q_{ii}} \quad (3-26)$$

考察协方差阵 $\boldsymbol{c}$ 的逆阵 $\boldsymbol{c}^{-1}$，由逆阵公式：若 $\boldsymbol{c}$ 为非奇异矩阵，即 $\det \boldsymbol{c} \neq 0$，则 $\boldsymbol{c}$ 的逆阵 $\boldsymbol{c}^{-1}$ 表达式为

$$\boldsymbol{c}^{-1} = \frac{\boldsymbol{c}^*}{\det \boldsymbol{c}} \quad (3-27)$$

其中，$\boldsymbol{c}^*$ 的第 i 行第 k 列元素是 $\boldsymbol{c}$ 的第 k 行第 i 列元素的代数余子式，即

$$\boldsymbol{c}^{-1} = \frac{\begin{vmatrix} Q_{11} & Q_{21} & \cdots & Q_{N1} \\ \cdots & \cdots & & \cdots \\ Q_{1N} & Q_{2N} & \cdots & Q_{NN} \end{vmatrix}}{\det \boldsymbol{c}} \quad (3-28)$$

令 a_{ik} 为 $\boldsymbol{c}^{-1}$ 中的第 i 行第 k 到的元素，即 $a_{ik} = (\boldsymbol{c}^{-1})_{ik}$，则 $a_{ik} = \frac{Q_{ik}}{\det \boldsymbol{c}}$，所以

$$\dot{\beta}_{ik} = -\frac{Q_{ik}}{Q_{ii}} = -\frac{a_{ik}}{a_{ii}} \quad (3-29)$$

所以，

$$\hat{\dot{r}}_i = \sum_{k \neq i} \dot{\beta}_{ik} \dot{r}_k = \sum_{k \neq i} \left(-\frac{a_{ik}}{a_{ii}} \dot{r}_k \right)$$

证毕。

将式 (3-17) 代入式 (3-11)

$$-\frac{1}{2}\sum_i a_{ii}\Big[\dot{r}_i - \sum_{k\neq i}\Big(-\frac{a_{ik}}{a_{ii}}\Big)\dot{r}_k\Big]^2 + \frac{1}{2}\sum_i b_{ii}\Big[\dot{r}_i - \sum_{k\neq i}\Big(-\frac{b_{ik}}{b_{ii}}\Big)\dot{r}_k\Big]^2 > \lambda \quad (3-30)$$

将 $\dot{\beta}_{ik} = -\dfrac{a_{ik}}{a_{ii}}$,$\dot{\beta}'_{ik} = -\dfrac{b_{ik}}{b_{ii}}$ 代入上式,则

$$-\frac{1}{2}\sum_i a_{ii}\Big[\dot{r}_i - \sum_{k\neq i}\dot{\beta}_{ik}\dot{r}_k\Big]^2 + \frac{1}{2}\sum_i b_{ii}\Big[\dot{r}_i - \sum_{k\neq i}\dot{\beta}'_{ik}\dot{r}_k\Big]^2 > \lambda \quad (3-31)$$

此式的不足是仍需要作去均值处理,即参与检测运算的是 $\dot{r}_i$、$\dot{r}_k$,根据,$\hat{\dot{r}}_i = \sum_{k\neq i}\dot{\beta}_{ik}\dot{r}_k$ 的证明过程,可得相似结论

$$\hat{r}_i = \sum_{k\neq i}\beta_{ik} r_k \quad (3-32)$$

其中

$$\beta_{ik} = \frac{\Lambda_{ik}}{\Lambda_{ii}}, \quad \Lambda_{ik} = (\boldsymbol{R}^{-1})_{ik} \quad (3-33)$$

$$R_{ik} = c_{ik} + \mu_i \mu_k \quad (3-34)$$

又由于 $\mu_i = \sum_{k\neq i}\beta_{ik}\mu_k$,则式 (3-31) 简化为

$$-\frac{1}{2}\sum_i a_{ii}\Big[r_i - \sum_{k\neq i}\beta_{ik} r_k\Big]^2 + \frac{1}{2}\sum_i b_{ii}\Big[r_i - \sum_{k\neq i}\beta'_{ik} r_k\Big]^2 > \lambda \quad (3-35)$$

此式即为基于回归运算的目标检测判决公式。

当背景噪声为零均值,方差为 σ^2,样本点间相互独立的高斯过程时,式 (3-35) 可简化为

$$\frac{1}{2\sigma^2}\sum_i r_i^2 - \frac{1}{2}\sum_i a_{ii}\Big(r_i - \sum_{k\neq i}\beta_{ik} r_k\Big)^2 > \lambda \quad (3-36)$$

记 $a_i = \sigma^2 \cdot a_{ii}$,$\lambda' = 2\sigma^2\lambda$,式 (3-36) 可以写为

$$\sum_i r_i^2 - \sum_i a_i\Big(r_i - \sum_{k\neq i}\beta_{ik} r_k\Big)^2 > \lambda' \quad (3-37)$$

此式为背景噪声为零均值,方差为 σ^2 时目标检测判决公式。

式 (3-35) 或式 (3-37) 就是本书推导出的基于回归运算的目标检测判决公式。

公式中的回归系数 β_{ik} 和 β'_{ik} 及信号协方差阵的逆阵主对角线元素 a_{ii}、噪声协方差阵的逆阵主对角线元素 b_{ii}、a_i 可以在目标检测系统正式工作前根据信号和噪声的样本值离线计算，以一定方式存储起来，供目标检测时调用。门限值根据虚警概率确定。在进行目标检测时，将传声器的输出信号（或传声器阵列融合后的信号）采样离散成样本点，按照式（3-35）或式（3-37）计算可以直接得出目标有无的判决。

实现基于回归运算的目标检测方法可以有两种途径：一种途径是编制计算机软件实现，即首先将传声器接收信号进行放大、滤波等预处理，然后进行 A/D 变换，目标检测过程在计算机内完成；另一种途径是以硬件实现。实现式（3-37）的系统框图如图 3.5 所示。

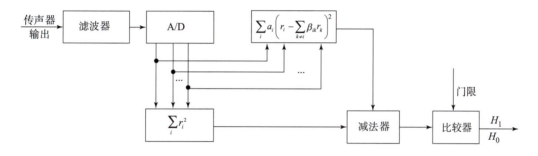

图 3.5 回归检测系统框图

对比式（3-35）与式（3-11），式（3-35）省去了去均值处理，且通常情况下，$k < i$ 或 $k \ll i$（下面对回归算法的讨论中可以清楚地看到这一点），所以，式（3-35）省去了大量的乘法运算，式（3-35）比式（3-11）计算简单，软、硬件实现容易。特别是当噪声为零均值相互独立的高斯噪声时，检测更加方便。

3.3.2 对回归检测算法的讨论

回归检测算法是根据似然比检验推导出来的，其性能与似然比检验性能相近。在回归检测算法的推导过程中，重要的是引入了回归系数的概念，将一个样点值用其余的样点值来估计。为了更深入认识回归检测算法，下面讨论式（3-37）的物理意义。

（1）首先，讨论 $\hat{r}_i = \sum\limits_{k \neq i} \beta_{ik} r_k$ 的意义。

①如果用 $k = 1, 2, \cdots, N(k \neq i)$ 个 r_k 来估计 r_i，这只有在 r_i 与 r_k 之间有相关性时才有可能。如果 r_i 与 $r_k (k \neq i)$ 互不相关，$\beta_{ik} = 0$，$\hat{r}_i = 0$。即，互不相关的两点间回归系

数为零，且无法利用与所要估计量不相关的另外一些量来构成合理的估计。

② $N-1$ 个 r_k 与 r_i 的相关性越强，$\hat{r}_i$ 越接近真实的 r_i。

取一个极端的例子，r_i 与 r_k 完全相关，$k = i+1$，即 $r_i = ar_{i+1}$，a 为常数，这时，只选 $\beta_{i,i+1} = a$，其余 $\beta_{ik} = 0$，则 $\hat{r}_i = r_i$ 就是一个无误差的估计。

③ $\hat{r}_i = \sum_{k \neq i} \beta_{ik} r_k$，$\beta_{ik} = \dfrac{\Lambda_{ik}}{\Lambda_{ii}}$ 是所有形如 $\sum_{k \neq i} \beta_{ik0} r_k$ 的估计中与 r_i 最相关的。可以证明下式

$$\frac{E[r_i \hat{r}_i]}{\{E[r_i^2] E[\hat{r}_i^2]\}^{\frac{1}{2}}} \geq \frac{E\left[r_i \cdot \sum_{k \neq i} \beta_{ik0} r_k\right]}{\left\{E[r_i^2] \cdot E\left[\left(\sum_{k \neq i} \beta_{ik} r_k\right)^2\right]\right\}^{\frac{1}{2}}} \tag{3-38}$$

对任意的 β_{ik0} 均成立（证明过程略）。

由于 $\hat{r}_i$ 体现了所有 $k \neq i$ 的 r_k 中与 r_i 的相关成分，相关程度的大小以 β_{ik} 形式表现出来，所以 $r_i - \sum_{k \neq i} \beta_{ik} r_k$ 与所有的 $r_k (k \neq i)$ 不相关。直观地讲，对于目标信号出现的情况，即 H_1 成立时，$\sum_{k \neq i} r_i^2$ 比没有目标信号出现的情况（H_0）时要大，而由于目标信号样本点之间的相关性 $\sum_i a_i (r_i - \sum_{k \neq i} \beta_{ik} r_k)^2$ 项比 H_0 情况时要小，所以，综合作用结果，H_1 时式（3-37）左边取较大值；而 H_0 时，式（3-37）左边取较小值。这样，取位于较大值和较小值之间的一点 λ' 作为门限值就可以进行目标检测，而检测的虚警概率和检测概率与门限值的大小有关。

从式（3-37）可以很清楚地看出，信号与噪声的差异越大，对应 H_1 和 H_0 情况下式（3-37）左边取值的差距越大，也就是说，大信噪比情况比小信噪比情况易于检测，这正与检测的普遍观点相同。

如果只采用式（3-37）左边第一项作为检验统计量，则这种检测为一般声呐检测系统中常用的能量检测器，而回归检测在能量检测的基础上又增加了第二项，使有目标存在和无目标存在时检验统计量的取值差距加大，所以，从这个意义上说，采用式（3-37）构成的回归检测系统比能量检测器能够工作在较小的输入信噪比情况下。这些可以使声探测系统在较远的探测距离上发现目标，为声探测系统实现其他一些功能赢得时间。

(2) 当信号为平稳随机信号时,根据时间序列理论,$r(t)$ 的离散值 $r_i(i=1,2,\cdots,N)$ 可以用 n 阶自回归模型,即 AR 模型表示

$$r_i + a_1' r_{i-1} + a_2' r_{i-2} + \cdots + a_n' r_{i-n} = \varepsilon \tag{3-39}$$

其中,n 为模型的阶次,a_1',a_2',$\cdots$,a_n' 为自回归系数。

将式(3-39)写成如下形式

$$r_i - \sum_{k=1}^{n}(-a_k' r_{i-k}) = \varepsilon \tag{3-40}$$

这里采用"-"号是为了与式(3-37)比较。由此可以看出,利用传声器输出信号建立的 AR 模型的自回归系数 a_k' 取负值以后就是前面所定义的回归系数 β_{ik} 在信号平稳条件下的特例,而 AR 模型中,自回归系数的物理含义也正是在 t 时刻的样本值与 $t-i(i=1,2,\cdots,N)$ 时刻的样本值之间的相关程度,与前述回归系数的物理含义相似。这样,可将式(3-37)改写为

$$\sum_i r_i^2 - \sum_i a_i \left[r_i - \sum_{k=1}^{n}(-a_k' r_{i-k}) \right]^2 > \lambda' \tag{3-41}$$

这样,对于平稳随机信号可以采用式(3-41)进行检测。

式(3-41)与式(3-37)具有类似的形式,其物理意义与(1)中讨论的相同。式(3-41)检测计算量的大小还与 n 的取值有很大关系。n 是根据定阶准则确定的,定阶准则有残差方差图准则、F 检验定阶准则、最小终预报误差准则(FPE)、最小信息准则(AIC)等,不同准则下模型的阶数可能不完全相同,但无论采用什么定阶准则,模型阶次 $n \leq N-1$,根据文献的结果,对目标信号的 AR 模型,n 一般小于 10 或 20,且目前正在进行的研究结果表明 n 一般在 10 左右。这样,检测运算量与式(3-11)相比仅仅是后者的十几分之一,甚至数十分之一。

(3) 为了验证回归检测算法的正确性,在计算机上进行了模拟实验。模拟 100 组有目标和 100 组无目标时传声器输出信号,每组均为 100 个离散数据 r_i,$i=1$,$2,\cdots,100$,根据有目标时的传声器典型输出数据,采用 Marple 算法,计算出各回归系数 a_k'。然后利用式(3-41)分别将 100 组有目标和 100 组无目标数据在计算机内进行检测运算。图 3.6 为采用回归检测与能量检测两种方法时,100 次检验统计量的分布曲线。

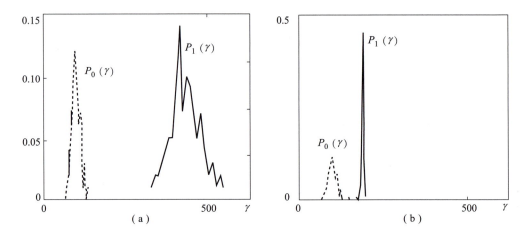

图 3.6 检验统计量分布曲线

(a) 回归检测法；(b) 能量检测法

从图 3.6 的分布曲线中可以看出，采用回归检测法建立的检验统计量能够使有目标和无目标时的检验统计量的分布曲线间有较大的距离（与能量检测法相比），这进一步证明了回归检测法的正确性，以及在检验统计量计算中引入了回归系数而使得在有目标存在和无目标存在两种情况下，检验统计量的概率分布曲线间距加大，从而提高了检测概率的事实。

这里有一点说明，当利用多次有目标时传声器的输出信号来分别计算回归系数，如果回归系数吻合的一致性差，则图 3.6 所示的回归检测法的概率分布曲线间距变小，检测概率下降，但检测概率的下限是能量检测法的检测概率。

3.3.3 高斯噪声中非随机未知信号的回归检测方法

前面在似然比检验基础上推导出了在高斯噪声背景下高斯信号的回归检测方法，在声探测系统的应用中，目标信号的统计特性不一定完全知道，在信号统计特性未知时，目标检测系统中目标信号采用非随机未知信号模型形式，这时，无法计算似然比，上述的回归检测方法不能直接应用，但是，可以通过对信号进行最大似然估计构成广义似然比的途径来采用回归检测。广义似然比定义为

$$L_g(\boldsymbol{r}) = \frac{\max_s [p(\boldsymbol{r}|H_1)]}{p(\boldsymbol{r}|H_0)} \tag{3-42}$$

式中，$\max\limits_{s}[p(\boldsymbol{r}|H_1)]$ 是噪声加某一确定性波形的联合概率密度函数，该确定性波形等于非随机未知信号波形 $s(t)$ 的最大似然估计。

为了计算广义似然比，首先讨论在高斯噪声中确定信号的检测。

在 H_1 和 H_0 假设下，$\boldsymbol{r}$ 条件概率密度函数有下述形式

$$p(\boldsymbol{r}|H_1) = \frac{1}{(2\pi)^{\frac{N}{2}}|\boldsymbol{c}_n|^{\frac{1}{2}}}\exp\left[-\frac{1}{2}(\boldsymbol{r}-\boldsymbol{\mu})^{\mathrm{T}}\boldsymbol{c}_n^{-1}(\boldsymbol{r}-\boldsymbol{\mu})\right] \quad (3-43)$$

$$p(\boldsymbol{r}|H_0) = \frac{1}{(2\pi)^{\frac{N}{2}}|\boldsymbol{c}_n|^{\frac{1}{2}}}\exp\left[-\frac{1}{2}(\boldsymbol{r}-\boldsymbol{\mu}_n)^{\mathrm{T}}\boldsymbol{c}_n^{-1}(\boldsymbol{r}-\boldsymbol{\mu}_n)\right] \quad (3-44)$$

式中，各字母含义同式（3-6）、式（3-7）。

由式（3-43）、式（3-44）写出似然比

$$L(\boldsymbol{r}) = \frac{p(\boldsymbol{r}|H_1)}{p(\boldsymbol{r}|H_0)} = \exp\left[-\frac{1}{2}(\boldsymbol{r}-\boldsymbol{\mu})^{\mathrm{T}}\boldsymbol{c}_n^{-1}(\boldsymbol{r}-\boldsymbol{\mu}) + \frac{1}{2}(\boldsymbol{r}-\boldsymbol{\mu}_n)^{\mathrm{T}}\boldsymbol{c}_n^{-1}(\boldsymbol{r}-\boldsymbol{\mu}_n)\right]$$

$$(3-45)$$

当噪声为零均值高斯过程时，$\boldsymbol{\mu} = \boldsymbol{\mu}_s$，$\boldsymbol{\mu}_n = (0)$。

$$L(\boldsymbol{r}) = \exp\left[-\frac{1}{2}(\boldsymbol{r}-\boldsymbol{\mu}_s)^{\mathrm{T}}\boldsymbol{c}_n^{-1}(\boldsymbol{r}-\boldsymbol{\mu}_s) + \frac{1}{2}\boldsymbol{r}^{\mathrm{T}}\boldsymbol{c}_n^{-1}\boldsymbol{r}\right] \quad (3-46)$$

写成离散形式

$$L(\boldsymbol{r}) = \exp\left[-\frac{1}{2}\sum_i\sum_k b_{ik}(r_i-\mu_{si})(r_k-\mu_{sk}) + \frac{1}{2}\sum_i\sum_k b_{ik}r_ir_k\right] \quad (3-47)$$

当信号为非随机未知信号时，似然比仍具有上式的形式，但 $\boldsymbol{\mu}_s$ 是非随机未知的，这样，式（3-47）不能确定。若找出 $\boldsymbol{\mu}_s$ 的估计 $\hat{\boldsymbol{\mu}}_s$，以它代换公式中的 μ_{si}、μ_{sk}，这样构成的似然比为广义似然比

$$L_g(\boldsymbol{r}) = \frac{\max\limits_{s}[p(\boldsymbol{r}|H_1)]}{p(\boldsymbol{r}|H_0)} \quad (3-48)$$

采用最大似然准则，对 $s(t)$ 的均值进行估计，由下式决定

$$\frac{\partial}{\partial \boldsymbol{\mu}_s}p(\boldsymbol{r}|\boldsymbol{\mu}_s)\Big|_{\boldsymbol{\mu}_s=\hat{\boldsymbol{\mu}}_s} = 0 \quad (3-49)$$

其中

$$p(\boldsymbol{r}|\boldsymbol{\mu}_s) = \frac{1}{(2\pi)^{\frac{N}{2}}|\boldsymbol{c}_n|^{\frac{1}{2}}}\exp\left[-\frac{1}{2}(\boldsymbol{r}-\boldsymbol{\mu})^{\mathrm{T}}\boldsymbol{c}_n^{-1}(\boldsymbol{r}-\boldsymbol{\mu}_s)^{\mathrm{T}}\boldsymbol{c}_n^{-1}(\boldsymbol{r}-\boldsymbol{\mu}_s)\right] \quad (3-50)$$

写成离散形式

$$p(\boldsymbol{r}|\boldsymbol{\mu}_s) = A \cdot \exp\left[-\frac{1}{2}\sum_i \sum_k b_{ik}(r_i - \mu_{si})(r_k - \mu_{sk})\right] \qquad (3-51)$$

式中，A 为一常数。将式（3-51）两边取对数

$$\ln p(\boldsymbol{r}|\boldsymbol{\mu}_s) = \ln A - \frac{1}{2}\sum_i \sum_k b_{ik}(r_i - \mu_{si})(r_k - \mu_{sk}) \qquad (3-52)$$

$p(\boldsymbol{r}|\boldsymbol{\mu}_s)$ 和 $\ln p(\boldsymbol{r}|\boldsymbol{\mu}_s)$ 的极值所对应的 $\boldsymbol{\mu}_s$ 相同，所以

$$\frac{\partial}{\partial \mu_{si}}\ln p(\boldsymbol{r}|\boldsymbol{\mu}_s) = -\frac{1}{2}\sum_i \sum_k b_{ik}(\mu_{sk} - r_k) = 0 \qquad (3-53)$$

上式成立的条件是

$$\hat{\mu}_{sk} = r_k \qquad (3-54)$$

同理，$\hat{\mu}_{si} = r_i$。即，信号波形的极大似然估计量就是 $\boldsymbol{r}$。

将式（3-54）代入式（3-47），得到的广义似然比 $L_g(\boldsymbol{r})$ 为

$$L_g(\boldsymbol{r}) = \exp\left[-\frac{1}{2}\sum_i \sum_k b_{ik}(r_i - \hat{\mu}_{si})(r_k - \hat{\mu}_{sk}) + \frac{1}{2}\sum_i \sum_k b_{ik}r_ir_k\right]$$

$$= \exp\left[\frac{1}{2}\sum_i \sum_k b_{ik}r_ir_k\right] \qquad (3-55)$$

至此，又可以利用在 3.3.1 节中对式（3-11）简化和推导的方法得出结论 $\$ = -\sum_i \sum_k a_{ik}r_ir_k = -\frac{1}{2}\sum_i a_{ii}\left[r_i - \sum_{k\neq i}\beta_{ik}r_k\right]^2$，将上式化为回归检测方法。即

$$L_g(\boldsymbol{r}) = \exp\left[\frac{1}{4}\sum_i b_{ii}\left(r_i - \sum_{k\neq i}\beta_{ik}r_k\right)^2\right] > \lambda_0 \qquad (3-56)$$

其中，$\beta_{ik} = -\dfrac{b_{ik}}{b_{ii}}$。

将式（3-56）两边取对数，并令 $\ln\lambda_0 = \lambda'$，则

$$\frac{1}{4}\sum_i b_{ii}\left(r_i - \sum_{k\neq i}\beta_{ik}r_k\right)^2 > \lambda' \qquad (3-57)$$

此式即为在高斯噪声中非随机未知信号的回归检测算法。

当噪声为相互独立的平稳高斯过程时，式（3-57）可简化为

$$\sum_i r_i^2 > \lambda'' \qquad (3-58)$$

即这时的检测器又成为能量检测器。而能量检测器正是限带白噪声中信号检测的

最佳检测器。

高斯噪声中非随机未知信号回归检测方法同高斯噪声中高斯信号回归检测方法的特点和物理意义一样，也可以用于非平稳随机过程和平稳随机过程，且运算量比似然比检验要少，但检测性能与似然比检测接近。当噪声为独立平稳高斯过程时，回归检测变为能量检测形式，即能量检测是回归检测的一种特例，这进一步证明了回归检测方法具有普遍意义。

3.4 利用高阶统计量进行信号检测研究

前面讨论的基于回归运算的目标检测检验统计量的计算方法可以使声探测系统工作在较低的信噪比条件下，且计算量小，易于实时检测。根据第 1 章中的分析，在声探测系统的三种应用场合中，探测的实时性以及声探测系统能够在低信噪比环境下工作是对声探测系统的重要性能要求。

在基于回归运算的目标检测系统中，目标信号被假设为两种模型：一是高斯分布，另一是非随机未知信号。噪声为高斯分布。由于目前对目标的分布特性掌握得不够充分，还不能给出声探测系统所有探测目标的分布特性情况。但是，本书认为，在声探测系统的某些具体应用中，由于背景噪声的复杂性，高斯统计特性不一定完全符合，信号的高斯特性也不一定完全成立。虽然在信号和噪声特性不完全符合假设时，回归检测方法仍然成立，且仍具有前面所讨论的各种性质，但是在声探测系统的目标信号和噪声分别满足非对称概率分布和对称概率分布时，可以用一种更简单的目标检测方法，即基于高阶统计量的目标检测方法。这种方法也可以使声探测系统工作在较低信噪比条件下，且易于软件和硬件实现。

在现有的目标检测系统中，常用的目标检测算法只是利用了信号的一、二阶统计量，检测系统的性能受信噪比的影响比较大。为了能使检测系统在强噪声背景下，或是在较远的距离上发现目标，有必要采用不受信噪比影响或受信噪比影响比较小的信息提取技术提取检测所需要的信息，而高阶统计量具有对高斯或对称概率分布噪声不敏感的特性，有较强的抑制噪声能力，所以，提取信号的高阶统计量特征作为检测信息，可以有良好的检测效果。

在信号检测理论研究中,已有人提出了高阶统计量用于信号检测的方法,但该方法在声探测系统中的应用尚未有人研究过。本书结合声探测系统的应用实际,讨论声探测目标检测系统中检验统计量的计算方法。

3.4.1 高阶统计量的基本概念

在目标检测中,常用信号的一阶和二阶统计量,即均值和自相关函数(或自功率谱密度函数)作为检测信息对目标进行检测。从理论上讲,相关函数是具有抗干扰提高信噪比作用的,但是,二阶相关函数的抗干扰性质是建立在信号平稳、观察时间足够长基础上的。然而在实际中噪声往往是非平稳随机过程,观察时间也不是无限大,因此利用二阶相关函数所获得的信噪比增益远低于理论值。为了获得高的信噪比增益,即声探测系统能量方程中的 GT,应采用高阶相关技术。下面对高阶相关函数的概念做一简单介绍。

设随机信号 r,若 $E[r^k]<\infty$,记 $m_k=E[r^k]$,则称 m_k 为 r 的 k 阶原点矩,即

$$m_k = E[r^k] = \int_{-\infty}^{\infty} r^k p(r)\mathrm{d}r \tag{3-59}$$

若 $E[r]$ 存在,且 $E[(r-E[r])^k]<\infty$,则

$$\mu_k = E[(r-E[r])^k] = \int_{-\infty}^{\infty} (r-m_1)^k p(r)\mathrm{d}r \tag{3-60}$$

称 μ_k 为 r 的 k 阶中心矩。容易推出:$\mu_0=1$,$\mu_1=0$,$\mu_2=\sigma^2$。

r 的特征函数 $\varphi(\omega)$ 为

$$\varphi(\omega) = \int_{-\infty}^{\infty} p(r)\mathrm{e}^{\mathrm{j}\omega r}\mathrm{d}r = E[\mathrm{e}^{\mathrm{j}\omega r}] \tag{3-61}$$

累积量 U_k 为

$$U_k = \frac{1}{\mathrm{j}^k}\left[\frac{\mathrm{d}^k}{\mathrm{d}\omega^k}\ln\varphi(\omega)\right]\bigg|_{\omega=0} \tag{3-62}$$

可以推出,累积量与原点矩、中心矩有下列关系

$$\begin{aligned}
&U_1 = m_1 \\
&U_2 = m_2 - m_1^2 = \mu_2 \\
&U_3 = m_3 - 3m_1 m_2 + 2m_1^3 = \mu_3 \\
&U_4 = m_4 - 3m_2^2 - 4m_1 m_3 + 12m_1^2 m_2 - 6m_1^4 \neq \mu_4 \\
&\cdots\cdots
\end{aligned} \tag{3-63}$$

由此可见，一阶累积量 U_1 与一阶矩 m_1（均值）相同，二阶、三阶累积量分别与二阶、三阶中心矩 μ_2、μ_3 相同，但高于三阶的累积量 $U_k(k>3)$ 与高于三阶的中心矩 $\mu_k(k>3)$ 不相同。

当随机变量 r 的均值为零时，$m_1=0$，式（3-63）可以化简为

$$U_1 = m_1 = 0$$
$$U_2 = m_2$$
$$U_3 = m_3 \quad (3-64)$$
$$U_4 = m_4 - 3m_2^2$$
$$\cdots\cdots$$

从直观意义上讲，一阶原点矩 m_1 就是随机变量的数学期望，它描述了概率分布中心；二阶中心矩 μ_2 就是方差，它为概率分布的离散程度提供了一种度量；而三阶中心矩则描述了概率分布的非对称性；四阶中心矩用来描述分布曲线尖削或平坦的程度。

目标信号的高阶统计量提供了比一、二阶统计量更多的关于目标的信息，提取信号的高阶累积量信息可以丰富目标检测的信息，提高检测系统性能。随着累积量阶数的增加，计算复杂性增加，所以，本书认为在声探测目标检测系统应采用三阶累积量信息用于目标检测。

3.4.2 高阶统计量在目标检测中的应用研究

在声探测目标检测系统中，使用三阶累积量来达到提高信噪比的目的。因为信号的 k 阶相关函数是用 k 阶累积量来表示的，而且三阶累积量与三阶中心矩相同，所以信号的三阶中心矩与三阶相关函数包含有相同的信息。下面研究信号的三阶中心矩在目标检测中的应用。

目标检测为二元假设检验问题，即

$$H_1:r(t)=s(t)+n(t)$$
$$H_0:r(t)=n(t)$$

在目标检测中，当目标信号具有非对称概率密度函数时，在 H_0 情况下

$$\mu_k = \int_{-\infty}^{\infty}(r-m_1)^k p(r)\mathrm{d}r \quad (3-65)$$

将 $p(r) = \dfrac{1}{\sqrt{2\pi}\sigma} e^{-\frac{(r-m_1)^2}{2\sigma^2}}$ 代入上式,则

$$\mu_k = \dfrac{1}{\sqrt{2\pi}\sigma} \cdot \int_{-\infty}^{\infty} (r-m_1)^k e^{-\frac{(r-m_1)^2}{2\sigma^2}} dr \tag{3-66}$$

令 $\dfrac{r-m_1}{\sigma\sqrt{2\pi}} = t$,代入上式化简得

$$\mu_k = (k-1) \cdot \sigma^2 \cdot \mu_{k-2} \tag{3-67}$$

当 $k=3$ 时,$\mu_3 = 0$,即对高斯噪声来讲,其三阶中心矩等于零。当噪声也是非高斯过程,但只要它具有对称分布密度函数,仍有 $\mu_3 = 0$。

在 H_1 假设下,$r(t)$ 的三阶相关函数为信号 $s(t)$ 的三阶相关函数、噪声器 $n(t)$ 的三阶相关函数、信号和噪声的互相关函数之和。由于信号 $s(t)$ 与 $n(t)$ 相互独立,故两者的互相关函数为零,而高斯噪声的三阶相关函数为零,这样 $r(t)$ 的三阶相关函数就是信号 $s(t)$ 的三阶相关函数,或 $r(t)$ 的三阶中心矩 μ_3 就是信号 $s(t)$ 的三阶中心矩 μ_{3s}。

由此可以看出,只要定义检验统计量为三阶中心矩,检测阈值取为零,就可以进行目标检测了。即当只有噪声,无目标存在时,检验统计量为零;当有目标存在时,检验统计量必是一个大于零的值。在声探测系统的三种应用场合中,目标检测所利用的信号只是传声器输出信号中有限长时间内的一段信号,此时检测阈值 λ 应取某一不为零的值。

采用高阶统计量进行目标检测的检测系统框图如图 3.7 所示。

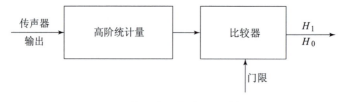

图 3.7 高阶统计量检测系统框图

高阶统计量用于目标检测系统,主要是利用了噪声具有对称概率密度函数而信号具有非对称概率密度函数的特点。在上述条件下,高阶统计量提取检测信息,可以获得较大的时间增益 GT,或是这种检测方法可以使声探测系统工作在较低信噪比的环境

中。本书用文献的仿真实验来说明高阶统计量用于目标检测的效果。

计算机仿真实验：加性有色噪声中确知信号的检测，当检测概率为 0.99 时，匹配滤波器检测所需信噪比为 12 dB，而应用零延迟三阶相关函数（三阶中心矩）只需 9 dB，即可以得到 3 dB 的好处。

本书提出的声探测系统基于高阶统计量的目标检测方法，因为检验统计量是传声器输出信号的三阶统计量，而三阶统计量既可以用硬件实现，也可以用软件实现。当用硬件实现时，计算检验统计量的时间只是硬件电路的稳定时间，可以在微秒数量级上完成计算，所以，可以满足声探测系统的处理时间要求。当用计算机软件实现时，检验统计量计算时间还受计算机主频率及算法语言的限制。在一般的计算机上，采用 MATLAB 语言，计算 512 点的三阶相关函数，可以在秒或毫秒数量级上完成。因此，即使用计算机软件来进行目标检测，本书所述方法仍可以适用于声探测系统的三种应用场合。

3.5　声探测系统目标识别技术研究

在检测系统给出目标存在的判决后，声探测系统的下一步工作就是对目标加以识别，目标识别包括两个层次意义上的识别：一是对目标种类的识别，这一层次的识别为首先判断检测目标是干扰源 $d(t)$ 还是目标源 $s(t)$，如果是目标源，则识别出目标的种类；另一个是对某一种类中具体目标型号的识别。鉴于本书所讨论声探测系统的应用范围，本书中目标识别只限于第一个层次上的识别，即只识别出目标是直升机、坦克目标或是非目标，而不需判断出目标是哪一种直升机、哪一种坦克等。

目标识别技术属于模式识别理论的范畴，声探测目标识别系统的任务就是基于模式识别的理论，结合战场目标和环境特点，研究战场目标识别的方法和技术。

在国内，目标识别技术相对于声探测系统的其他技术来讲开展得较活跃，多种目标识别方法都相继用于目标识别之中。如 AR 谱方法、AR 模型参数二元码识别法等，这些方法虽然可以用于战场目标识别系统中，但声探测系统的实时性要求不容易满足，尤其是 AR 模型阶数很高的情况下，另外，现有目标识别方法在目标识别的准确率以及目标识别的种类上也不能满足声探测系统的功能要求。所以，寻找一种既能够有效进行目标识别，又具有实时性的目标识别方法仍是人们现在的努力方向，为此，本书在

第2章目标特性分析基础上，对声探测系统目标识别技术进行了一定的研究，提出了一种简单的目标识别特征量提取技术，并将人工神经网络技术用于目标分类器设计中，提出了具有实时性特点的声探测目标识别系统结构框图，分析了各部分的功能，并根据此系统，采用计算机软件实现方法给出了实际测试数据的目标识别结果。

声探测目标识别系统模型如前文图3.1所示。一个性能优越的目标识别系统必须解决好两个问题，即特征提取和分类器设计，而特征提取是目标识别的关键。直观地讲，特征提取的任务就是从传声器的输出信号中提取那些为实现目标分类而必需的特征参量，这些特征参量对于不同的目标取不同的值。特征提取所提取的特征是否反映了目标的可分性特征，以及用于识别的特征是否完备，直接影响目标的可分性，也影响分类器的设计；而同时，具有优越性能的分类器对特征提取的要求则低一些。

分类器是将特征进行某种变换或映射，将特征量从特征空间映射到目标类型空间。本书采用人工神经网络实现分类器功能，人工神经网络分类器的功能就是接收特征提取所提取的特征值，按照已"学习"到的分类准则对目标进行分类（所谓"学习"过程，就是模式识别的训练或学习过程）。有关人工神经网络的基本理论及人工神经网络目标分类器的应用特点，在本书第5章做了比较详细的论述。在此对目标分类器设计问题不做讨论，只研究目标识别中的特征量提取技术。

在传声器的输出信号中，包含有很多目标类型信息，但这些信息对目标分类的价值是不相同的。有些信息虽然对目标分类有价值，但价值很小，或虽然价值较大，但为提取此信息而花费的代价太大，那么，这些信息对于目标分类来讲就具有较小的效用，在这里借用信息理论中价值因子的概念来表示特征信息对目标识别的效用，那么，对目标分类效用较小的特征信息就具有较小的价值因子，而对目标分类有较大效用的特征信息就具有较大的价值因子。特征提取的任务就是寻找出那些具有较大价值因子的特征及它们的组合形式，以此作为分类决策的依据。

在目标识别中，不是把所有包含有目标类型信息的特征都提取出来，因为这样做既不可能也不必要，提取特征的个数视目标类型和战场环境而定。

根据对声探测系统目标特性及背景特性的分析，以及目标识别系统工作实时性的要求，本书在目标识别中对传声器输出信号提取了如下特征：数学期望和相关函数，回归系数及 AR 模型参数。下面阐述这些特征对目标识别的效用。

1. 传声器输出信号的数学期望和相关函数

如前述，目标识别所利用的在某一时间间隔内的传声器输出信号是随机过程的一个样本函数，是随机信号，而描述随机信号的主要方法是其分布函数，其次是数学期望和相关函数。在探测过程中，要想得到随机信号的多维分布函数（或多维概率密度）是相当困难的，且计算也十分烦琐，因此，利用随机信号的数学期望和相关函数作为目标识别的特征量。通过第 2 章中的声源特性分析也可以看出，不同的目标其相关函数具有不同的形式，如图 2.2 ~ 图 2.10 所示。即使在某些情况下，两种目标类型有相似的相关函数形式（如在离传声器较近距离处运动的坦克目标与车辆目标），但对应两种目标的传声器输出信号的数学期望却有很大差别，所以，数学期望和相关函数可以同时作为目标识别的特征量。

随机信号 $r(t)$ 的数学期望 $E[r(t)]$ 可按下式计算

$$E[r(t)] = \lim_{T \to \infty} \frac{1}{2T} \cdot \int_{-T}^{T} r(t) \, dt \tag{3-68}$$

自相关函数 $C_{\text{OTT}}(\tau)$ 为

$$C_{\text{OTT}}(\tau) = \lim_{T \to \infty} \frac{1}{2T} \cdot \int_{-T}^{T} r(t) r(t+\tau) \, dt \tag{3-69}$$

因为数学期望和相关函数的计算可以通过硬件实现，所以，这两个特征量的提取可以达到近于实时的效果。

2. 回归系数及 AR 模型参数

采用均值和相关函数可以区分直升机、坦克、车辆等目标，但由于目标运动状态的多样化，当某些不同类型的目标在一定的运动状态表现为相近的相关函数特性和数学期望特性时，如果仍只采用数学期望和相关函数作为目标识别的特征量，那么目标类型的可分性就较差，容易出现误识别。此时，应增加特征信息，传声器输出信号样本点间的回归系数或 AR 模型参数是有效的目标识别特征量。

由于自回归系数是回归系数在传声器输出信号为平稳信号时的具体形式，虽然在声探测系统的应用中，传声器输出的信号通常是非平稳的，但在声探测系统处理的有限时间内可以认为信号是平稳的，所以，目标识别系统中，采用 AR 模型参数作为目标识别的特征量。

AR 模型参数 a_n^i 和阶次 n 代表了 AR 模型所表示的信息。在目标识别中，AR 模型阶次不宜过高，或者，阶次不是越高越好。阶次越高意味着 AR 模型参数越多，给实际计算和应用带来困难。在综合 AR 模型定阶准则和实际允许模型误差限的前提下，选用较少的 AR 模型参数作为特征来对目标进行识别。

基于上述分析，本书对现场实测的坦克、车辆、语音等信号进行了坦克目标识别，即以坦克为探测目标，车辆、语音等为干扰源，为非探测目标。结合坦克声场特性，选择以传声器输出信号的数学期望和相关函数为基本特征的特征参量提取方法；并在此基础上，用人工神经网络作为分类器，附之以人工神经网络的并行集体计算能力及其分类功能，实现目标识别。人工神经网络分类器的输入为目标识别特征量，输出为目标类型。具体分析见第 5 章。

坦克目标识别系统的组成框图如图 3.8 所示。

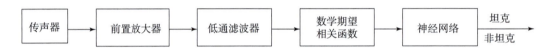

图 3.8　坦克目标识别系统组成框图

传声器接收所在位置处的声波信号，经过前置放大器及滤波电路之后，将信号作相关和求数学期望运算。由于相关函数的取值与信号的幅值、序列的长度等有关，所以在选择相关函数为目标识别的特征时，必须消除这些因素的影响，即特征提取所提供给分类器的特征参量是仅与目标声信号特征及不可避免的噪声有关的量，而与人为的增益调节及数据加窗无关。

用于识别的坦克和非坦克信号是分别获得的。依次将识别样本输入给坦克目标识别系统，识别结果如表 3.1 所示。

表 3.1　坦克和非坦克目标识别结果

类别	训练样本数	识别结果（正确数/样本数）
坦克	20	54/60
非坦克	20	42/50

表 3.1 中，训练样本为目标识别系统学习过程中使用的样本，54/60 和 42/50 分别代表了 60 个坦克样本中有 54 个样本识别正确、50 个非坦克样本中有 42 个识别正确。

通过坦克实测数据对本书提出的目标识别系统的验证，可以看出：

（1）均值和相关函数作为目标识别特征是可行的。

（2）特征提取可以用硬件来实现，人工神经网络可以用硬件或计算机软件实现。虽然目前人工神经网络硬件技术尚不成熟，但是，因为人工神经网络目标分类功能的具体实现实际上是加法和乘法运算，在本书所提出的坦克目标识别系统中，采用计算机实现人工神经网络目标分类器功能，完成一次识别只需十几毫秒时间。所以，该系统有利于目标识别实现实时或快速。

（3）如果用距离分类器等代替神经网络分类器，本书所述特征提取方法仍然有效。

由于实际测试过程中，传声器的输出信号包含有大量的噪声，以及目标声信号的非平稳性，采用均值和相关函数虽然可以识别目标，但目标识别的准确性受到影响。采用更多的目标识别特征信息，如前面所阐述的回归系数和 AR 模型参数等的研究工作仍在进行之中。

第4章 声探测系统目标定位与跟踪技术

声探测系统可以用在三种不同的场合,当用于战场警戒和武器系统的起爆控制装置时,声探测系统在目标检测和目标识别之后,还要对目标进行定位与跟踪。如第3章所述,声探测系统可分为几个子系统,实现目标定位功能的系统称为目标定位系统,实现目标跟踪功能的系统称为目标跟踪系统。

目标定位,是指对目标相对于某一参考坐标系的位置参数,如方向角、距离等进行估计。

目标跟踪,是指对目标当前和未来时刻的运动状态,如位置、运动速度、加速度等进行估计。

无论声探测系统用于哪种场合,都必须具有高的定位和跟踪精度;同时,根据第1章对声探测系统信号处理时间的讨论,目标定位与跟踪系统必须在有限的时间内完成对目标的定位与跟踪任务。因此,目标定位与跟踪技术的主要研究方向是实时或快速的高精度目标定位与跟踪方法。

对空间目标的位置进行估计、对机动目标进行跟踪,也是声呐、雷达等领域中最基本的任务,在这些领域中,已有许多成熟的理论和方法供声探测系统使用或借鉴。国内也有一些学者在开展声探测系统目标定位与跟踪的研究工作,但声探测系统与声呐、雷达相比具有其特殊性,不能完全照搬它们的方法,且现有的声探测系统目标定位与跟踪技术还远不够完善。为此,本章在雷达、导航和声呐信号处理技术以及数字信号处理、统计信号处理、信号估计等理论基础上,研究了声探测系统目标定位与跟踪的一般方法;分析了目标方向角、距离估计的最小方差及改善估计质量的方法;对均匀和非均匀媒质中影响定位精度的因素进行了全面的分析;提出了一种具有较高跟踪精度的目标跟踪系统结构;给出了计算机模拟结果及实验结果。

4.1 传声器阵列输出信号模型

研究目标定位与跟踪系统，首先必须建立系统模型，并给出传声器输出信号模型。目标定位与跟踪方法是与传声器的输出信号形式有关的，而系统模型则把系统内部之间、系统与外界之间的联系简单且清楚地表示出来。

目标定位与跟踪系统模型如图 4.1 所示。目标辐射声波经传播到达传声器阵列，传声器阵列输出信号为 $r = \{r_i(t) = s(t, A) + n_i(t), i = 1, 2, \cdots, M\}$，$A$ 为目标的待估计参数，$A = \{\theta, R, \cdots\}$，$\theta$ 为目标方向角，R 为目标距离，M 为传声器个数，定位与跟踪系统根据传声器阵列在时间 T 内的输出信号 $r = \{r_i(t), -T < t < 0\}$ 对目标定位与跟踪。

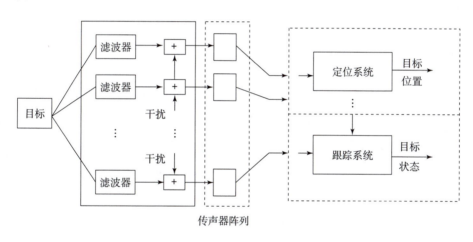

图 4.1　目标定位与跟踪系统模型

其中，跟踪系统与定位系统间的连线表示跟踪系统与定位系统可以联合工作。

图 4.1 中使用传声器阵列而不使用单一传声器的原因有三点：

一是为了实现目标定位与跟踪，必须采用多于一个的传声器。如要确定一平面内目标相对于参考坐标系的方向，至少需要两个传声器；要确定一平面内目标相对于参考坐标系的位置，至少需要三个传声器；对于三维空间定向、定距来讲，则至少分别需要三个、四个传声器。

二是当目标定位与跟踪系统要对多于一个的目标进行定位与跟踪时，必须采用多个传声器。

三是为了提高目标定位与跟踪精度，必须采用更多的传声器。

从图中可以看出，传声器阵列的输出信号直接影响定位与跟踪系统。另外，根据声呐、雷达、空间导航技术的研究成果可知，传声器阵列的布置方式及输出信号形式，对定位与跟踪方法、精度等有很大影响。所以，首先讨论声探测系统中传声器的输出信号模型，为后续研究奠定基础。

在战场上，最常见的目标信号是非平稳的随机信号，但是在有限的观察时间 T 内，可以把它近似为平稳随机信号。根据随机信号理论，任意的实平稳随机过程都可以表示成

$$r(t) = E(t)\cos[\omega_0 t + \varphi(t)] \tag{4-1}$$

对于窄带随机信号，$E(t)$ 为 $r(t)$ 的包络，$\varphi(t)$ 为 $r(t)$ 的初相，ω_0 为中心频率。对于宽带随机信号，上式同样成立，但 $E(t)$、$\varphi(t)$ 不是慢变化的随机过程。也可以将式 (4-1) 写成复解析表达式

$$\tilde{r}(t) = E(t)\exp\{j[\omega_0 t + \varphi(t)]\} \tag{4-2}$$

根据第 2 章对目标特性和环境特性的分析，传声器输出信号通常为宽带随机信号。若将传声器输出信号通过一窄带滤波器则可以变为窄带信号。所以，在目标定位与跟踪系统中，传声器输出信号（或附加窄带滤波器）取窄带和宽带随机信号两种形式。因为无论窄带、宽带随机过程，式 (4-1) 都成立，所以，为讨论方便，下面以窄带随机信号为例，其结论对宽带随机信号亦成立。

设三维空间中有一传声器阵列，由 M 个无方向性、具有相同性能的传声器按任意规则排列而成。传声器位置坐标依次为 $\boldsymbol{x}_1, \boldsymbol{x}_2, \cdots, \boldsymbol{x}_M$，其中，$\boldsymbol{x}_l = [x_l, y_l, z_l]^T$，$l = 1, 2, \cdots, M$。有 q 个目标向外辐射声波（如以同一速度飞行的直升机机群或同一速度行进的坦克群），由于目标距传声器足够远，认为这些目标为点目标，到达传声器阵列的信号为平面波形式。若 q 个目标的声信号分别以 $\boldsymbol{\theta}_1, \boldsymbol{\theta}_2, \cdots, \boldsymbol{\theta}_q$ 的方向角入射到传声器阵列，$\boldsymbol{\theta}_i = [\theta_{i1}, \theta_{i2}]$，$i = 1, 2, \cdots, q$；$\theta_{i1}$、$\theta_{i2}$ 分别为第 i 个目标的仰角和方位角，如图 4.2 所示。

在 t 时刻，第 l 个阵元的输出信号为

$$r_l(t) = \sum_{i=1}^{q} b_l(\boldsymbol{\theta}_i) s_i[t - \tau_l(\boldsymbol{\theta}_i)] + n_l(t) \qquad l = 1, 2, \cdots, M \tag{4-3}$$

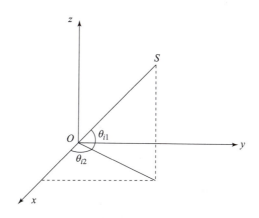

图 4.2　目标的仰角和方位角

其中，$\tau_l(\boldsymbol{\theta}_i)$ 是第 i 个目标到达第 l 个阵元相对于基准阵元的时间延迟，$s_i(t)$ 是阵列参考点（基准阵元）输出的第 i 个目标的信号，$s_i[t-\tau_l(\boldsymbol{\theta}_i)]$ 是第 l 个阵元输出的第 i 个目标的信号，$b_l(\boldsymbol{\theta}_i)$ 是第 l 个阵元对来自 $\boldsymbol{\theta}_i$ 方向信号的增益与基准阵元对该信号增益的比例系数，其中包括了目标到达两传声器的声程差所引起的传播衰减，$n_l(t)$ 是加性噪声。

将式（4-3）写成复数形式

$$\tilde{r}_l(t) = \sum_{i=1}^{q} b_l(\boldsymbol{\theta}_i) s_i(t) \exp[j\omega_0 \tau_l(\boldsymbol{\theta}_i)] + \tilde{n}_l(t) \quad l=1,2,\cdots,M \quad (4-4)$$

为简化写法，将 $\tilde{r}_l(t)$、$\tilde{n}_l(t)$ 分别写成 $r_l(t)$、$n_l(t)$，即

$$r_l(t) = \sum_{i=1}^{q} b_l(\boldsymbol{\theta}_i) s_i(t) \exp[j\omega_0 \tau_l(\boldsymbol{\theta}_i)] + n_l(t) \quad l=1,2,\cdots,M \quad (4-5)$$

为进一步简化模型，假设所有传声器具有相同的增益，即 $b_l(\boldsymbol{\theta}_i)=1$，此时，式（4-5）简化为

$$r_l(t) = \sum_{i=1}^{q} s_i(t) \exp[j\omega_0 \tau_l(\boldsymbol{\theta}_i)] + n_l(t) \quad l=1,2,\cdots,M \quad (4-6)$$

写成矩阵形式

$$\boldsymbol{r}(t) = \boldsymbol{A}(\boldsymbol{\theta})\boldsymbol{s}(t) + \boldsymbol{n}(t) \quad (4-7)$$

其中，$\boldsymbol{r}(t)$、$\boldsymbol{n}(t)$ 是 $M \times 1$ 维矩阵

$$\begin{aligned} \boldsymbol{r}(t) &= [r_1(t), r_2(t), \cdots, r_M(t)]^T \\ \boldsymbol{n}(t) &= [n_1(t), n_2(t), \cdots, n_M(t)]^T \end{aligned} \quad (4-8)$$

$s(t)$ 是 $q \times 1$ 维矩阵

$$s(t) = [s_1(t), s_2(t), \cdots, s_q(t)]^T \qquad (4-9)$$

$A(\boldsymbol{\theta})$ 是 $M \times q$ 维矩阵

$$A(\boldsymbol{\theta}) = [a(\boldsymbol{\theta}_1), a(\boldsymbol{\theta}_2), \cdots, a(\boldsymbol{\theta}_i), \cdots, a(\boldsymbol{\theta}_q)] \qquad (4-10)$$

$a(\boldsymbol{\theta}_i)$ 是来自于 $\boldsymbol{\theta}_i$ 方向上阵列的方向矢量,为 $M \times 1$ 维矩阵。

$$a(\boldsymbol{\theta}_i) = [\exp(j\omega_0\tau_1(\boldsymbol{\theta}_i)), \exp(j\omega_0\tau_2(\boldsymbol{\theta}_i)), \cdots, \exp(j\omega_0\tau_M(\boldsymbol{\theta}_i))]^T \qquad (4-11)$$

由此可知,目标的方向角信息是包含于 $A(\boldsymbol{\theta})$ 中的,而 $A(\boldsymbol{\theta})$ 是通过传声器阵列输出信号 $r(t)$ 估计得到的,即传声器阵列作为目标方向角估计的信源,其输出信号中包含着目标方向角信息,而方向角 $\boldsymbol{\theta}_i$ 的估计过程就是从传声器阵列输出信号中最大限度地提取 $\boldsymbol{\theta}_i$ 信息的过程。

传声器阵列的典型布阵方式有线阵、平面阵、圆阵等,在某一种特定的阵列方式下,可以将输出信号模型进一步简化。

4.1.1 均匀线阵的输出信号模型

如图 4.3 所示,M 个传声器 M_1,M_2,$\cdots$,M_M 沿直线等间隔布置,阵元间距为 d。因为阵元位于同一直线上,传声器的输出信号中只包含有目标的一维方向信息,所以,根据这种传声器阵列的输出信号,目标定位系统只能估计出与传声器阵元位于同一平面内的 q 个目标的方向角 θ_i,$i = 1, 2, \cdots, q$。显然

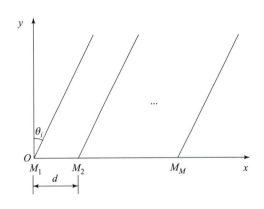

图 4.3 均匀线阵模型

$$-\frac{\pi}{2} \leqslant \theta_i \leqslant \frac{\pi}{2} \qquad (4-12)$$

将 M_1 作为参考阵元,即 $\tau_1(\theta_i)=0$,则第 l 个阵元的相对时延为

$$\tau_l(\theta_i) = \frac{1}{c}(l-1)d\sin\theta_i \qquad (4-13)$$

$$i=1,2,\cdots,q; \quad l=2,3,\cdots,M$$

式中,c 为声速。根据式 (4-7)、式 (4-10)、式 (4-11) 可得,均匀线阵 $A(\theta)$ 可以写为

$$A(\theta) = [a(\theta_1), a(\theta_2), \cdots, a(\theta_i), \cdots, a(\theta_q)]$$

$$a(\theta_i) = \left\{1, \exp\left(j\frac{2\pi}{\lambda}d\sin\theta_i\right), \cdots, \exp\left[j\frac{2\pi}{\lambda}(M-1)d\sin\theta_i\right]\right\} \qquad (4-14)$$

式中,λ 为声波波长。

4.1.2 均匀平面阵的输出信号模型

如果要估计空间目标的仰角和方位角,必须采用平面阵方式,即在平面内布置的传声器阵列包含有目标的二维方向信息。均匀平面阵是最简单的一种平面内布阵方式,如图 4.4 所示。传声器布置在 xOy 平面,沿 x 轴方向等间距 dx、沿 y 轴方向等间距 dy 布置,阵元数目为 $M_x \times M_y$,且 $0 \leqslant \theta_{i1} \leqslant \frac{\pi}{2}$,$0 \leqslant \theta_{i2} \leqslant 2\pi$。

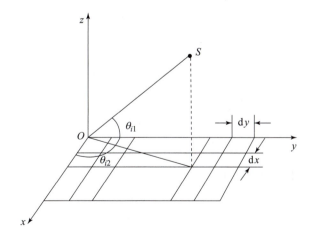

图 4.4 均匀平面阵模型

第 i 个目标信号到达第 l_x 行第 l_y 列阵元时，相对参考阵元（位于坐标原点）在 x、y 轴上的时延为

$$\tau_x(\theta_{i1},\theta_{i2}) = \frac{1}{c} \cdot (l_x - 1) \cdot \mathrm{d}x \cdot \cos\theta_{i1} \cdot \cos\theta_{i2}$$

$$\tau_y(\theta_{i1},\theta_{i2}) = \frac{1}{c} \cdot (l_y - 1) \cdot \mathrm{d}y \cdot \cos\theta_{i1} \cdot \sin\theta_{i2} \quad (4-15)$$

$$i = 1,2,\cdots,q; \ l_x = 2,3,\cdots,M_x; \ l_y = 2,3,\cdots,M_y$$

在 z 轴上时延为 0。则传声器阵列的输出信号模型仍可以表示为

$$r(t) = A(\boldsymbol{\theta})s(t) + n(t)$$

式中，$A(\boldsymbol{\theta}) = [a(\boldsymbol{\theta}_1), a(\boldsymbol{\theta}_2), \cdots, a(\boldsymbol{\theta}_i), \cdots, a(\boldsymbol{\theta}_q)]$

$$a(\boldsymbol{\theta}_i) = \left\{ 1, \exp\left(j\frac{2\pi}{\lambda}\mathrm{d}x\cos\theta_{i1}\cos\theta_{i2}\right), \cdots, \right. \quad (4-16)$$

$$\left. \exp\left\{j\frac{2\pi}{\lambda}[(M_x-1)\mathrm{d}x\cos\theta_{i1}\cos\theta_{i2} + (M_y-1)\mathrm{d}y\cos\theta_{i1}\sin\theta_{i2}]\right\} \right\}^T$$

4.1.3 均匀圆阵的输出信号模型

平面内均匀圆阵与均匀平面阵都是二维阵列形式，圆阵的输出也只包含目标的二维方向信息，但不同的阵列方式，输出信号形式不同，从而使得目标定位精度不同。均匀圆阵同均匀平面阵一样，也是常用的一种阵列形式。

如图 4.5 所示，在一个半径为 a_R 的圆上等弧长放置 M 个传声器，与均匀平面阵相似，第 i 个目标声信号到达第 l 个传声器相对于圆心点的时延为

$$\tau_l(\boldsymbol{\theta}_i) = \frac{1}{c}a_R\cos\theta_{i1}\cos(\theta_{i2} - \alpha_l) \quad (4-17)$$

$$i = 1,2,\cdots,q; l = 2,3,\cdots,M$$

α_l 为第 l 阵元与 x 轴正方向的夹角，且

$$\alpha_l = (l-1)\frac{2\pi}{M} \quad (4-18)$$

这时，输出信号模型形式仍为 (4-7) 式，其中 $A(\boldsymbol{\theta})$ 为

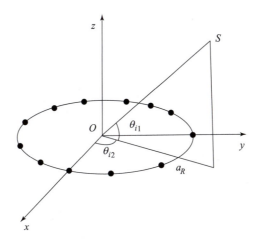

图 4.5　均匀圆阵模型

$$A(\boldsymbol{\theta}) = [\boldsymbol{a}(\boldsymbol{\theta}_1), \boldsymbol{a}(\boldsymbol{\theta}_2), \cdots, \boldsymbol{a}(\boldsymbol{\theta}_i), \cdots, \boldsymbol{a}(\boldsymbol{\theta}_q)]$$

$$\boldsymbol{a}(\boldsymbol{\theta}_i) = \left\{ \exp\left(j\frac{2\pi}{\lambda} a_R \cos\theta_{i1} \cos\theta_{i2} \right), \right. \tag{4-19}$$

$$\exp\left[j\frac{2\pi}{\lambda} a_R \cos\theta_{i1} \cos\left(\theta_{i2} - \frac{2\pi}{M}\right) \right], \cdots,$$

$$\left. \exp\left\{ j\frac{2\pi}{\lambda} a_R \cos\theta_{i1} \cos\left[\theta_{i2} - (M-1)\frac{2\pi}{M}\right] \right\} \right\}^{\mathrm{T}}$$

以上具体分析了三种典型阵列方式的阵列输出信号模型,并由此可以推广至任何一种阵列方式,阵列输出信号模型都可以表示成

$$\boldsymbol{r}(t) = \boldsymbol{A}(\boldsymbol{\theta})\boldsymbol{s}(t) + \boldsymbol{n}(t) \tag{4-20}$$

从上式可以得出如下结论:

(1) 目标仰角、方位角的估计$\hat{\theta}_{i1}$、$\hat{\theta}_{i2}$是通过时延估计而成的,即先由传声器输出信号$\boldsymbol{r}(t)$给出时延估计$\hat{\tau}(\boldsymbol{\theta}_i)$,然后再得出$\hat{\theta}_{i1}$、$\hat{\theta}_{i2}$。

(2) 不同的阵列形式输出的信号中包含有不同的目标方向角信息。

(3) 根据采样定理,如果传声器输出信号是限带的,谱宽为Ω,则$\boldsymbol{r}(t)$中所包含的信息与$M \cdot 2T\Omega$个样本所包含的信息是相同的,所以,增长观察时间T,使用更多的传声器,可以构成更加精确的方向角估计。

(4) 使用更多的传声器,一方面可以增加传声器阵列输出信号中关于目标方向角的信息量,但另一方面会增加定位系统设备复杂程度,且传声器输出信号的不确定性使得最优的传感器个数选择不是趋于无穷大，而是某一个数值。这一问题在定位误差分析中将做进一步阐述。

4.2 目标定位方法研究

对空间目标进行定位，就是给出该目标在某一参考坐标系中的位置。由于传声器阵列在工作过程中静止不动，所以选择其中一个传声器作为参考阵元，以此为坐标原点建立笛卡儿直角坐标系或球面坐标系，作为目标位置估计的参考坐标系。

在目标定位方法研究中，由于传声器阵列输出数据与目标方向有关，所以目标位置估计通常是讨论目标的方向角和距离估计，即采用球面坐标系。而笛卡儿直角坐标系表示法可以很方便地通过坐标变换得到。在本章定位误差的讨论中，坐标系的选择视研究问题的方便而取笛卡儿直角坐标系和球面坐标系两种形式中的一种。

目标定位原理同声呐测向、测距系统的原理相同。目标定向、定位方法，按其途经分为两种：一种是时延定向、定位法，另一种是振幅定向法。振幅定向法的基本工作原理是利用传声器阵列在空间形成的指向性来确定目标的方向，这种定向方法的目标方向分辨率受经典瑞利限的限制，本章对此不予讨论。本章只讨论时延定向、定位法，即目标方向角、距离的估计都可以通过估计两个传声器间由于目标距传声器的距离不同而引起的声信号到达时间差而获得。从本质上说，目标位置估计是时延估计。

图 4.6（a）为二维平面内目标方向角估计的简单模型。在 xOy 平面有一目标 S，两个传声器分布放在 x 轴上，以第一个传声器为基准传声器，其所在位置为坐标原点，即 $x_1 = 0$，两传声器间距为 d，即 $x_2 = d$。S 距传声器阵列距离远大于传声器之间的距离，视 S 为远场点目标，S 向外辐射的声波到达传声器阵列时波阵面近似为平面，S 辐射的声波到达第 2 个传声器相对于基准传声器的时间差（或时延）τ 为

$$\tau = \frac{x_2 \cdot \sin\theta}{c} \tag{4-21}$$

其中，θ 为目标的方向角，c 为声速。即只要能够估计出时延 τ，就可以获得目标方向角 θ 的估计。

$$\theta = \arcsin\frac{c\tau}{d} \tag{4-22}$$

在讨论目标的距离估计时，不能再假设信号为平面波，因为这意味着目标距离等于无穷大。在二维空间测距问题中，采用目标声波到达传声器阵列时为柱面波的假设，最简单的测距模型如图 4.6（b）所示。三个传声器沿直线以等间距 d 均布，第二个传声器位于坐标原点，这时，有下式成立

$$R = \frac{d^2 \cos^2 \theta}{c(\tau_{12} - \tau_{23})}$$

$$\theta = \arcsin\left[\frac{c(\tau_{12} + \tau_{23})}{2d}\right]$$

(4 – 23)

其中，R 为目标距参考阵元（坐标原点）的距离，τ_{12} 为 S 辐射的声波到达第 1 个传声器相对于第 2 个传声器的时间差，τ_{23} 为到达第 2 个传声器相对于第 3 个传声器的时间差。

图 4.6（a）和图 4.6（b）为二维平面内目标位置估计模型，在三维空间目标位置估计的原理与二维平面内的原理相同。

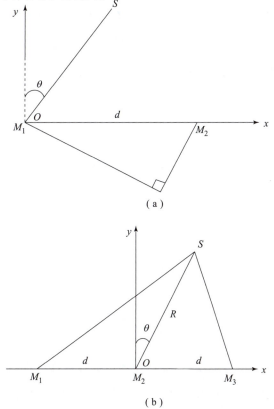

图 4.6　二维平面内目标位置估计模型

（a）方向角估计的简单模型；（b）三点测距的简单模型

由此可以看出，目标方向角、距离估计都可以通过时延估计获得，时延估计精度越高，目标位置估计质量越好。

从式（4-22）和式（4-23）可以看出，如果不存在误差，则二维平面的目标定向只需二个传声器，测距只需要三个传声器，但实际中，误差是必然存在的，目标定位问题就是对目标方向角、距离参数的估计问题，正如第 4.1 节中所述，传声器阵列输出信号 $M \cdot 2T\Omega$ 中所包含的信息越多，越有可能构成较精确的 θ、R 估计。

对于多传声器定位有三种方法：

(1) 将 M 个传声器的全部 M 个输出作为基本数据，进行最佳处理，估计出目标的位置。当 M 很大时，最佳结构是很复杂的。

(2) 将 M 个传声器分成多个子阵，各子阵等效成一个阵元，再将各子阵输出作为基本数据，进行时延估计。分成子阵的处理系统结构具有中等的复杂程度。

(3) 仍以各子阵输出作为基本数据，但按纯几何方法组合这些数据，以获得目标位置估计。如采用两个子阵时，我们把两子阵的方向估计线的交叉点作为目标位置的估计。这时，两子阵的方位不确定区域和重合面积就代表了目标位置的不确定区域。如图 4.7 所示。纯几何方法定位系统的结构是最简单的。

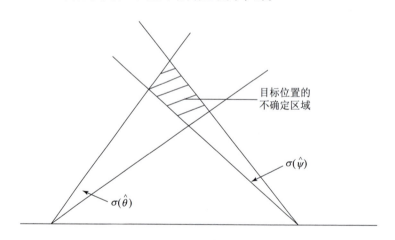

图 4.7　用纯几何法确定目标的位置

通常情况下，方法（1）比方法（2）在理论上并无多大的好处，所以，实际应用是在方法（2）和方法（3）间做出选择。本书认为声呐系统中对于方法（1）、方法（2）、方法（3）的系统比较完全适用于声探测系统，本书对此不再予以详述。

分析目标定向、定位过程可以看出，时延估计是目标定位系统中最基本的问题，目标定向、定距都是在时延估计基础上进行的。由于声探测系统目标信号同舰船等声源信号都是宽带随机信号,所以,声呐中时延估计方法只要时延估计精度、估计时间、设备或计算复杂程度等满足声探测系统要求,就可以直接用于声探测系统之中。

在声呐中,有关时延估计问题的讨论很多,其中最具代表性的方法是最大似然法、互相关法、广义互相关法、互功率谱法等。目前,高阶统计量法也已用于时延估计。根据本书第2、3章中对声探测系统目标信号、噪声信号的特性分析及高阶统计量的性质介绍,在声探测系统时延估计中也可以采用声呐中的时延估计技术。

设待估计时延的两传声器输出信号为

$$\begin{cases} r_1(t) = s(t) + n_1(t) \\ r_2(t) = bs(t-\tau) + n_2(t) \end{cases} \quad (4-24)$$

式中,b 为某个常数衰减因子,为讨论方便,取 $b=1$,其余字母意义同前。

时延 τ 的估计可以通过相关计算求出。

计算 $r_1(t)$、$r_2(t)$ 的互相关函数为

$$C_{\text{OTT} r_1 r_2}(\Delta t) = \lim_{T \to \infty} \frac{1}{T} \int_0^T r_1(t-\Delta t) r_2(t) \mathrm{d}t$$

$$= \lim_{T \to \infty} \frac{1}{T} \int_0^T [s(t-\Delta t) + n_1(t-\Delta t)] \cdot [s(t-\tau) + n_2(t)] \mathrm{d}t \quad (4-25)$$

因为 $s(t)$ 与 $n_1(t)$、$n_2(t)$ 不相关,且 $n_1(t)$ 与 $n_2(t)$ 也互不相关,所以

$$C_{\text{OTT} r_1 r_2}(\Delta t) = \lim_{T \to \infty} \frac{1}{T} \int_0^T s(t-\Delta t) s(t-\tau) \mathrm{d}t \quad (4-26)$$

根据自相关函数的性质,在 $\Delta t = \tau$ 时,$C_{\text{OTT} r_1 r_2}(\Delta t)$ 取最大值。由此,可以获得时延估计。

在广义互相关法中,先将 $r_1(t)$、$r_2(t)$ 进行预滤波,再进行互相关。

互功率谱法是另一种估计时延的有效方法。

对于平稳随机信号 $r_1(t)$、$r_2(t)$,被区间 $[-T/2, T/2]$ 截断后的傅里叶变换为

$$\begin{cases} R_{1T}(f) = \int_{-T/2}^{T/2} r_1(t) \exp(-\mathrm{j}2\pi f t) \mathrm{d}t \\ R_{2T}(f) = \int_{-T/2}^{T/2} r_2(t) \exp(-\mathrm{j}2\pi f t) \mathrm{d}t \end{cases} \quad (4-27)$$

$r_1(t)$、$r_2(t)$ 的互功率谱为

$$K_{r_1r_2}(f) = \lim_{T\to\infty}\frac{1}{T}E[R_{1T}^*(f)R_{2T}(f)] \quad (4-28)$$

式中,"＊"表示共轭。

可以证明,τ 的信息包含于互功率谱 $K_{r_1r_2}(f)$ 的相位角中

$$\varphi = 2\pi f\tau = \arctan\left\{\frac{\mathrm{Im}[K_{r_1r_2}(f)]}{\mathrm{Re}[K_{r_1r_2}(f)]}\right\} \quad (4-29)$$

式中,Im[·] 和 Re[·] 表示复数的虚部和实部。

通过计算机模拟实验和实测数据求时延实验,证明互相关法、广义互相关法、互功率谱法、高阶统计量法都可以用于声探测系统之中。

为了进一步证明声呐中目标定位方法在声探测系统中的实用性,本书设计了一种简单的测量时延和目标方向角装置。

当目标信号为脉冲信号,如炮声、爆炸声时,时延估计可以采用简单方法获得。即当信号与背景噪声有明显区别时,可以通过滤波等一些预处理手段提取有用信息,将传声器接收到的信号变为便于比较的信号,时延估计就可以通过比较预处理后的信号而获得。

根据上述思想,设计了一个简单的时延测量装置,原理框图如图4.8所示。

图4.8 时延测量系统原理框图

传声器采用各向同性的驻极体电容话筒。预处理电路是该装置的主要部分,其结果对时延估计精度有很大影响。本装置采用滤波等一系列预处理手段,将两传声器接收到的信号转换成如图4.9(b)所示的规则形式,这样,时延 τ 的估计转变为测量两路信号 A'、B' 间的时差,时差测量及 LED 显示电路框图如图4.10所示。

利用此装置,采用三传声器等间隔直线阵,在室内进行了实验。目标信号为脉冲信号,利用三传声器估计目标方向角为

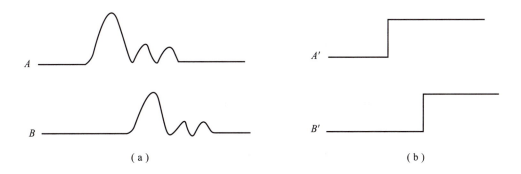

图 4.9 预处理电路波形示意图

(a) 传声器接收到的原始信号；(b) 预处理后信号

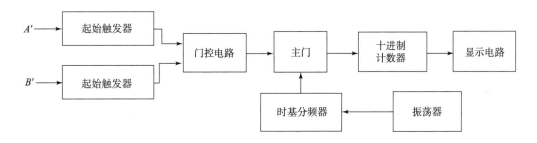

图 4.10 测量时差原理框图

$$\hat{\theta} = \arcsin\left[\frac{c(\hat{\tau}_1 + \hat{\tau}_2)}{2d}\right] \qquad (4-30)$$

式中，c、$\hat{\tau}_1$、$\hat{\tau}_2$、d 意义同前。

为了获得对时延的较精确估计，必须在同一实验条件下重复测量 5~10 次，取其算术平均值作为 $\hat{\tau}$。表 4.1 给出了 $d=0.3$ m 和 $d=0.5$ m 两种情况下的方向角估计实验结果。

表 4.1 方向角估计实验结果　　　　　　　　单位：(°)

$d=0.3$ m θ 实际值	$d=0.3$ m θ 估计值	$d=0.5$ m θ 实际值	$d=0.5$ m θ 估计值
0.0	0.1	0.0	0.5
10.0	10.3	10.1	10.6
25.4	25.8	25.4	25.7
26.6	28.3	26.6	27.5
43.5	45.3	43.5	41.4
62.4	68.2	62.4	67.4

实验结果表明，该装置估计时延，进而估计方向角是可行的，由此说明了目标定向原理的正确性。但是，若将此装置直接用于实际的实时声探测系统中，仍存在有定向精度不高的缺点。目标定向、定位精度是衡量定位系统的一个重要指标，所以必须研究影响目标定位精度的因素及提高目标定位精度的方法。

虽然声呐中的目标定位和时延估计方法可以用于声探测系统之中，但由于声探测系统与声呐系统的区别，引起目标定位误差的因素与声呐系统中不完全相同，这将导致提高目标定位精度的途径不完全相同，而目前对声探测系统定位误差的研究工作开展得很少，所以本书详细讨论了声探测系统中影响目标定位误差的因素及相应的减小误差的措施，为提高目标定位精度指出了努力方向。

4.3 目标方向角估计的最小方差分析

目标方向角、时延的估计为非随机未知实参量的估计，根据信号估计理论，在不同的最佳估计准则下可以有不同的构成估计量方法，如贝叶斯估计、最大后验概率估计、最大似然估计、最大互信息（MMI）估计等。无论采用哪种准则构成了估计量之后，都可以采用无偏性、一致性、充分性、有效性等来评价估计量的质量。对任何实际估计方法产生的有偏、无偏估计量，其估计方差都大于等于某一个值，这个值就是理论上的估计误差下界，即 Cramer-Rao 界（简称 CR 界），该界是估计的最高精度；估计量的估计方差所满足的不等式称为 CR 不等式。研究目标方向角估计的 CR 不等式或 CR 界可以指导估计方法的改进及技术路线的选定。

4.3.1 单目标方向角估计的最小方差分析

当声探测系统对二维平面内目标定向时，所需估计的目标参量只有一个，即目标方向角 θ。当对三维空间目标定向时，所需估计的目标参量有两个，即目标的仰角 θ_1 和方位角 θ_2。下面分别讨论这两种情况下的估计量最小方差。

1. 单目标方向角 θ 估计的最小方差分析

目标定位系统中，单目标方向角估计是最基本的功能，分析单目标方向角估计误差可以得出一些有益的结论，并为多目标方向角估计误差分析奠定基础。

CR 不等式最初是由 Fisher 提出来的，后来由 Cramer 和 Rao 作了完整的推导，所以用他们的名字命名。

当目标定位系统只给出目标的单一参数 θ 估计时，如果以 $\sigma^2[\hat{\theta}(r)]$ 表示参数估计的方差，$p(r|\theta)$ 表示条件概率密度，$E[\cdot]$ 表示数学期望，$\varphi(\theta)$ 为参数 θ 估计的期望值，则参数 θ 估计的 CR 不等式可以表示成

$$\sigma^2[\hat{\theta}(r)] \geq \frac{\left[\frac{\partial \varphi(\theta)}{\partial \theta}\right]^2}{E\left\{\left[\frac{\partial \ln p(r|\theta)}{\partial \theta}\right]^2\right\}} = -\frac{\left[\frac{\partial \varphi(\theta)}{\partial \theta}\right]^2}{E\left[\frac{\partial^2 \ln p(r|\theta)}{\partial \theta^2}\right]} \qquad (4-31)$$

对于无偏估计量，$\varphi(\theta) = \theta$，CR 不等式成为

$$\sigma^2[\hat{\theta}(r)] \geq \frac{1}{E\left\{\left[\frac{\partial \ln p(r|\theta)}{\partial \theta}\right]^2\right\}} = -\frac{1}{E\left[\frac{\partial^2 \ln p(r|\theta)}{\partial \theta^2}\right]} \qquad (4-32)$$

使等号成立的充要条件是 $p(r|\theta)$ 满足

$$\frac{\partial \ln p(r|\theta)}{\partial \theta} = k(\theta) \cdot [\hat{\theta}(r) - \theta] \qquad (4-33)$$

不等式（4-32）右边为 CR 界，为估计方差的下限。式（4-33）中，$k(\theta)$ 是与 r 无关但可以依赖于 θ 的常数，$\hat{\theta}(r)$ 是只依赖于 r 的任意函数。条件概率密度函数 $p(r|\theta)$ 满足

$$\int_{-\infty}^{\infty} p(r|\theta) dr = 1 \qquad (4-34)$$

一些文献将 $I = E\left\{\left[\frac{\partial \ln p(r|\theta)}{\partial \theta}\right]^2\right\}$ 称为样本 r 中所包含的关于参数 θ 的信息量，这就是说，r 中包含 θ 的信息数量越多，定位系统所能达到的最高估计精度越高，CR 界越小。

在声探测系统中，目标方向角的估计通常是通过对时延的估计得到的，时延估计方差满足式（4-32），即

$$\sigma^2[\hat{\tau}(r)] \geqslant \frac{1}{E\left\{\left[\dfrac{\partial \ln p(r|\tau)}{\partial \tau}\right]^2\right\}} = -\frac{1}{E\left[\dfrac{\partial^2 \ln p(r|\tau)}{\partial \tau^2}\right]}$$

而目标方向角的估计方差与时延估计方差的关系为

$$(\text{CR})_\tau = (\text{CR})_\theta \cdot [\tau'(\theta)]^2 \tag{4-35}$$

由此可以计算出二元线阵，时延 τ 的 CR 界与 θ 的 CR 界之间关系式

$$(\text{CR})_\tau = (\text{CR})_\theta \cdot \frac{d^2}{c^2} \cdot \cos^2\theta \tag{4-36}$$

其中，d、c、θ 的意义同前。

从式（4-36）可以得出以下结论：

（1）时延估计精度越高，目标方向角估计精度越高，对应式（4-36）中，$(\text{CR})_\tau$ 越小，$(\text{CR})_\theta$ 越小。

（2）因为 $(\text{CR})_\theta \propto c^2 \cdot (\text{CR})_\tau$，由于水中声速是空气中声速的 4.41 倍，所以，在时延估计误差相同时，空气中定向误差小于水中定向误差。在这一意义上，空气中定向精度较高。

（3）相同的时延估计方差，不同的目标方向角时，方向角估计方差的 CR 界不同。当 $(\text{CR})_\tau = 1\ \mu\text{s}^2$，$d = 1\ \text{m}$，$c = 340\ \text{m/s}$ 时，$(\text{CR})_\theta$ 随 θ 的变化曲线如图 4.11 所示。

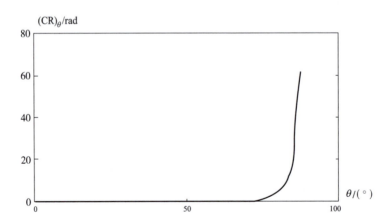

图 4.11　方向角估计最小方差与方向角关系曲线

（4）随着 θ 的增大，即目标靠近两传声器的连线，$(\text{CR})_\theta$ 增大；尤其是当 θ 接近 90°，目标位于两传声器连线的延长线上时，$(\text{CR})_\theta$ 有一陡变，所以，使用线阵测目标

方向时，应使传声器基阵工作在目标位于其法线方向附近的一个扇面内。

（5）$(CR)_\theta \gg (CR)_\tau$，这是因为通常 $c \gg d$；所以，要想提高目标方向角的估计精度，必须改善 $\tau(\theta)$，即使得式（4-36）中 $(CR)_\theta$ 和 $(CR)_\tau$ 间的比例系数项变大。如增加传声器个数，采用 M 元线阵，根据式（4-13），有

$$\tau_l(\theta) = \frac{1}{c}(l-1)d\sin\theta \quad l = 2, 3, \cdots, M \tag{4-37}$$

当 $M > 2$ 时，可得 $M-1$ 个方程，将这 $M-1$ 个方程写成矩阵形式

$$\boldsymbol{\tau} = \boldsymbol{H} \cdot \sin\theta \tag{4-38}$$

其中，$\boldsymbol{\tau} = [\tau_1, \tau_2, \cdots, \tau_{M-1}]^T$，$\boldsymbol{H} = \left[\dfrac{d}{c}, \dfrac{2d}{c}, \cdots, \dfrac{(M-1)d}{c}\right]^T$。

如果不仅限于讨论每一阵元与参考阵元之间的时延估计，而是可以对任意两阵元间的时延估计，则 $\boldsymbol{\tau}$ 矩阵不是 $(M-1) \times 1$ 维的，而是 $\dfrac{1}{2}(M-1)(M-2) \times 1$ 维的，相应的，$\boldsymbol{H}$ 矩阵也具有相同的维数。

现只讨论 $\boldsymbol{\tau}$ 为 $(M-1) \times 1$ 维的情况，此时

$$\boldsymbol{\tau}'(\theta) = \boldsymbol{H} \cdot \cos\theta \tag{4-39}$$

根据误差传递公式，可得

$$(CR)_\tau = [\boldsymbol{H} \cdot \cos\theta]^2 \cdot (CR)_\theta \tag{4-40}$$

此时，$(CR)_\tau$ 为 $(M-1) \times 1$ 维矩阵。根据式（4-40），可得

$$(CR)_\theta = [(\boldsymbol{H}^2)^T \cdot \boldsymbol{H}^2]^{-1} \cdot (\boldsymbol{H}^2)^T \cdot (CR)_\tau \cdot \frac{1}{\cos^2\theta} \tag{4-41}$$

当 $(CR)_\tau = [1, 1, \cdots, 1]^T \mu s^2$，$d = 1$ m，$c = 340$ m/s 时，$(CR)_\theta$ 与 M、θ 的关系曲线如图 4.12（a）所示。

从曲线中可以看出，当 M 不变，$(CR)_\theta$ 随 θ 的变化趋势与图 4.11 相同；随着传声器个数的增加，$(CR)_\theta$ 下降，曲线 4.12（b）更加清楚地说明了这一点；且传声器个数在一定的准则和条件下存在最佳值。如在上述条件下，$M > 5$ 以后，$(CR)_\theta$ 的下降很缓慢，即使用多于 5 个的传声器对提高 θ 的估计精度（在时延估计精度一定的条件下）也没有多大的益处。

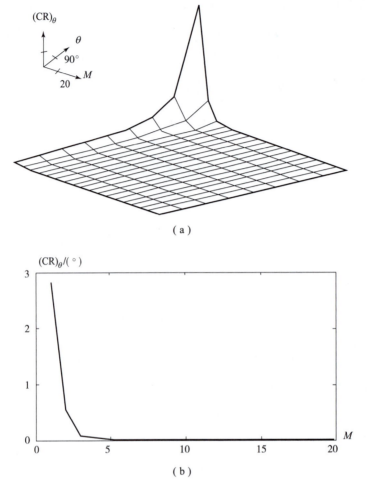

图 4.12 方向角估计相关参数曲线

(a) 方向角估计最小方差与传声器个数、方向角关系曲线;
(b) 方向角估计最小方差与传声器个数关系曲线

2. 单目标仰角 θ_1、方位角 θ_2 同时估计时的最小方差分析

当目标定位系统需对空间一点目标的仰角和方位角 θ_1、θ_2 同时估计时,假定 $\hat{\theta}_1$、$\hat{\theta}_2$ 分别为 θ_1、θ_2 的无偏估计量,则 $\boldsymbol{\theta} = [\theta_1, \theta_2]$ 的 CR 矩阵 CRMB 可以写成

$$(\mathrm{CRMB})_\theta = (\mathrm{FLM})_\theta^{-1} \tag{4-42}$$

$(\mathrm{FLM})_\theta$ 为关于 $\boldsymbol{\theta}$ 的 Fisher 信息阵,且有

$$(\text{FLM})_\theta = \boldsymbol{J} = \begin{bmatrix} J_{11} & J_{12} \\ J_{21} & J_{22} \end{bmatrix}$$

$$J_{il} = -E\left[\frac{\partial^2 \ln p(\boldsymbol{r}|\boldsymbol{\theta})}{\partial \theta_i \partial \theta_l}\right] \quad i,l = 1,2 \tag{4-43}$$

将式（4-43）代入式（4-42），得

$$(\text{CRMB})_\theta = (\text{FLM})_\theta^{-1} = \frac{1}{\Delta} \cdot \begin{bmatrix} J_{22} & -J_{21} \\ -J_{12} & J_{11} \end{bmatrix} = \|\psi_{il}\| \tag{4-44}$$

其中，$J_{12} = J_{21}$，$\Delta = J_{11}J_{22} - J_{12}^2$。当$\hat{\theta}_1$、$\hat{\theta}_2$分别为$\theta_1$、$\theta_2$的任意无偏估计时，其估计方差满足不等式

$$\sigma_{\hat{\theta}_i}^2 \geq \psi_{ii} \tag{4-45}$$

使上式等号成立的充要条件是对于θ_1、θ_2下式均成立

$$\hat{\theta}_i - \theta_i = \sum_{l=1}^{2} k_{il}(\boldsymbol{\theta}) \frac{\partial \ln p(\boldsymbol{r}|\boldsymbol{\theta})}{\partial \theta_l} \quad i = 1,2 \tag{4-46}$$

其中，$k_{il}(\boldsymbol{\theta})$是与$\boldsymbol{r}$无关，但可以依赖于$\boldsymbol{\theta}$的常数。

当式（4-45）等号成立时，$\hat{\theta}_1$、$\hat{\theta}_2$同时达到最小方差限，称为联合有效估计。联合有效估计量的方差为

$$\sigma_{\hat{\theta}_1}^2 = \psi_{11} = \frac{J_{22}}{\Delta}$$

$$\sigma_{\hat{\theta}_2}^2 = \psi_{22} = \frac{J_{11}}{\Delta} \tag{4-47}$$

将J_{11}、J_{12}、Δ的表达式代入上式，并化简得

$$\sigma_{\hat{\theta}_1}^2 = \frac{1}{E\left\{\left[\frac{\partial \ln p(\boldsymbol{r}|\boldsymbol{\theta})}{\partial \theta_1}\right]^2\right\}[1 - \rho^2(\hat{\theta}_1, \hat{\theta}_2)]}$$

$$\sigma_{\hat{\theta}_2}^2 = \frac{1}{E\left\{\left[\frac{\partial \ln p(\boldsymbol{r}|\boldsymbol{\theta})}{\partial \theta_2}\right]^2\right\}[1 - \rho^2(\hat{\theta}_1, \hat{\theta}_2)]} \tag{4-48}$$

其中，$\rho(\hat{\theta}_1, \hat{\theta}_2) = \dfrac{J_{12}}{(J_{11}J_{12})^{\frac{1}{2}}}$ 是 $\hat{\theta}_1$ 和 $\hat{\theta}_2$ 的相关系数。

当 $\rho(\hat{\theta}_1, \hat{\theta}_2) = 0$ 时，$\sigma_{\hat{\theta}_1}^2$ 和 $\sigma_{\hat{\theta}_2}^2$ 和已知其中一个方向角而估计另外一个方向角时的 CR 界相同。由于

$$0 \leqslant \rho(\hat{\theta}_1, \hat{\theta}_2)^2 \leqslant 1 \tag{4-49}$$

所以，当同时估计目标的仰角和方位角，且两个方向角间存在有相关性时，估计方差须乘上 $\dfrac{1}{1-\rho(\hat{\theta}_1, \hat{\theta}_2)^2}$ 因子，即，估计量之间的相关性将使估计精度下降。这种估计精度的下降，是由于估计一个参数时，缺乏对另一个参数的先验知识所必须付出的代价。

从信息论的观点，当 $\rho(\hat{\theta}_1, \hat{\theta}_2) = 0$ 时，Fisher 信息阵 $J_{il} = 0$，这可以简单说成样本 r 中有关 θ_1 的信息与有关 θ_2 的信息互不相关，因此，对 θ_1 的估计精度不会受到对 θ_2 所知程度的影响，对 θ_2 的估计相同。为了提高方向角的估计精度，应尽量使得 $J_{il} = 0$，或尽可能地小。

4.3.2 多目标方向角估计的最小方差分析

前面分析了单目标方向角估计的方差，得出了一些有益的结论。当目标定位系统同时探测多个目标时，定向误差与单目标方向角 θ_1、θ_2 估计误差有相似之处，详见下述讨论。

将单目标方向角 θ_1、θ_2 同时估计时的 CR 界进行推广，就可以获得多目标方向角 θ_{i1}、θ_{i2} ($i = 1, 2, \cdots, q$) 同时估计时的 CR 矩阵 CRMB

$$(\text{CRMB})_\theta = (\text{FLM})_\theta^{-1} \tag{4-50}$$

$\boldsymbol{\theta} = [\theta_{11}, \theta_{12}, \theta_{21}, \theta_{22}, \cdots, \theta_{q1}, \theta_{q2}]$ 为 $2q$ 维矢量。

$(\text{FLM})_\theta$ 为关于 $\boldsymbol{\theta}$ 的 Fisher 信息阵，为 $2q \times 2q$ 维，阵元 J_{lk} 为

$$J_{lk} = -E\left[\dfrac{\partial^2 \ln p(\boldsymbol{X} \mid \boldsymbol{\theta})}{\partial \theta_l \partial \theta_k}\right] \quad l, k = 1, 2, \cdots, 2q \tag{4-51}$$

令 $\boldsymbol{\Psi}$ 是 $(\text{FIM})_\theta$ 的逆阵，则 $(\text{CRMB})_\theta = \boldsymbol{\Psi}$，同时估计 $2q$ 个方向角时，每个方向角 θ_l 无偏估计量的方差满足：

$$\sigma_{\hat{\theta}_l}^2 \geqslant \psi_{ll} \quad l = 1, 2, \cdots, 2q \tag{4-52}$$

如果上述 $2q$ 个方程中等号成立，则同时估计时每个方向角估计量都达到最小方差限，称为联合有效估计。

当估计是联合有效时，ψ 实际上是无偏估计量 $\hat{\theta}$ 的协方差矩阵，ψ_{lk} 为 $\hat{\theta}_l$ 和 $\hat{\theta}_k$ 的协方差

$$\psi_{lk} = E[(\hat{\theta}_l - \theta_l)(\hat{\theta}_k - \theta_k)] \quad l, k = 1, 2, \cdots, 2q \tag{4-53}$$

当 $l = k$ 时，

$$\psi_{ll} = E[(\hat{\theta}_l - \theta_l)^2] = \sigma_{\hat{\theta}_l}^2 \tag{4-54}$$

当 ψ 除对角线元素外都为 0，即 $\psi_{lk}=0$，$l \neq k$，$\psi_{ll} = J_{ll}$ 时，对方向角 θ_i 估计的方差与已知其余方位角，只对 θ_i 进行估计时的方差相同，即，当样本 r 中关于 θ_l 的信息与关于 θ_k 的信息互不相关时，估计精度最高。

多目标的方向角估计也通常是通过传声器间的时延估计得到的。时延估计的 Fisher 信息阵与方向角估计的 Fisher 信息阵之间以下式相联系

$$(\text{FLM})_\theta = (\nabla_\theta \tau')(\text{FLM})_\tau (\nabla_\theta \tau')' \tag{4-55}$$

其中，$\nabla_\theta = \begin{bmatrix} \partial/\partial\theta_{11} \\ \partial/\partial\theta_{12} \\ \vdots \\ \partial/\partial\theta_{q1} \\ \partial/\partial\theta_{q2} \end{bmatrix}$。

以均匀圆阵为例，根据式（4-17）可得

$$\frac{\partial \tau_l}{\partial \theta_{i1}} = -\frac{a_R}{c}\sin\theta_{i1}\cos\left[\theta_{i2} - (l-1)\frac{2\pi}{M}\right]$$

$$\frac{\partial \tau_l}{\partial \theta_{i2}} = -\frac{a_R}{c}\cos\theta_{i1}\sin\left[\theta_{i2} - (l-1)\frac{2\pi}{M}\right] \tag{4-56}$$

写成矩阵形式

$$\nabla_\theta \tau' = \begin{bmatrix} -\dfrac{a_R}{c}\sin\theta_{11}\cos\left[\theta_{12}-\dfrac{2\pi}{M}\right] & \cdots & \cdots & -\dfrac{a_R}{c}\sin\theta_{11}\cos\left[\theta_{12}-\dfrac{2\pi(M-1)}{M}\right] \\ \vdots & \cdots & \cdots & \vdots \\ \vdots & \cdots & \cdots & \vdots \\ -\dfrac{a_R}{c}\cos\theta_{q1}\sin\left[\theta_{q2}-\dfrac{2\pi}{M}\right] & \cdots & \cdots & -\dfrac{a_R}{c}\cos\theta_{q1}\sin\left[\theta_{q2}-\dfrac{2\pi(M-1)}{M}\right] \end{bmatrix} \quad (4-57)$$

当时延估计的 Fisher 信息阵为对角阵时，即 $J_{lk}=0$，$l\neq k$，令 $J_{ll}=1$，则方向角估计的 CR 界为

$$\begin{aligned}(\text{CRMB})_\theta &= (\text{FLM})_\theta^{-1} \\ &= \left[(\nabla_\theta\tau')(\text{CRMB})_\tau^{-1}(\nabla_\theta\tau')'\right]^{-1} \\ &= \left[(\nabla_\theta\tau')(\nabla_\theta\tau')'\right]^{-1} \end{aligned} \quad (4-58)$$

取传声器个数 $M=3$，$\theta_1=0\sim\pi/2$，$\theta_2=0\sim 2\pi$，计算机模拟计算得 $\sigma_{\hat\theta_1}^2$、$\sigma_{\hat\theta_2}^2$ 与 θ_1、θ_2 的关系曲线如图 4.13 所示。

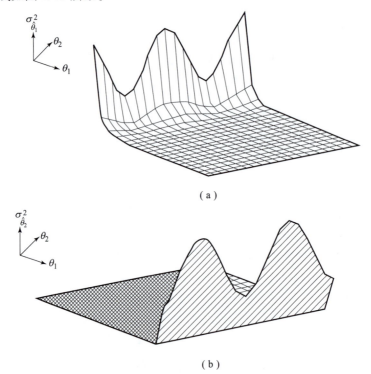

图 4.13 方向角估计方差随仰角、方位角变化曲线

（a）随仰角变化曲线；（b）随方位角变化曲线

从图中可以看出，方向角 θ_1、θ_2 的估计误差随 θ_1 和 θ_2 不同而发生变化；$\sigma_{\hat{\theta}_1}^2$、$\sigma_{\hat{\theta}_2}^2$ 随 θ_2 的不同呈周性变化；$\sigma_{\hat{\theta}_1}^2$ 随 θ_1 增加而下降，而 $\sigma_{\hat{\theta}_2}^2$ 随 θ_1 增加而增加。

4.4 目标定位系统定位误差分析

对目标方向角估计方差的分析，表明了定向误差与时延估计误差、目标所在方向等之间的关系。当定位系统不仅要给出目标方向估计，而且还对目标距离或空间三维坐标进行估计时，还必须研究定位误差的影响因素及误差分布情况，以指导声探测系统的设计与应用。在目前的声探测系统研究中，还没有对定位误差影响因素的全面分析，本书所做的下述工作将弥补目标定位系统研究中的空白。

4.4.1 不同坐标系定位误差之间的关系

目标定位系统估计空间目标的位置时，目标位置可以有不同的表示方法，其中常用的是笛卡儿直角坐标表示法和球面坐标表示法。由于误差的存在及表示方法的特点，两种表示方法中各参数的精度不同，研究不同坐标系中定位误差间的关系有利于对不同定位系统定位精度的判断。

如前面图 4.2 所示，空间目标 $S(x, y, z)$ 的球面坐标表示法和笛卡儿直角坐标表示法间有如下关系

$$\begin{cases} x = R\cos\theta_1\cos\theta_2 \\ y = R\cos\theta_1\sin\theta_2 \\ z = R\sin\theta_1 \end{cases} \tag{4-59}$$

若 R、θ_1、θ_2 的误差分别为 δR、$\delta\theta_1$、$\delta\theta_2$，则在一次近似条件下 x、y、z 的误差 δx、δy、δz 可分别表示为

$$\begin{cases} \delta x = \dfrac{\partial f_x}{\partial R}\delta R + \dfrac{\partial f_x}{\partial \theta_1}\delta\theta_1 + \dfrac{\partial f_x}{\partial \theta_2}\delta\theta_2 \\[2mm] \delta y = \dfrac{\partial f_y}{\partial R}\delta R + \dfrac{\partial f_y}{\partial \theta_1}\delta\theta_1 + \dfrac{\partial f_y}{\partial \theta_2}\delta\theta_2 \\[2mm] \delta z = \dfrac{\partial f_z}{\partial R}\delta R + \dfrac{\partial f_z}{\partial \theta_1}\delta\theta_1 + \dfrac{\partial f_z}{\partial \theta_2}\delta\theta_2 \end{cases} \tag{4-60}$$

写成矩阵形式

$$\delta \boldsymbol{x} = \boldsymbol{A} \cdot \delta \boldsymbol{R} \tag{4-61}$$

其中

$$\delta \boldsymbol{x} = [\delta x, \ \delta y, \ \delta z]^{\mathrm{T}}$$

$$\delta \boldsymbol{R} = [\delta R, \ \delta \theta_1, \ \delta \theta_2]^{\mathrm{T}}$$

$$\boldsymbol{A} = \begin{bmatrix} \dfrac{\partial f_x}{\partial R} & \dfrac{\partial f_x}{\partial \theta_1} & \dfrac{\partial f_x}{\partial \theta_2} \\ \dfrac{\partial f_y}{\partial R} & \dfrac{\partial f_y}{\partial \theta_1} & \dfrac{\partial f_y}{\partial \theta_2} \\ \dfrac{\partial f_z}{\partial R} & \dfrac{\partial f_z}{\partial \theta_1} & \dfrac{\partial f_z}{\partial \theta_2} \end{bmatrix} = \begin{bmatrix} a_{11} & a_{12} & a_{13} \\ a_{21} & a_{22} & a_{23} \\ a_{31} & a_{32} & a_{33} \end{bmatrix} = \begin{bmatrix} \cos\theta_1\cos\theta_2 & -R\sin\theta_1\cos\theta_2 & -R\cos\theta_1\sin\theta_2 \\ \cos\theta_1\sin\theta_2 & -R\sin\theta_1\sin\theta_2 & R\cos\theta_1\cos\theta_2 \\ \sin\theta_1 & R\cos\theta_1 & 0 \end{bmatrix}$$

若 δR、$\delta \theta_1$、$\delta \theta_2$ 相互独立,则它们的协方差阵为

$$\boldsymbol{P}_R = E[\delta \boldsymbol{R} \ \ \delta \boldsymbol{R}^{\mathrm{T}}]$$

$$= \begin{bmatrix} \sigma_R^2 & 0 & 0 \\ 0 & \sigma_{\theta_1}^2 & 0 \\ 0 & 0 & \sigma_{\theta_2}^2 \end{bmatrix} \tag{4-62}$$

由式(4-61),$\delta \boldsymbol{x}$ 的协方差阵为

$$\boldsymbol{P}_x = E[\delta \boldsymbol{x} \ \ \delta \boldsymbol{x}^{\mathrm{T}}] = E[\boldsymbol{A} \cdot \delta \boldsymbol{R} \cdot \delta \boldsymbol{R}^{\mathrm{T}} \cdot \boldsymbol{A}^{\mathrm{T}}] = \boldsymbol{A} \cdot \boldsymbol{P}_R \cdot \boldsymbol{A}^{\mathrm{T}} \tag{4-63}$$

将 $\boldsymbol{A}$、$\boldsymbol{P}_R$ 代入上式,化简可得

$$\boldsymbol{P}_x = \begin{bmatrix} a_{11}^2\sigma_R^2 + a_{12}^2\sigma_{\theta_1}^2 + a_{13}^2\sigma_{\theta_2}^2 & a_{11}a_{21}\sigma_R^2 + a_{12}a_{22}\sigma_{\theta_1}^2 + a_{13}a_{23}\sigma_{\theta_2}^2 \\ a_{21}a_{11}\sigma_R^2 + a_{22}a_{12}\sigma_{\theta_1}^2 + a_{23}a_{13}\sigma_{\theta_2}^2 & a_{21}^2\sigma_R^2 + a_{22}^2\sigma_{\theta_1}^2 + a_{23}^2\sigma_{\theta_2}^2 \\ a_{31}a_{11}\sigma_R^2 + a_{32}a_{12}\sigma_{\theta_1}^2 + a_{33}a_{13}\sigma_{\theta_2}^2 & a_{31}a_{21}\sigma_R^2 + a_{32}a_{22}\sigma_{\theta_1}^2 + a_{33}a_{23}\sigma_{\theta_2}^2 \\ a_{11}a_{31}\sigma_R^2 + a_{12}a_{32}\sigma_{\theta_1}^2 + a_{13}a_{33}\sigma_{\theta_2}^2 \\ a_{21}a_{31}\sigma_R^2 + a_{22}a_{32}\sigma_{\theta_1}^2 + a_{23}a_{33}\sigma_{\theta_2}^2 \\ a_{31}^2\sigma_R^2 + a_{32}^2\sigma_{\theta_1}^2 + a_{33}^2\sigma_{\theta_2}^2 \end{bmatrix}$$

$$= \begin{bmatrix} \sigma_x^2 & \rho_{xy}\sigma_x\sigma_y & \rho_{xz}\sigma_x\sigma_z \\ \rho_{xy}\sigma_x\sigma_y & \sigma_y^2 & \rho_{yz}\sigma_x\sigma_z \\ \rho_{xz}\sigma_x\sigma_z & \rho_{yz}\sigma_y\sigma_z & \sigma_z^2 \end{bmatrix} \qquad (4-64)$$

将 $a_{il}(i, l = 1, 2, 3)$ 代入上式，得

$$\begin{cases} \sigma_x^2 = \cos^2\theta_1 \cos^2\theta_2 \sigma_R^2 + R^2 \sin^2\theta_1 \cos^2\theta_2 \sigma_{\theta_1}^2 + R^2 \cos^2\theta_1 \sin^2\theta_2 \sigma_{\theta_2}^2 \\ \sigma_y^2 = \cos^2\theta_1 \sin^2\theta_2 \sigma_R^2 + R^2 \sin^2\theta_1 \sin^2\theta_2 \sigma_{\theta_1}^2 + R^2 \cos^2\theta_1 \cos^2\theta_2 \sigma_{\theta_2}^2 \\ \sigma_z^2 = \sin^2\theta_1 \sigma_R^2 + R^2 \cos^2\theta_1 \sigma_{\theta_1}^2 \end{cases} \qquad (4-65)$$

此式即为目标位置的笛卡儿直角坐标表示法与球面坐标表示法误差之间的关系。

从式中可以看出，两种坐标表示法各参量误差之间的关系与目标距传声器的距离及相对于阵列的方向角有关，所以在对比定位系统定位精度时，必须考虑目标方向角、距离因素。即必须在相同的距离、方向角前提下对比定位系统的定位精度。

4.4.2 联合测向测距目标定位系统误差分析

在目标定位中，定位方法之一就是使用同一阵列同时估计目标的方向角和距离，讨论这种定位方法的定距、定向、时延等估计误差间的关系，可以对这种定位方法有一全面认识，为声探测系统的合理利用和提高定位性能提供理论指导。

现在以 M 元线阵为例，推导平面内定距、定向与时延误差之间的关系式。

如图 4.14 所示，假设目标辐射的声波是以柱面波方式传播的，根据几何关系，并利用余弦定理，有下式成立

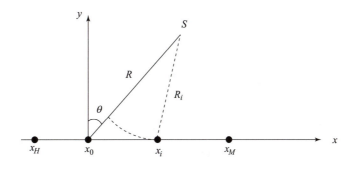

图 4.14 M 元线阵测距系统

$$\tau_i = \frac{1}{c}(R - R_i) = \frac{1}{c}\left(R - \sqrt{R^2 + x_i^2 - 2Rx_i\sin\theta}\right)$$

$$= \frac{1}{c}\left(R - R\sqrt{1 + \left(\frac{x_i}{R}\right)^2 - 2\left(\frac{x_i}{R}\sin\theta\right)}\right) \tag{4-66}$$

通常 $R \gg x_i$,$i = 1, 2, \cdots, M$,利用

$$\sqrt{1+x} \approx 1 + \frac{x}{2} - \frac{x^2}{8} \quad x \ll 1 \tag{4-67}$$

可得到如下传声器信号间时延与目标方向角、距离的关系为

$$\tau_i \approx \frac{x_i \sin\theta}{c} - \frac{x_i^2 \cos^2\theta}{2cR} \tag{4-68}$$

从式中可以看出,目标距离和方向角估计之间存在相关,该相关使估计精度下降,但是,若 M 元线阵的阵元关于坐标原点对称分布,则距离与方向角估计的相关系数为零。这样,计算测距误差时可认为方向角已知,反之,计算方向角误差时,可认为距离已知。此时,距离和方向角误差可以计算如下

$$\begin{aligned}\sigma_R^2 &= \left[\frac{1}{\tau'(R)}\right]^2 \cdot \sigma_\tau^2 \\ \sigma_\theta^2 &= \left[\frac{1}{\tau'(\theta)}\right]^2 \cdot \sigma_\tau^2\end{aligned} \tag{4-69}$$

由式(4-68)知

$$\begin{aligned}\tau'(R) &= \frac{x_i^2}{2cR^2}\cos^2\theta \\ \tau'(\theta) &= \frac{x_i}{c}\cos\theta\left(1 + \frac{x_i}{R}\sin\theta\right)\end{aligned} \tag{4-70}$$

因为

$$1 + \frac{x_i}{R}\sin\theta \approx 1 \tag{4-71}$$

则

$$\tau'(\theta) = \frac{x_i}{c}\cos\theta \tag{4-72}$$

得距离和方向角的方差 σ_R^2、σ_θ^2 与 σ_τ^2 的关系为

$$\sigma_R^2 = \frac{4c^2 R^4}{x_i^4 \cdot \cos^4\theta} \sigma_\tau^2 \tag{4-73}$$

$$\sigma_\theta^2 = \frac{c^2}{x_i^2 \cdot \cos^2\theta} \sigma_\tau^2 \tag{4-74}$$

此式即为距离方差、方向角方差与时延方差之间的关系式，同时也可以得出测距方差与测向方差间的关系

$$\sigma_R^2 = \frac{4R^4}{x_i^2 \cdot \cos^2\theta} \sigma_\theta^2 \tag{4-75}$$

分析式（4-73）、式（4-74）可以看出，利用同一阵列同时对目标的方向角和距离进行估计时，通常情况下，$\frac{4c^2 R^4}{x_i^4 \cdot \cos^4\theta} > \frac{c^2}{x_i^2 \cdot \cos^2\theta} > 1$，所以，测向、测距误差大于时延估计误差，尤其是当传声器阵列长度与探测距离相比较小时，测距误差将相当大。因为在这种情况下，$\frac{4c^2 R^4}{x_i^4 \cdot \cos^4\theta} \gg 1$。同时，因为 $\sigma_R^2 \propto R^4$，所以远距离测距是相当困难的（关于传声器阵元间距及阵列长度的选择本书未做详细研究，还有待于进一步的工作）。

考虑声探测系统具有定位功能的两种应用场合：当用于战场警戒系统时，探测距离可以近一些，此时，声探测系统可以较准确地指示出目标的方向和距离，即较准确地定位；当用于武器系统的起爆控制装置时，虽然探测距离比较远，但对于定位功能来讲，只有目标距离武器系统较近时，精确定位才有意义，而从上述的理论分析结果正好表明声探测系统适用于近距离定位。所以，将声探测系统用于第 1 章所述的几种应用场合是可行的，但目标定位系统的实时性要求因为定位距离近而显得更加突出。

以上对目标定位系统的测向、测距误差分析是基于一定的时延估计误差，而没有考虑引起定位误差的其他因素。目标定位过程中，时延估计误差只是引起定位误差的因素之一，所以，还必须对引起定位误差的其他一些因素进行分析，以获得对目标定位系统的全面了解。

4.4.3 均匀媒质中定位误差分析

根据第 2 章战场环境对声探测系统影响的分析可知，由于风速、风速梯度、温度梯度等的存在使声波在传播过程中发生声线弯曲，并使有效声速发生变化，这使得影

响目标定位系统定位精度的误差因素在有风、温度梯度（非均匀媒质）时比无风时（均匀媒质）更加复杂，目前，对这些误差因素对定位精度的影响研究还较少，下面首先分析了均匀媒质中定位误差的影响因素及这些因素对定位误差的影响大小，然后在此基础上分析了非均匀媒质中的定位误差情况。

当声波在均匀媒质中传播时，声线是直线，且声速恒定。对于估计传声器间时延而给出目标的方向角、位置估计的目标定位系统来讲，目标位置估计误差是由时延估计误差和传声器位置误差引起的，这一结论很容易从目标方向角、距离估计的表达式中得出。下面分别讨论时延估计误差和传声器位置误差对目标位置估计精度的影响。

如图4.15所示，在空间有一目标S，其位置矢量为$\boldsymbol{x}=[x,y,z]^T$，为了估计该目标位置，使用4个传声器，传声器的位置矢量为$\boldsymbol{x}_i=[x_i,y_i,z_i]^T$，$i=0,1,2,3$，将第0号传声器放置于坐标原点。

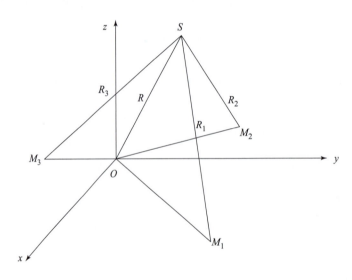

图4.15 目标定位原理图

声波在两传声器之间的时延是由于目标到各传声器间的距离不等引起的，令目标到第i个传声器与到第l个传声器的距离差为δ_{il}，则

$$\delta_{il}=R_i-R_l \tag{4-76}$$

其中

$$R_i^2=(x_i-x)^2+(y_i-y)^2+(z_i-z)^2$$

$$R_l^2=(x_l-x)^2+(y_l-y)^2+(z_l-z)^2 \tag{4-77}$$

对式（4-76）求微分，得

$$\mathrm{d}\delta_{il} = \mathrm{d}R_i - \mathrm{d}R_l \tag{4-78}$$

而 $\mathrm{d}R_i$ 可以由式（4-77）的微分得到

$$\mathrm{d}R_i = \frac{x_i - x}{R_i}(\mathrm{d}x_i - \mathrm{d}x) + \frac{y_i - y}{R_i}(\mathrm{d}y_i - \mathrm{d}y) + \frac{z_i - z}{R_i}(\mathrm{d}z_i - \mathrm{d}z) \tag{4-79}$$

其中，$\frac{x_i - x}{R_i}$、$\frac{y_i - y}{R_i}$、$\frac{z_i - z}{R_i}$ 分别为 R_i 与 x、y、z 轴夹角的余弦，记为 $\cos\alpha_i$、$\cos\beta_i$、$\cos\gamma_i$，则式（4-79）为

$$\mathrm{d}R_i = \cos\alpha_i(\mathrm{d}x_i - \mathrm{d}x) + \cos\beta_i(\mathrm{d}y_i - \mathrm{d}y) + \cos\gamma_i(\mathrm{d}z_i - \mathrm{d}z) \tag{4-80}$$

同理可得 $\mathrm{d}R_l = \cos\alpha_l(\mathrm{d}x_l - \mathrm{d}x) + \cos\beta_l(\mathrm{d}y_l - \mathrm{d}y) + \cos\gamma_l(\mathrm{d}z_l - \mathrm{d}z)$。

将以上所得 $\mathrm{d}R_i$、$\mathrm{d}R_l$ 代入式（4-78），得

$$\begin{aligned}\mathrm{d}\delta_{il} =\ & (\cos\alpha_l - \cos\alpha_i)\mathrm{d}x + (\cos\beta_l - \cos\beta_i)\mathrm{d}y + (\cos\gamma_l - \cos\gamma_i)\mathrm{d}z + \\ & \cos\alpha_i \mathrm{d}x_i - \cos\alpha_l \mathrm{d}x_l + \cos\beta_i \mathrm{d}y_i - \cos\beta_l \mathrm{d}y_l + \cos\gamma_i \mathrm{d}z_i - \cos\gamma_l \mathrm{d}z_l\end{aligned} \tag{4-81}$$

此式为定位误差 $\mathrm{d}\boldsymbol{x} = [\mathrm{d}x, \mathrm{d}y, \mathrm{d}z]^\mathrm{T}$ 的基本关系式。

1. 仅考虑由时延估计误差引起的定位误差

当只考虑时延估计误差时，$\mathrm{d}x_i = \mathrm{d}y_i = \mathrm{d}z_i = 0$，$i = 0, 1, 2, 3$。由式（4-81）得

$$\mathrm{d}\delta_1 \triangleq \mathrm{d}\delta_{10} = (\cos\alpha_1 - \cos\alpha_0)\mathrm{d}x + (\cos\beta_1 - \cos\beta_0)\mathrm{d}y + (\cos\gamma_1 - \cos\gamma_0)\mathrm{d}z \tag{4-82}$$

类似地

$$\begin{aligned}\mathrm{d}\delta_2 = (\cos\alpha_2 - \cos\alpha_0)\mathrm{d}x + (\cos\beta_2 - \cos\beta_0)\mathrm{d}y + (\cos\gamma_2 - \cos\gamma_0)\mathrm{d}z \\ \mathrm{d}\delta_3 = (\cos\alpha_3 - \cos\alpha_0)\mathrm{d}x + (\cos\beta_3 - \cos\beta_0)\mathrm{d}y + (\cos\gamma_3 - \cos\gamma_0)\mathrm{d}z\end{aligned} \tag{4-83}$$

写成矩阵形式

$$\mathrm{d}\boldsymbol{\delta} = \boldsymbol{A} \cdot \mathrm{d}\boldsymbol{x} \tag{4-84}$$

其中

$$\mathrm{d}\boldsymbol{\delta} = [\mathrm{d}\delta_1, \mathrm{d}\delta_2, \mathrm{d}\delta_3]^\mathrm{T}, \quad \boldsymbol{A} = \begin{bmatrix} \cos\alpha_1 - \cos\alpha_0 & \cos\beta_1 - \cos\beta_0 & \cos\gamma_1 - \cos\gamma_0 \\ \cos\alpha_2 - \cos\alpha_0 & \cos\beta_2 - \cos\beta_0 & \cos\gamma_2 - \cos\gamma_0 \\ \cos\alpha_3 - \cos\alpha_0 & \cos\beta_3 - \cos\beta_0 & \cos\gamma_3 - \cos\gamma_0 \end{bmatrix}。$$

因为距离差 δ_{il} 是声速 c 和时延 τ_{il} 的函数

$$\delta_{il} = c \cdot \tau_{il} = c(t_i - t_l) \quad i = 0, 1, 2; \ l = 0 \quad (4-85)$$

所以，τ_{10}、τ_{20}、τ_{30} 之间有相关性，δ_1、δ_2、δ_3 之间也有相关性，将 $d\boldsymbol{\delta}$ 的协方差写成下列形式

$$\boldsymbol{P}_\delta = \begin{bmatrix} \sigma_1^2 & \rho_{12}\sigma_1\sigma_2 & \rho_{13}\sigma_1\sigma_3 \\ \rho_{12}\sigma_1\sigma_2 & \sigma_2^2 & \rho_{23}\sigma_2\sigma_3 \\ \rho_{13}\sigma_1\sigma_3 & \rho_{23}\sigma_2\sigma_3 & \sigma_3^2 \end{bmatrix} \quad (4-86)$$

式中，ρ_{il}——δ_i，δ_l 的相关系数。

由式（4-84）得

$$\boldsymbol{P}_x = \boldsymbol{E}[d\boldsymbol{x} \quad d\boldsymbol{x}^{\mathrm{T}}] = \boldsymbol{E}[\boldsymbol{A}^{-1} \cdot d\boldsymbol{\delta} \cdot d\boldsymbol{\delta}^{\mathrm{T}} \cdot (\boldsymbol{A}^{-1})^{\mathrm{T}}]$$

$$= \boldsymbol{A}^{-1} \cdot \boldsymbol{P}_\delta \cdot (\boldsymbol{A}^{-1})^{\mathrm{T}} \quad (4-87)$$

当定位系统只对与传声器阵列处于同一平面内的目标进行定位时，式（4-84）中的 $d\boldsymbol{\delta}$、$\boldsymbol{A}$、$d\boldsymbol{x}$ 可以简化为

$$d\boldsymbol{\delta} = [d\delta_1, \ d\delta_2]^{\mathrm{T}}$$

$$d\boldsymbol{x} = [dx, \ dy]^{\mathrm{T}}$$

$$\boldsymbol{A} = \begin{bmatrix} \cos\alpha_1 - \cos\alpha_0 & \sin\alpha_1 - \sin\alpha_0 \\ \cos\alpha_2 - \cos\alpha_0 & \sin\alpha_2 - \sin\alpha_0 \end{bmatrix} \quad (4-88)$$

2. 仅考虑由传声器位置误差引起的定位误差

只考虑传声器位置误差时，$d\delta_{il} = 0$，根据式（4-81）可得

$$(\cos\alpha_i - \cos\alpha_0)dx + (\cos\beta_i - \cos\beta_0)dy + (\cos\gamma_i - \cos\gamma_0)dz$$

$$= \cos\alpha_i dx_i - \cos\alpha_0 dx_0 + \cos\beta_i dy_i - \cos\beta_0 dy_0 + \cos\gamma_i dz_i - \cos\gamma_0 dz_0 \quad (4-89)$$

写成矩阵形式

$$\boldsymbol{A} \cdot d\boldsymbol{x} = \boldsymbol{F} \cdot d\boldsymbol{x}_i \quad (4-90)$$

式中，$\boldsymbol{A}$、$d\boldsymbol{x}$ 意义同上；

$$d\boldsymbol{x}_i = [dx_0, \ dy_0, \ dz_0, \ dx_1, \ dy_1, \ dz_1, \ dx_2, \ dy_2, \ dz_2, \ dx_3, \ dy_3, \ dz_3]^{\mathrm{T}};$$

$$F = \begin{bmatrix} -\cos\alpha_0 & -\cos\beta_0 & -\cos\gamma_0 & \cos\alpha_1 & \cos\beta_1 & \cos\gamma_1 & 0 & 0 & 0 & 0 & 0 & 0 \\ -\cos\alpha_0 & -\cos\beta_0 & -\cos\gamma_0 & 0 & 0 & 0 & \cos\alpha_2 & \cos\beta_2 & \cos\gamma_2 & 0 & 0 & 0 \\ -\cos\alpha_0 & -\cos\beta_0 & -\cos\gamma_0 & 0 & 0 & 0 & 0 & 0 & 0 & \cos\alpha_3 & \cos\beta_3 & \cos\gamma_3 \end{bmatrix}$$

令 $B = F \cdot \mathrm{d}x_i$，则 B 的协方差阵

$$P_B = E[B \quad B^T] = E[F \cdot \mathrm{d}x_i \cdot \mathrm{d}x_i^T \cdot F^T] = F \cdot E[\mathrm{d}x_i \quad \mathrm{d}x_i^T] \cdot F^T$$

因为

$$F \cdot F^T = \begin{bmatrix} 2 & 1 & 1 \\ 1 & 2 & 1 \\ 1 & 1 & 2 \end{bmatrix}$$

所以，当 $E[\mathrm{d}x_i \quad \mathrm{d}x_i^T] = \sigma_a^2 \cdot I$，$I$ 为单位矩阵时，P_B 具有如下形式

$$P_B = \begin{bmatrix} 2 & 1 & 1 \\ 1 & 2 & 1 \\ 1 & 1 & 2 \end{bmatrix} \cdot \sigma_a^2 \tag{4-91}$$

考察式（4-86），当 $\sigma_i^2 = \sigma_\delta^2 = c^2 \cdot \sigma_\tau^2 = 2\sigma_b^2$；$\rho_{il} = 0.5$；$i, l = 1, 2, 3$ 时

$$P_\delta = \begin{bmatrix} 2 & 1 & 1 \\ 1 & 2 & 1 \\ 1 & 1 & 2 \end{bmatrix} \cdot \sigma_b^2 \tag{4-92}$$

式（4-92）与式（4-91）有相同的形式。则由传声器位置误差引起的定位误差的协方差阵为

$$P'_x = E[A^{-1} \cdot B \cdot B^T \cdot (A^{-1})^T] = A^{-1} \cdot P_B \cdot (A^{-1})^T \tag{4-93}$$

P'_x 与 P_x 的形式相同。式（4-93）中"撇"是为了与式（4-87）区分开。

由式（4-87）、式（4-93）说明，当各时延估计方差相等，且彼此相关系数为 0.5 时，时延估计误差与传声器位置误差对目标位置误差的影响趋势相同，当 $\sigma_i^2 = 2\sigma_b^2 = 2\sigma_a^2$ 时，$P_B = P_\delta$，所以，由传声器位置误差引起的目标定位误差是相同距离差估计误差（c^2 倍时延估计误差）引起定位误差的两倍。

同样，当目标定位系统在平面内定位时，传声器位置误差引起的定位精度变化与式（4-88）相似。

3. 同时存在时延估计误差和传声器位置误差时的定位误差

当时延估计误差与传声器位置误差相互独立时,由两者共同引起的目标位置误差的协方差阵为

$$\sum P_x = A^{-1} \cdot (P_B + P_\delta) \cdot (A^{-1})^T \tag{4-94}$$

当 P_B 和 P_δ 分别具有式(4-91)、式(4-92)的形式时,上式可以写为

$$\sum P_x = A^{-1} \cdot \begin{bmatrix} 2 & 1 & 1 \\ 1 & 2 & 1 \\ 1 & 1 & 2 \end{bmatrix} \cdot (\sigma_a^2 + \sigma_b^2) \cdot (A^{-1})^T$$

$$= A^{-1} \cdot \begin{bmatrix} 2 & 1 & 1 \\ 1 & 2 & 1 \\ 1 & 1 & 2 \end{bmatrix} \cdot \left(\sigma_a^2 + \frac{c^2}{2}\sigma_\tau^2\right) \cdot (A^{-1})^T \tag{4-95}$$

从式(4-95)可知,目标位置误差除了与时延估计误差、传声器位置误差有关外,还与传声器阵列的形式有关,即 $\sum P_x$ 与 A 有关。为了说明目标位置误差如何随传声器阵列的形式不同而发生变化,给出如下两种典型阵列形式下目标位置误差的变化情况。

(1) 4 个传声器在 xOy 平面按 Y 形布置。M_0 位于坐标原点,M_1、M_2、M_3 组成等边三角形,其重心在 M_0 处。M_0 到 $M_i(i=1, 2, 3)$ 的距离为 d,则 4 个传声器坐标分别为:$M_0(0, 0, 0)$,$M_1(0.866d, 0.5d, 0)$,$M_2(-0.866d, 0.5d, 0)$,$M_3(0, -d, 0)$。

当 $R = 1\,000$ m,$\theta_1 = 0° \sim 90°$,$\theta_2 = 0° \sim 90°$,σ_x^2、σ_y^2、σ_z^2 随 θ_1、θ_2 的变化曲线如图 4.16 所示。

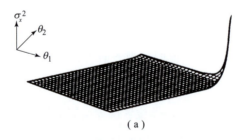

图 4.16 定位误差随目标方向角变化曲线
(a) σ_x^2 随目标方向角变化曲线

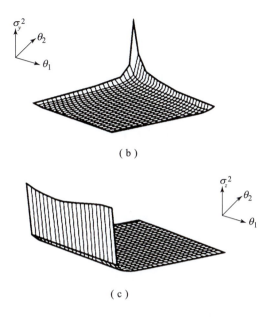

图 4.16 定位误差随目标方向角变化曲线（续）
（b）σ_y^2 随目标方向角变化曲线；（c）σ_z^2 随目标方向角变化曲线

（2）4 个传声器在 xOy 平面布置，坐标分别为：$M_0(0, 0, 0)$，$M_1(0.7d, 0.7d, 0)$，$M_2(0, d, 0)$，$M_3(-0.7d, 0.7d, 0)$，其余条件同（1）。σ_x^2、σ_y^2、σ_z^2 变化规律与图 4.16 基本相同，但位置误差的大小不同，传声器阵列（1）略优于阵列（2）。

随着传声器间距 d 的增加，σ_x^2、σ_y^2、σ_z^2 减小，但随 θ_1、θ_2 的变化趋势不变。在 $\theta_1 = \theta_2 = 45°$时，阵列方式（1）情况下，$\sigma_x^2$ 随 d 变化曲线如图 4.17 所示。

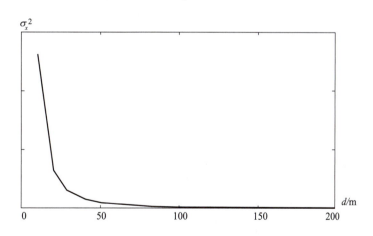

图 4.17 σ_x^2 随传声器间距变化曲线

根据上述分析，在声探测系统传声器阵列布置及信号处理过程中，应注意以下几个方面：

（1）各传声器位置坐标值要精确测量；

（2）在信号处理时间、设备复杂程度等允许下，应采用具有较高估计精度的时延估计方法；

（3）采用较大的传声器间距 d，增大传声器间距，可以降低定位误差，但在一些情况下易引起定位模糊，所以，应在能够不引起定位模糊前提下增加传声器间距；

（4）选择合适的传声器阵列布置方式，上面的计算机模拟结果证明了 4 个传声器 Y 形布置较好。测向与测距时多传声器阵列的多种布置方式对目标定向与定位的影响的相关结论对声探测系统仍然有效。

4.4.4 非均匀媒质中定位误差分析

当定位系统的工作空间（指传声器阵列与目标之间的物理空间）内有风存在时，风将对目标定位精度产生影响。这种影响主要表现在三个方面：

（1）风速梯度的存在，引起大气中的声速梯度，导致声线的弯曲；

（2）风直接作用于传声器敏感元件，使传声器输出有较大起伏，产生起伏噪声；

（3）风速使得声在大气中传播的有效声速发生变化。

一般情况下，声探测系统所探测的目标为地面目标或低空目标，所以，风速梯度引起声线弯曲对定位精度的影响不大，风速梯度的影响可以忽略。风对传声器敏感元件的直接作用可以通过加防风罩、滤波等手段消除或消减，这里主要讨论风速对有效声速及定位误差的影响。

如图 4.18 所示，平面内有三个传声器 M_0、M_1、M_2，S 为目标，$\boldsymbol{\omega}$ 为风速矢量，$\boldsymbol{c}$ 为声速矢量，$\boldsymbol{v}_0$ 为在风存在下 S 至 M_0 的实际声速矢量，α、α_0 为 $\boldsymbol{\omega}$、$\boldsymbol{v}_0$ 与 x 轴夹角。

分析由 $\boldsymbol{\omega}$、$\boldsymbol{c}$、$\boldsymbol{v}_0$ 组成的矢量三角形，可以得出

$$v_0 = \frac{c}{\sin(\alpha_0 - \alpha)} \sin\left\{\alpha_0 - \alpha - \arcsin\left[\frac{\omega}{c}\sin(\alpha_0 - \alpha)\right]\right\} \qquad (4-96)$$

式中，ω、c、v_0 分别表示 $\boldsymbol{\omega}$、$\boldsymbol{c}$、$\boldsymbol{v}_0$ 的模。

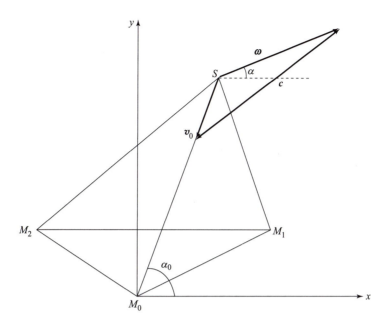

图 4.18 风速对声速的影响

将式 (4-96) 化简可得

$$v_0 = \sqrt{c^2 - \omega^2 \sin^2(\alpha_0 - \alpha)} - \omega\cos(\alpha_0 - \alpha) \quad (4-97)$$

一般情况下，$\omega \ll c$，所以

$$\sqrt{c^2 - \omega^2 \sin^2(\alpha_0 - \alpha)} \approx c \quad (4-98)$$

则有

$$v_0 = c - \omega\cos(\alpha_0 - \alpha) \quad (4-99)$$

类似地

$$v_i = c - \omega\cos(\alpha_i - \alpha) \quad i = 0, 1, 2 \quad (4-100)$$

令 $d\delta_1' = v_1 t_1 - v_0 t_0$，$d\delta_2' = v_2 t_2 - v_0 t_0$，则

$$\begin{bmatrix} d\delta_1' \\ d\delta_2' \end{bmatrix} = \begin{bmatrix} \cos\alpha_1 - \cos\alpha_0 & \sin\alpha_1 - \sin\alpha_0 \\ \cos\alpha_2 - \cos\alpha_0 & \sin\alpha_2 - \sin\alpha_0 \end{bmatrix} \cdot \begin{bmatrix} dx \\ dy \end{bmatrix} \quad (4-101)$$

式 (4-101) 与式 (4-88) 相似，其不同之处仅在于式 (4-101) 将式 (4-88)

中的 $d\delta_1$、$d\delta_2$ 变成了 $d\delta_1'$、$d\delta_2'$，所以，4.4.3 节中的仅由时延估计误差引起的定位误差公式（4-87）在此仍然适用，只是将方程中的 σ_i^2 代之以 $\sigma_i'^2$ 即可，$\sigma_i'^2 = E[d\delta_i'^2]$，$i = 1,2$。

因为

$$d\delta_1' = d\delta_1 - \omega[t_2\cos(\alpha_2 - \alpha_1) - t_1\cos(\alpha_1 - \alpha)] \tag{4-102}$$

且当 $R_i \gg d$ 时，$\alpha_1 \approx \alpha_2 \approx \alpha_3 = \alpha_M$，则

$$d\delta_1' = d\delta_1 - \omega\cos(\alpha_M - \alpha)\tau_{10} \tag{4-103}$$

$$\sigma_1'^2 = \sigma_1^2\left[1 + \frac{\omega^2}{c^2}\cos^2(\alpha_M - \alpha) - 2\rho'\frac{\omega}{c}\cos(\alpha_M - \alpha)\right] = k' \cdot \sigma_1^2 \tag{4-104}$$

类似地

$$\sigma_i'^2 = k' \cdot \sigma_i^2 \tag{4-105}$$

即有风存在时，时延估计误差只是比无风时时延估计误差多了一个比例系数 k'。

取 $\rho' = 0.5$，k' 与 $(\alpha_M - \alpha)$ 的关系曲线如图 4.19 所示。

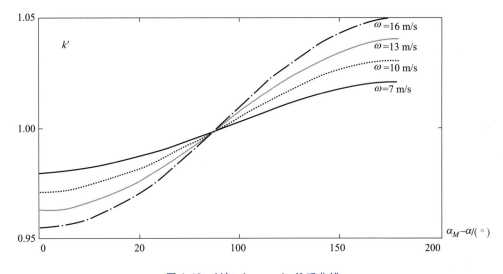

图 4.19 k' 与 $(\alpha_M - \alpha)$ 关系曲线

从曲线中可以看出，当风速小于 16 m/s 时，有风和无风时误差最多相差 ±5%，风速降低时，风速的影响下降。根据此曲线，可以对有风时的目标定位系统时延估计做出合理的估计和修正。

以上讨论了声探测系统的定位功能，即给出目标的方向、距离或位置的估计值。在声探测系统的应用场合中，仅有定位功能是不够的。根据第 1 章的分析，如果声探测系统利用 η 时刻的声波信号，而这信号是目标在 $\eta - R/c$ 时刻产生的，在定位系统给出目标的位置估计时，目标已运动至另一个位置。为了与跟踪技术的术语相一致，称 $\eta - R/c$ 时刻目标位置为当前位置，定位系统给出目标位置估计值（或攻击系统攻击）时目标真实位置为未来位置，则定位系统只给出目标的当前位置而非目标的真实位置（未来位置），也就是说，定位系统的目标位置估计值永远滞后于目标的真实位置，这样，定位功能不能满足为武器系统指明攻击位置的要求，所以声探测系统必须具有预测功能，即必须具有跟踪能力。声探测目标跟踪系统能够对目标当前和未来的运动状态，如位置、速度、加速度等进行估计和预测。

4.5 运动目标的跟踪技术

对目标的跟踪是指对目标运动状态，如位置、速度、加速度等的估计及预测，其中，滤波和预测是跟踪系统的最基本要素，也是估计运动目标当前和未来状态的必要技术手段。

现在已有目标跟踪技术的研究，且计算机模拟结果显示了跟踪技术的可行性。但目标跟踪技术仍有许多问题尚待解决。如现有的跟踪技术中，目标状态变量只取目标距离和运动速度，而未考虑加速度参量；观测变量为目标距离，而根据本书前述的分析，距离估计误差较大，以较大误差的观测变量去估计目标当前和未来位置，势必引起较大的跟踪误差。由此，本书对目标跟踪技术进行了一定的研究工作，根据实际问题的需要，提出了跟踪系统框图，并发现目标初始状态变量的选择对跟踪效果的影响非常明显，进而提出了一种初始变量的选择方式，改善了跟踪效果。

根据机动目标跟踪理论，当目标作非机动运动时，采用基本的滤波与预测方法即可以很好地跟踪目标。这些方法主要有线性自回归滤波、α-β 或 α-β-γ 滤波以及卡尔曼滤波等。目前为止，当目标作机动运动时，跟踪滤波的最好方法是基于卡尔曼滤波的各种自适应滤波与预测方法。

战场上目标经常是作机动运动的，所以，对它们的跟踪应采用机动目标的跟踪方法，虽然卡尔曼滤波比起其他滤波方法在处理时间上稍长一些，但对于声探测系统来讲，由于直升机、坦克等目标的运动速度比较低，卡尔曼滤波的处理时间是允许的。如在一典型处理机上，采用 Singer 模型，状态向量由目标距离和方位角构成，每次循环所需时间为 740 μs，如果按直升机的最高巡航速度为 300 km/h，即 83.3 m/s 计算，740 μs 时间内，直升机只运动了 0.06 m。即使是在声探测系统中增加状态变量和观测变量的维数，且考虑到获得观测变量的时间，卡尔曼跟踪时间大于 740 μs，也是能够保证实时性要求的。根据现有的机动目标跟踪技术，可以对战斗机等具有较高速度的运动目标进行跟踪，且随着现代微处理技术的发展，计算速度越来越快，计算要求与复杂性已不再成为应用卡尔曼滤波的障碍。基于上述原因，在声探测系统中，采用卡尔曼滤波技术实现对目标的跟踪。

卡尔曼滤波理论是建立在线性最小均方误差意义下的状态滤波及状态一步预测理论。它将被估计的信号看作是在白噪声作用下一个线性系统的输出，并且其输入输出关系是由状态方程和观测方程在时间域内给出的，因此，这种滤波方法不仅适用于单输入单输出平稳序列的滤波，而且特别适用于多输入多输出非平稳序列的滤波。同时，由于卡尔曼滤波公式是时间域内的递推形式，其计算过程是一个不断预测－修正的过程，在求解时不需存储大量的数据，这种方法非常便于实时处理。现有的机动目标跟踪技术已能保证对声探测系统探测目标跟踪的实时性，所以，声探测目标跟踪系统的关键在于状态方程和观测方程的建立及跟踪程度的改善。

4.5.1 跟踪坐标系的选择及状态方程、观测方程的建立

跟踪坐标系的选择影响卡尔曼滤波方程的建立及滤波算法的复杂及精确程度。跟踪坐标系的选择与跟踪系统的观测变量和状态变量的选择有关。考虑到整个声探测系统内部各子系统之间的联系性，将目标定位系统与跟踪系统联合使用，将定位系统输出的目标位置估计量作为跟踪系统的观测变量。

如前面分析，目标定位系统关于目标位置的估计有多种表示方法，其中目标位置的直角坐标系表示法和球面坐标表示法比较常用。为此，当定位系统输出目标位置的直角坐标值时，跟踪坐标系也相应选择为笛卡儿直角坐标系，滤波方法采用卡尔曼滤波法；当定位系统输出的是目标的方向角时，跟踪坐标系则采用球面坐标和

直角坐标的混合坐标系,滤波方法采用推广的卡尔曼滤波方法。其中,跟踪坐标系选为直角坐标系时,跟踪系统比较简单,所以本书主要讨论直角坐标系中的跟踪方法。

在直角坐标系中,选目标的状态变量为目标的位置、速度和加速度,记为

$$z_k = [x, \dot{x}, \ddot{x}, y, \dot{y}, \ddot{y}, z, \dot{z}, \ddot{z}]_k^T \tag{4-106}$$

其中,k——对目标的第 k 次跟踪。

观测量为定位系统输出的目标位置估计值,记为

$$x_k = [x, y, z]^T \tag{4-107}$$

战场上典型目标,如坦克、直升机的运动在跟踪时间内可以认为是带有加速度扰动的直线运动,即在 x 轴方向

$$\begin{cases} x_k = x_{k-1} + \dot{x}_{k-1} \cdot t + \frac{1}{2} \ddot{x}_{k-1} \cdot t^2 \\ \dot{x}_k = \dot{x}_{k-1} + \ddot{x}_{k-1} \cdot t \\ \ddot{x}_k = \ddot{x}_{k-1} + a_{k-1} = \rho \cdot \ddot{x}_{k-1} \end{cases} \tag{4-108}$$

式中,a_{k-1}——加速度扰动;

ρ——扰动系数,且

$$\rho = 1 + \frac{a_{k-1}}{\ddot{x}_{k-1}} \tag{4-109}$$

在 y、z 轴方向也有类似的方程,由此可得目标状态方程

$$z_k = \boldsymbol{\Phi}_{k,k-1} \cdot z_{k-1} + \boldsymbol{\Gamma}_{k,k-1} \cdot \boldsymbol{\omega}_{k-1} \tag{4-110}$$

式中,$\boldsymbol{\Phi}_{k,k-1} = \begin{bmatrix} A & 0 & 0 \\ 0 & A & 0 \\ 0 & 0 & A \end{bmatrix}$, $A = \begin{bmatrix} 1 & t & \frac{t^2}{2} \\ 0 & 1 & t \\ 0 & 0 & \rho \end{bmatrix}$;

$\boldsymbol{\Gamma}_{k,k-1}$——控制矩阵;

$\boldsymbol{\omega}_{k-1}$——动态噪声阵。

测量方程为

$$x_k = H \cdot z_k + n_k \quad (4-111)$$

式中，H——观测矩阵；

n_k——观测噪声。

$$H = \begin{bmatrix} 1 & 0 & 0 & 0 & 0 & 0 & 0 & 0 & 0 \\ 0 & 0 & 0 & 1 & 0 & 0 & 0 & 0 & 0 \\ 0 & 0 & 0 & 0 & 0 & 0 & 1 & 0 & 0 \end{bmatrix} \quad (4-112)$$

建立了目标状态方程和观测方程以后，就可以根据卡尔曼滤波技术对目标进行跟踪。

4.5.2 目标跟踪系统跟踪精度的提高

在建立了目标状态方程和测量方程的基础上，就可以直接应用卡尔曼滤波技术，得到如下方程组：

状态滤波值

$$\hat{z}_k = \boldsymbol{\Phi}_{k,k-1} \cdot \hat{z}_{k-1} + K_k \cdot [x_k - H_k \cdot \boldsymbol{\Phi}_{k,k-1} \cdot \hat{z}_{k-1}] \quad (4-113)$$

滤波均方误差阵

$$P_k = [I - K_k \cdot H_k] \cdot P_{k,k-1} \quad (4-114)$$

滤波增益矩阵

$$K_k = P_{k,k-1} \cdot H_k^\mathrm{T} \cdot [H_k \cdot P_{k,k-1} \cdot H_k^\mathrm{T} + R_k]^{-1} \quad (4-115)$$

一步预测均方误差阵

$$P_{k,k-1} = \boldsymbol{\Phi}_{k,k-1} \cdot P_{k-1} \cdot \boldsymbol{\Phi}_{k,k-1}^\mathrm{T} + \boldsymbol{\Gamma}_{k,k-1} \cdot Q_{k-1} \cdot \boldsymbol{\Gamma}_{k,k-1}^\mathrm{T} \quad (4-116)$$

利用上述方程组及目标状态方程和观测方程，就可以对目标进行跟踪，不断地得出当时和未来时刻目标的位置、运动速度和运动加速度值。

基于上述方程及计算步骤，就可以实现本书提出的对目标的跟踪任务。但是，本书在进行卡尔曼滤波跟踪技术的计算机模拟实验过程中，发现必须注意卡尔曼滤波初始值的选择，否则将不能实现对目标的较准确跟踪。

在卡尔曼滤波中，必须给定卡尔曼滤波起始时间的初始状态 z_0 及初始值协方差阵 P_0。目标定位系统为跟踪系统提供初始值，通常的滤波初始值是通过最初两次对目标位置的估计值得出，由于定距误差较大，所以要求目标定位系统提供的目标位置估计值尽可能准确，本书采用图 4.20 所示系统，可以实现目标状态的较准确跟踪。

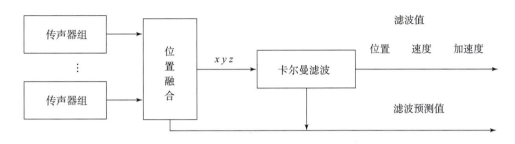

图 4.20　目标跟踪系统框图

图 4.20 所示系统首先采用多传声器数据融合技术提高目标位置估计精度，再将经过融合后得到的目标位置估计值作为滤波的初始值，这样目标跟踪可以有较满意的结果。有关数据融合技术详见下一章。这里仅给出采用如图 4.20 所示系统后的跟踪性能改善情况。

下面在 xOy 平面内跟踪系统的计算机仿真实验证明了本书所提出的采用数据融合技术后目标位置值作为滤波初始值比任取两次目标方向角测量值而得到位置估计作为滤波初始值的跟踪精度高。

采用 20 组传声器分别测得目标相对于每组传声器的方向角值，每组测向标准差为 0.01 rad，传声器组参考阵元间距为 20 m，目标做沿 x 轴的等速直线运动，速度为 140 km/h。在 t，$2t$，…，$20t$ 时刻，（t = 257 ms）目标在 x、y，方向的运动轨迹分别如图 4.21（a）（b）中的符号"o"所示。将所有传声器组测得的目标方向角进行融合，求得目标位置估计值（具体步骤见第 5 章）作为滤波初始值而得到的在 x、y 方向的相应时刻的预测位置如图 4.21（a）（b）中的符号"*"所示，而未采用如图 4.20 所示方法，只取两次目标方向角测量值得到的目标位置值作为卡尔曼滤波初始值得到的在 x、y 方向相应时刻的预测位置如图 4.21（a）（b）中符号"+"所示。

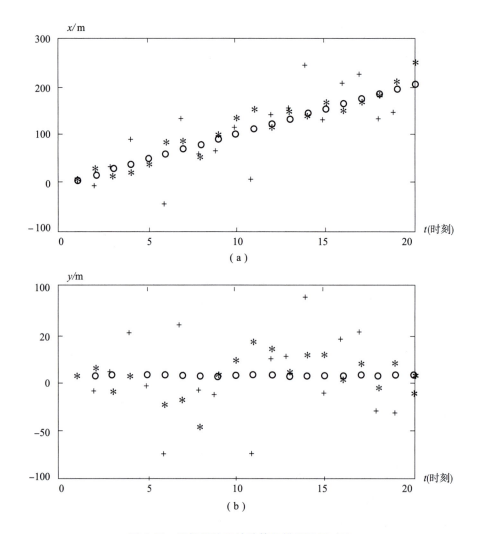

图 4.21　目标跟踪系统计算机模拟结果对比

（a）x 方向目标运动轨迹及两种跟踪轨迹；（b）y 方向目标运动轨迹及两种跟踪轨迹

从图 4.21 中可以明显看出本书提出的采用图 4.20 所示系统的跟踪效果比通常的跟踪效果要好得多，或是说本书提出的跟踪系统跟踪精度高。

第 5 章　人工神经网络和多传感器数据融合技术在声探测系统中的应用研究

从本书第 3、4 章的分析中看出，声探测系统要完成检测、识别、定位和跟踪任务必须使用传声器阵列来获得目标信息，传声器阵列信号处理技术是提高声探测系统性能的关键技术之一，所以，本章专门研究了传声器阵列信号处理技术，并从传感器数据融合的角度提出了阵列信号处理的几种手段或途径。同时，虽然第 3、4 章中给出了声探测系统的实用结构或系统，但是，为了进一步提高声探测系统性能，使其适应将来更加复杂的战场环境，还必须开发新的信号处理算法，人工神经网络技术是一个强有力的信号处理工具。

在声探测系统的具体应用中，由于声探测系统与目标之间有一定的探测距离，目标的信号比较弱，同时，探测目标本身也在向着低辐射方向发展，而相对来讲，噪声信号比较强，采用单一传感器接收声波信号在绝大多数场合很难获得足够的检测阈值 DT，声探测系统为了能够从强大的噪声背景中区分出信号，解决"远"和"准"的问题，必须采用多传感器组成的阵列接收声波信号，以充分利用信号和噪声之间的差异。而信号和噪声之间的差异通常分为两类：一类是空间上的，即信号通常是从远距离某一方向传来的，而背景噪声是从四面八方传来的；另一类是时间上的，即单纯噪声的时间波形和信号加噪声的时间波形在统计特性上存在着差异。采用多传感器数据融合技术将各传声器输出信号加以综合，获得声探测系统能量方程中的空间增益 GS 和时间增益 GT，可以使整个声探测系统具有优越的性能。

使用多传感器是声探测系统发展的必然趋势，相应后续信号处理应具有快速的并行处理功能，同时，由于目标的复杂性、战场噪声及干扰的不确定性，必然要求后续信号处理功能应该具有对目标类型变化的自学习性、识别目标的稳定性和抗干扰性，这就为后续的信号处理功能提出了新的要求。纵观信号、信息处理发展及现状，人工神经网络的计算、识别和工作能力可以满足上述要求，这就为人工神经网络的应用开辟了一个新领域。

人工神经网络技术是人们为模拟大脑的部分处理功能，利用非线性阈值函数作为激活程度的衡量标准形成基本的神经元，利用可改变的权重作为各神经元之间的连接而形成的数学运算网络。其突出特点是可训练性、运行的并行性、输出对输入的容错性和整体结构的鲁棒性。在信号检测与模式识别中，神经网络的突出作用是可以检测和识别出建模非常困难的信号或目标类型；在目标定向中，神经网络的突出作用则是对复杂算法的实时化及定向的高精度，尤其是在多传声器、多目标的场合，所以，神经网络方法非常适合于战场目标的检测、识别和定向。人工神经网络能够自动滤掉传声器输出信号中的自然噪声，可以识别多种目标，并对目标进行精确定向。人工神经网络的非线性映射能力，即输入与输出之间复杂的非线性关系，是一般的检测、识别方法很难办到的；同时，人工神经网络的并行处理功能，可以处理大量传声器的输出信号，人工神经网络是组成多传声器探测系统的重要手段。

在现有的声探测技术研究中，尚缺乏多传感器数据融合技术的研究。在声呐领域中，已有较为成熟的水听器阵列技术，但这些技术没有在数据融合的高度进行，且现有的声呐阵列信号处理技术也不能完全直接用于声探测技术之中。人工神经网络技术更是一个崭新的技术方向，虽然有人提出过将神经网络技术引入到声探测系统目标识别之中，但尚未有成功的系统出现。本书在人工神经网络和多传感器数据技术在声探测系统中的应用方面做了一定的工作，填补了声探测技术研究中的一项空白。

本章首先阐述了人工神经网络和多传感器数据融合的基本理论，然后，提出了基于人工神经网络和数据融合的声探测系统结构，详细论述了各部分功能，并在计算机上进行了模拟实验，证明了方法的正确性和有效性。

5.1 多传感器数据融合的基本原理

多传感器数据融合也称信息融合，是一个越来越受到普遍重视的新信息处理研究方向，它的诞生可以归结为在一个系统中使用了多个不同类型的传感器。20 世纪

70年代初期，由于技术的进步，在军用 C^3I（Communication，Command，Control and Intelligence）系统中不仅使用多种传感器来采集战场信息，还开始用计算机来自动分析它们获得的信息，由此，信息融合作为一个研究方向出现了，并不断地在信息处理方面获得应用。有关文献表明，由此组成的各种监测识别系统无论在使用性能，还是在识别精度方面都有重大的发展。

多传感器数据融合技术实质上是一种多源信息的综合技术，对来自不同传感器的数据信息进行分析与综合，以产生对被测对象及其性质统一的最佳估计。

声探测中，多个传声器提供了在同一时间、不同空间的关于目标信息的多于一次的描述，对这种多个传声器数据的处理仍然可以采用数据融合的处理原则，来获得对目标的准确识别和估计。这里称采用多个、单一类型传声器的信息处理技术为多传声器数据融合技术。

与只采用一个传声器接收声信号比较，来自多个传声器的信号所提供的信息具有以下特点：

（1）冗余性：多个传声器提供了关于目标信息的多于一次的描述。目标的某些特征从多个传声器中都可以反映出来。

（2）互补性：多个传声器在不同空间或不同自由度上提供了关于同一目标的相互独立的信息，同一目标的类型、状态信息等可以不同的特征方式表现出来，几种特征信息表示同一类型或状态，是对特征信息表示的一种补充和完善。在声探测系统中，作为这种互补性的具体体现，如采用具有不同频响或方向特性的传感器在不同或相同的空间位置接收信号，以获得对目标在宽的时域、频域上的信息描述。

（3）相关性：传声器在不同的或相同的时间、空间或自由度上提供的信息对其他传声器具有一定的相关性或依赖性。这表明，目标类型或状态的变化不仅以某一特征体现，而且会导致另一特征的变化，当这种相关性存在时，目标类型的识别必须在这两种特征同时出现时才能判定。

数据融合的具体过程是对上述三种信息特征的不同处理过程。一般地讲，对多传声器冗余信息的融合，可以降低系统的误差和不确定性，提高目标检测概率、识别准确率和位置、状态估计精度；对多传声器互补信息的融合，可以提高系统输出结果的可信度；对多传声器相关信息的融合，可增强系统内部各传声器和目标的协调性，提高系统的性能。

多传声器的融合信息包括三个层次，即原始信息、特征信息和决策信息。信息融合是对这三个层次信息的各种处理方法，信息的融合程度通常由低级向高级发展。

（1）低级或原始信息融合。该层次的信息融合是最低层的融合，是在对传声器输出信号未经或经过很少处理的基础上进行的，主要优点是能够提供其他层次所不能具有的细节信息。缺点是信息处理工作量大，且由于原始信息的稳定性差，因此要获得稳定一致的综合信息比较困难。

（2）中级或特征信息融合。特征信息融合是指从传声器提供的原始信息中提取一组特征信息，并在目标分类和状态估计前对各级特征信息进行的融合。它是低级和高级融合的折中形式，因此兼容了两者的优缺点。

（3）高级或决策信息融合。决策信息融合是指先对每一传声器（或传声器组）的输出信号进行分析，对目标的类别进行判别，再对各个传声器的目标识别结果进行融合，以得到最终的目标识别结果。该层次的信息融合具有较好的容错性，但要先对原始信息分别预处理，因此，预处理工作量较大。

在声探测系统中，针对不同的任务或目的，相对于三个层次的信息融合，有不同的融合方法和不同的融合效果，下面将详细讨论在目标检测、识别、定位和跟踪中的融合方法。

5.2 声探测系统多传声器数据融合方法

在声探测系统中，由于多个传声器的使用，目标检测、识别、定位和跟踪过程都存在着数据融合过程，下面分别阐述声探测系统中原始信息、特征信息和决策信息的融合过程和方法。

5.2.1 声探测系统多传声器原始信息融合方法

从声探测系统能量方程可以看出，对多传声器的输出信号进行融合，得到信噪比大于单一传声器输出信噪比的信号，则有利于信息提取和利用，同时，可以提高声探测系统的性能。如对于目标检测系统，采用相同的检测方法，多传声器数据融合后获得的高信噪比比未融合的低信噪比有更高的检测概率。所以，声探测系统原始信息融合的准则是获得较大的输出信噪比与输入信噪比之比，即空间增益。

采用多传声器原始信息融合方法的目标检测、识别、定位与跟踪系统的框图分别如图 5.1（a）（b）（c）所示。其中图 5.1（c）相加器右侧结构为最大似然测向系统结构之一。

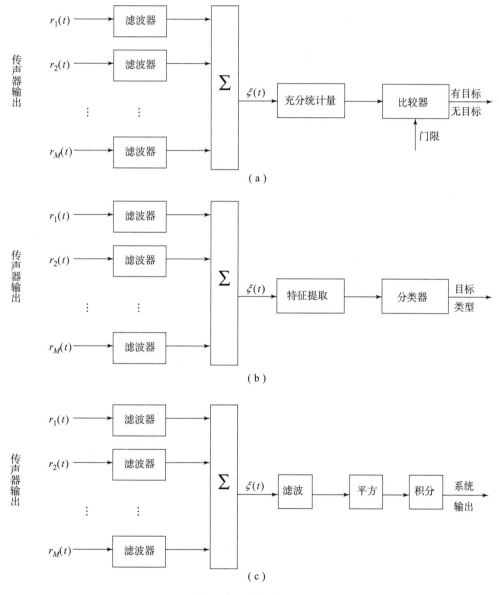

图 5.1　信息融合框图

（a）目标检测系统原始信息融合框图；（b）目标识别系统原始信息融合框图；
（c）目标定位与跟踪系统原始信息融合框图

从信息融合角度，目标检测、识别、定位与跟踪具有相同的原始信息融合过程。

如果传声器阵列采用 M 个性能完全相同的全方向性传声器，在空间任意布置，各传声器的输出为 $r_i(t) = s_i(t) + n_i(t)$ 或 $r_i(t) = n_i(t)$，设各传声器的输出信号功率为 S，噪声功率为 N，即每一传声器的输出信噪比为 S/N。将每一传声器的输出信号通过一线性滤波器，然后相加，得到输出 $\xi(t)$。滤波器的作用是对传声器输出进行适当的延时和加权，使得输出 $\xi(t)$ 有我们所希望的性能。如果相加器的输出信号和噪声功率分别为 S_1 和 N_1，从 $r_i(t)$ 至 $\xi(t)$ 的过程就是多传声器原始信息融合过程，融合所获得的增益为

$$\text{GS} = \frac{S_1/N_1}{S/N} \qquad (5-1)$$

GS 的大小与滤波器的性质有关。而 GS 的最大取值就是采用最佳空间处理器所获得的增益。声探测系统最佳空间处理器的结构与声呐中的相同，如图 5.2 所示。

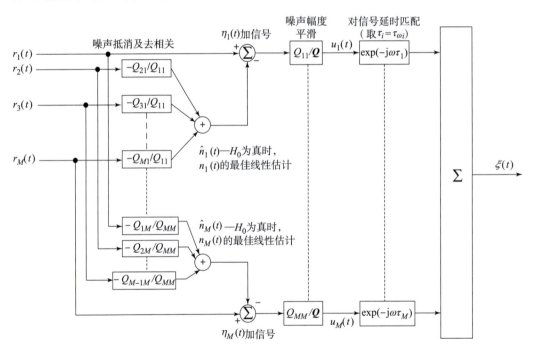

图 5.2 声探测系统最佳空间处理器原理框图

图中，$Q_{ik}(i, k = 1, 2, \cdots, M)$ 为 $\boldsymbol{Q}$ 的第 ik 元素 q_{ik} 的代数余子式，$\boldsymbol{Q}$ 为传声器输出噪声的归一化协方差阵；$u_i(t)(i = 1, 2, \cdots, M)$ 为预白处理后输出信号。

从图中可以看出，这种数据融合方法包括对各路噪声进行空间预白和对信号进行

延时匹配两部分。预白处理的要点是对相关的各路噪声进行最佳线性估计和减法运算，实现噪声抵消，从而最大限度地解除各路噪声的相关性和尽可能地削弱各路噪声的功率，以达到提高信噪比的目的。

图 5.2 所示系统可以获得最大的空间增益，但是，其结构比较复杂，运算量大，不易于实现，声探测系统应采用如图 5.3 所示的数据融合方法。

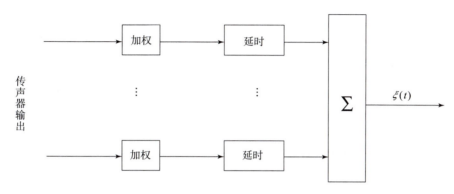

图 5.3　常规空间处理器数据融合框图

图 5.3 所示融合方法是由幅度加权和延时两部分组成，称为常规空间处理器或常规阵。当加权系数都取为 1 时，融合过程最简单，但效果较差。

当传声器本身无噪声时（$\xi_G = 0$），最佳阵增益 $G_0(\omega)$ 或常规阵增益 $G_c(\omega)$ 随着传声器个数的增加而呈正比地增大，但是，当传声器本身有自噪声时，即使自噪声很小，最佳阵增益在低频时也会迅速下降。图 5.4 表示了这种变化趋势。

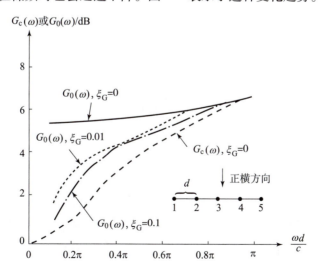

图 5.4　5 元线阵最佳阵增益与常规阵增益

从上述的原始信息融合过程及图 5.4 可以看出,当使用数目较多的传声器时,原始信息融合设备比较复杂,且由此获得的增益也是有限的。所以,当采用多传声器阵列以获得较大信噪比改善时,不能只采用原始信息融合方式,必须与高一级的特征融合方式相结合使用,才能有满意的融合效果。

5.2.2 声探测系统多传声器特征信息融合方法

声探测系统的特征信息融合是对从传声器输出信号中提取出的为实现目标检测、识别、定位、跟踪目的的特征信息的融合。本书认为,对目标检测系统而言,特征信息融合就是对检验统计量的融合;对目标识别系统而言,就是对识别特征量的融合;对于目标定位系统而言,根据不同的定位方法,特征量取不同的形式,如通过时延估计定向过程中,时延估计量为特征量;对于多传声器组测得多个方向角而求目标位置的过程中,目标方向角为特征量。

从信息的角度,对于声探测系统的各项功能来讲,特征信息融合也具有相同的模式及作用,目标检测特征信息融合系统可表示成图 5.5 所示。

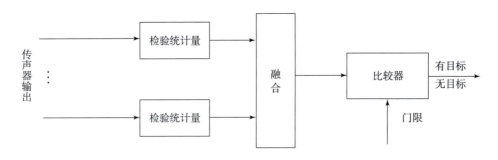

图 5.5 特征信息融合框图

根据特征量的性质不同,可以有如下几种特征信息融合方法:

(1) 当各传声器提供的特征量具有相同的性质时,采用算术平均法即可以实现特征信息融合。

如目标检测过程中,特征量只是一个与传声器输出信号有关的统计量 z,不同的传声器输出数据可以得到不同的统计量 z_i,若存在一个最佳的用于检测的统计量值 z_g,则每一个 z_i 都是对 z_g 的一种估计,根据定理:如果对某一参数 z 进行 N 次独立的观测 z_i,$i = 1, 2, \cdots, N$,观测误差遵从高斯分布,那么对 z 的最大似然估计是

$$z_{\text{ml}} = \frac{1}{N} \cdot \sum_{i=1}^{N} z_i \tag{5-2}$$

即均值估计。由此可得，对每一传声器的特征量求算术平均是对特征值的一种最好的估计，采用这种融合方法将使得到的检验统计量的方差下降。

（2）当每一传声器的特征量具有不同的概率分布时，采用加权算术平均对特征信息进行融合。

当传声器由于其布置位置、性能不同等因素而使得其输出统计量具有不同分布时，可以根据统计量分布函数对每一统计量进行加权，即融合特征为

$$z = \frac{1}{N} \cdot \sum_{i=1}^{N} a_i z_i \tag{5-3}$$

式中，a_i——加权因子，根据统计量的方差而定。

（3）当每一传声器提取的特征量不同或不完全相同时，可以采用人工神经网络技术实现特征信息融合。（1）、（2）两种情况是这种情况的特例。图 5.6 所示为人工神经网络特征信息融合的原理框图。具体实现结构及融合效果见 5.4 节。

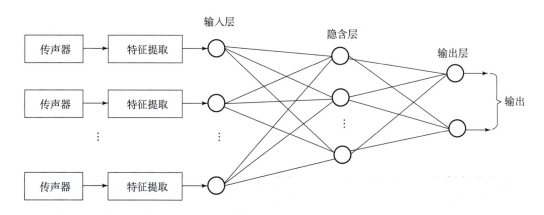

图 5.6　神经网络特征信息融合原理图

在目标定位系统中，当目标方向角作为特征量而要估计目标位置时，本书根据统计信号处理理论，提出了最小二乘和加权最小二乘的信息融合方法，详见下节内容。

5.2.3　声探测系统多传声器决策信息融合方法

多传声器的决策信息融合是根据各传声器的决策信息做出对探测对象最终判断的

信息融合过程。从信息论的角度，就是对每一传声器利用信息的水平做出综合，得出整个声探测系统的决策。具体来讲，对于目标检测过程，每一传声器都给出了有无目标存在的判决，这些判决可能是相同的，也可能是不同的，决策信息融合将对这些判决进行融合，以最终得出目标有或无的结论；对于目标识别过程，每一传声器都对目标类型进行了判断，这些判断结果可能不是唯一的，那么决策信息融合的作用就是按照某种原则给出目标类型唯一判别；对于目标定位过程，决策信息融合的作用就是融合多传声器（组）关于目标位置的描述，而给出具有较高精度的目标位置估计。目标检测系统决策信息融合框图如图 5.7 所示。

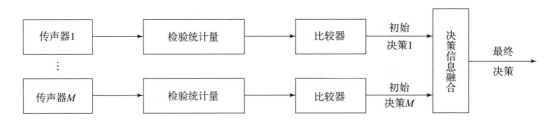

图 5.7　目标检测系统决策信息融合框图

有关决策信息融合方法详见相关文献，这些方法都是在概率意义上的融合，可以用于声探测系统中，此处不再赘述。

多传声器的各级信息融合方法都可以用于声探测系统中，但每种融合方法都具有自己的特点，在具体应用时，要根据条件和需要选用。表 5.1 是对各种融合方法的说明。

表 5.1　融合方法的优缺点比较

融合类型 项目	原始信息融合	特征信息融合	决策信息融合
信息损失	小	中	大
容错性	差	中	优
抗干扰能力	差	中	优
融合方法难易	难	中	易
预处理工作量	小	中	大
分析性能	优	中	差

声探测系统的应用环境中，目标信号弱、噪声功率强是一个突出特点，如果只采用决策信息融合，则每一传声器决策的不确定性相当大，以至于决策信息融合的结果也具有很大的不确定性，所以，声探测系统应该采用原始信息融合或特征信息融合方法或同时采用多种信息融合方法，如图 5.8 所示。

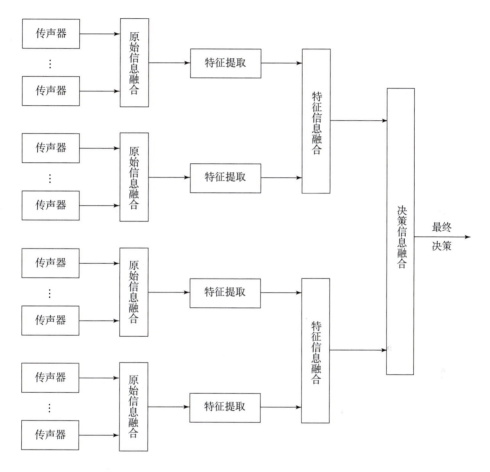

图 5.8　声探测系统信息融合原理框图

为了说明本书提出上述观点的正确性，采用如下计算机模拟实验。

取同一多传感器组目标定位系统，分别按照第 5.2.2 节和第 5.2.3 节所述的方法进行融合处理。即，特征信息融合方法：将多传声器分成 N 组，每组传声器得到目标相对于该组参考坐标的方向角，将这 N 个方向角进行融合处理（如下面阐述的最小二乘法），得出目标的位置估计。决策信息融合方法：将多传声器分成 N 组，每组传声器得到目标相对于该组参考坐标的目标位置初估值，将这 N 组目标位置初估值进行融合处理（如统计处理），得出目标位置的最终值。

具体模拟条件如下：取 20 个传声器组沿 x 轴直线均布，每组基准阵元相距 20 m，传声器组测向的标准差为 0.1 rad = 5.73°，不断改变目标真实位置，利用特征信息融合和决策信息融合两种方法得出目标位置的估计值。多次实验结果显示出决策信息融合方法的目标位置误差比特征信息融合方法大很多。图 5.9 为目标真实位置为 (424 m, 424 m) 时（图中以 ○ 表示），两种融合方法得到的 20 次目标位置最终估计值结果（图中以 * 表示）。从图中可明显看出只采用决策融合方法得到的目标位置估计值有很大的散布，以至于没有实用价值。

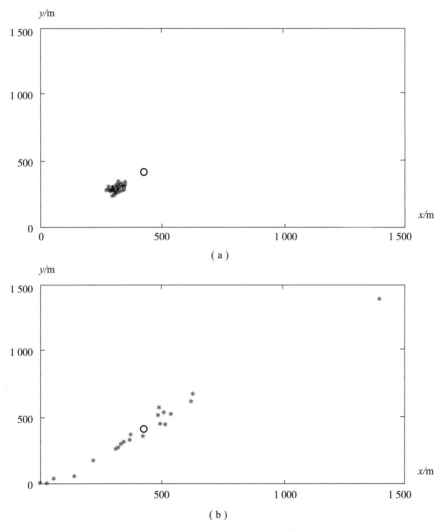

图 5.9　特征信息融合与决策信息融合目标位置估值
(a) 特征信息融合；(b) 决策信息融合

虽然上述的计算机模拟实验是对目标定位系统而言的，但对声探测目标检测和识别系统仍然可以得到相同的结论，本书不再赘述。

5.3　目标定位多传声器信息融合方法

根据第4章目标定位误差分析可知，声探测系统目标测距的误差较大，即目标定位精度不高。而采用多传声器拾取目标信号及用数据融合方法进行信号处理，可以获得目标定位精度的改善。

根据上述对各种融合方法的分析及声探测系统实际，采用 M 个传声器估计目标位置时，目标位置分两步获得（即第4.2节中多传声器定位方法（2））：

（1）将 M 个传声器分成 N 个传声器组（$2 < N < M$），每个传声器组给出目标方向角的估计；

（2）由这 N 个目标方向角的估计值得出目标位置估计。

由 N 个方向角求目标位置估计值的过程属于多传感器信息融合过程，它利用了多传声器组在同一时间不同空间提供的关于目标参量的多于一次的描述，而使得目标参量信息具有冗余性。对这些描述进行统计处理，即对冗余信息进行融合，可以降低系统的误差和不确定性。

对冗余信息的融合有不同的方法，如算术平均法、最小二乘法、加权最小二乘法等。最小二乘法不需要对被估计量和噪声有任何的先验知识，应用很方便。但最小二乘法对每个参与融合的值都是同等对待的，这在每个传声器组精度不同时，达不到最佳的融合效果，这时，可以采用加权最小二乘法。加权最小二乘法在最小二乘法的基础上，考虑了观测噪声的影响，使得融合后目标位置估计值的方差小于最小二乘法融合时的方差。从信息的观点，加权最小二乘法估计精度的提高是由于参数估计器获得了更多的信息。

令 N 组传声器所得到的目标方向角值为 $\theta_j = [\theta_{j1}, \theta_{j2}]$，$j = 1, 2, \cdots, N$，有以下几何关系

$$\theta_{j2} = \mathrm{arccot} \frac{x - x_j}{y - y_j} \tag{5-4}$$

$$\theta_{j1} = \arctan \frac{z - z_j}{\sqrt{(x - x_j)^2 + (y - y_j)^2}} \tag{5-5}$$

式中，x，y，z——目标位置坐标；

x_j，y_j，z_j——传声器组参考阵元坐标。

5.3.1 最小二乘法在目标位置融合中的应用

从式（5-4）、式（5-5）可以看出，测量值 θ_j 与估计值 x，y，z 不是线性关系，但将式（5-4）、式（5-5）展开、化简，可得如下 $2N$ 个方程

$$y_j - \tan\theta_{j2} x_j = -\tan\theta_{j2} x + y$$

$$\tan\theta_{j1} \sqrt{(x - x_j)^2 + (y - y_j)^2} + z_j = z \tag{5-6}$$

$$j = 1, 2, \cdots, N$$

将上述 $2N$ 个方程，写成如下矩阵形式

$$\begin{cases} \boldsymbol{T}_1 = \boldsymbol{G}_1 \cdot \boldsymbol{x} + \boldsymbol{n}_1 \\ \boldsymbol{T}_2 = \boldsymbol{G}_2 \cdot \boldsymbol{z} + \boldsymbol{n}_2 \end{cases} \tag{5-7}$$

式中，$\boldsymbol{x} = [x, y]^T$，$\boldsymbol{z} = [z]$；

$$\boldsymbol{G}_1 = \begin{bmatrix} -\tan\theta_{12} & 1 \\ -\tan\theta_{22} & 1 \\ \vdots & \vdots \\ -\tan\theta_{N2} & 1 \end{bmatrix};$$

$$\boldsymbol{T}_1 = \begin{bmatrix} y_1 - \tan\theta_{12} x_1 \\ y_2 - \tan\theta_{22} x_2 \\ \vdots \\ y_N - \tan\theta_{N2} x_N \end{bmatrix};$$

$$G_2 = [1, 1, \cdots, 1]_{N \times 1}^{\mathrm{T}};$$

$$T_2 = \begin{bmatrix} \tan\theta_{11}\sqrt{(x-x_1)^2 + (y-y_1)^2} + z_1 \\ \tan\theta_{21}\sqrt{(x-x_2)^2 + (y-y_2)^2} + z_2 \\ \vdots \\ \tan\theta_{N1}\sqrt{(x-x_N)^2 + (y-y_N)^2} + z_N \end{bmatrix};$$

n_1，n_2——噪声阵。

得出了式（5-7），就可以直接应用最小二乘原理，得出融合后的目标位置估计值

$$\begin{aligned} x &= [G_1^{\mathrm{T}} \cdot G_1]^{-1} \cdot G_1^{\mathrm{T}} \cdot T_1 \\ z &= [G_2^{\mathrm{T}} \cdot G_2]^{-1} \cdot G_2^{\mathrm{T}} \cdot T_2 \end{aligned} \tag{5-8}$$

以上讨论的是三维空间目标定位的信息融合方法，如果是平面定位，则只利用式（5-8）中的第一个方程即可。

计算机模拟结果证明了采用多传声器数据融合方法得到的目标位置估值比未融合得到的目标位置估值具有较高的精度。对于融合方法，取 11 组传声器，在 x 轴方向沿直线均布，每组传声器测量出目标相对于基准阵元的方向角，传声器组基元间的距离为 $d=20$ m；对于未融合方法，两组传声器基准阵元间距为 200 m，测向标准差为 0.1 rad，目标距基准传声器组距离为 500 m，在不同的目标方向角，融合后目标位置估计精度都比未融合有较大提高，图 5.10 所示为目标方向角为 45°时融合与未融合的目标位置估计值（图中为 20 次模拟结果，以 * 表示）。

在式（5-7）中，因为 n_1、n_2 不是测向误差项，而是综合了传声器组基准阵元的位置误差及测向误差后的噪声项，一般不能准确获得，所以，采用式（5-8）对目标位置的融合只能是在已知误差信息最少意义上的融合，虽然融合后定位精度提高，但融合效果不是最好。下面所述的加权最小二乘法在最小二乘基础上利用了阵元位置误差及测向误差信息，使融合后目标定位精度进一步提高。

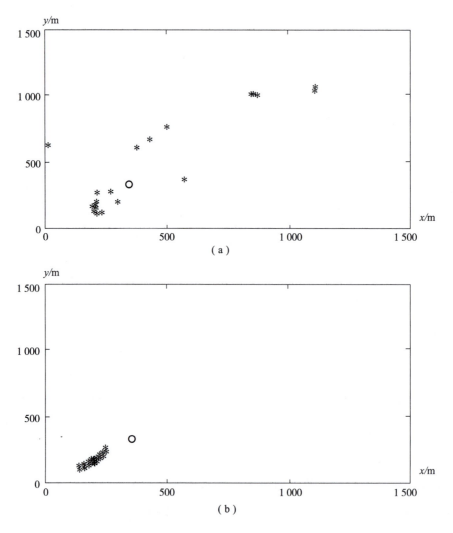

图 5.10 融合与未融合目标位置估计值

(a) 未融合；(b) 融合

5.3.2　加权最小二乘法在目标位置融合中的应用

分析式 (5-4)、式 (5-5)，可以看出方向角 $\boldsymbol{\theta} = [\theta_1, \theta_2]^T$ 与目标位置不是线性关系，采用泰勒级数展开等数学方法，将 $\boldsymbol{\theta}$ 与 (x, y, z) 间的非线性问题转化成线性问题，使噪声项为已知的测向误差和传声器基准阵元位置误差等项，则可以利用更多的信息，得到更精确的融合结果。

将式 (5-4)、式 (5-5) 写成

$$\boldsymbol{\theta}_j = f(x, y, z, x_j, y_j, z_j) = f(\boldsymbol{x}, \boldsymbol{x}_j) \tag{5-9}$$

令每组测量值 $\boldsymbol{\theta}_{mj}$ 的误差为 $\boldsymbol{e}_{\theta_j} = [e_{\theta_{j1}}, e_{\theta_{j2}}]^T$，则

$$\boldsymbol{\theta}_j = \boldsymbol{\theta}_{mj} - \boldsymbol{e}_{\theta_j} \tag{5-10}$$

式中，$\boldsymbol{\theta}_j$——方向角真值。

若传声器组基准阵元的位置坐标为 $\boldsymbol{x}_{mj} = [x_{mj}, y_{mj}, z_{mj}]^T$，与真实位置 $\boldsymbol{x}_j = [x_j, y_j, z_j]^T$ 之间也存在着误差 $\delta\boldsymbol{x}_j = [\delta x_j, \delta y_j, \delta z_j]^T$，则

$$\boldsymbol{x}_j = \boldsymbol{x}_{mj} + \delta\boldsymbol{x}_j \tag{5-11}$$

若目标初始值 $\boldsymbol{x}_0$ 与真实位置之间存在着误差 $\delta\boldsymbol{x} = [\delta x, \delta y, \delta z]^T$，则

$$\boldsymbol{\theta}_j = f(\boldsymbol{x}_0, \boldsymbol{x}_{mj}, \delta\boldsymbol{x}, \delta\boldsymbol{x}_j) \tag{5-12}$$

将式（5-10）在 $\boldsymbol{x}_0$、$\boldsymbol{x}_{mj}$ 处展开成泰勒级数，取其一阶近似

$$\boldsymbol{\theta}_j = f(\boldsymbol{x}_0, \boldsymbol{x}_{mj}) + \left[\frac{\partial f}{\partial \boldsymbol{x}}\right]_{\boldsymbol{x}_0, \boldsymbol{x}_{mj}} \cdot \delta\boldsymbol{x} + \left[\frac{\partial f}{\partial \boldsymbol{x}_j}\right]_{\boldsymbol{x}_0, \boldsymbol{x}_{mj}} \cdot \delta\boldsymbol{x}_j \tag{5-13}$$

结合式（5-10），得第 j 组测向时的线性近似关系为

$$\Delta\boldsymbol{\theta}_j = \boldsymbol{\theta}_{mj} - f(\boldsymbol{x}_0, \boldsymbol{x}_{mj}) = \left[\frac{\partial f}{\partial \boldsymbol{x}}\right]_j \cdot \delta\boldsymbol{x} + \left[\frac{\partial f}{\partial \boldsymbol{x}_j}\right]_j \cdot \delta\boldsymbol{x}_j + \boldsymbol{e}_{\theta_j} \tag{5-14}$$

上式中 $\boldsymbol{\theta}_{mj}$、$f(\boldsymbol{x}_0, \boldsymbol{x}_{mj})$ 都可以估计或计算出来，右边 $\delta\boldsymbol{x}$ 是未知的，将它估计出来，用于修正 $\boldsymbol{x}_0$，其余两项为传声器基准阵元位置误差和测向误差，用 $\boldsymbol{\varepsilon}_j$ 表示

$$\boldsymbol{\varepsilon}_j = \left[\frac{\partial f}{\partial \boldsymbol{x}_j}\right]_j \cdot \delta\boldsymbol{x}_j + \boldsymbol{e}_{\theta_j} \tag{5-15}$$

这样

$$\Delta\boldsymbol{\theta}_j = \left[\frac{\partial f}{\partial \boldsymbol{x}}\right]_j \cdot \delta\boldsymbol{x} + \boldsymbol{\varepsilon}_j \tag{5-16}$$

把 N 组估计值所得关系式写成矩阵形式

$$\Delta\boldsymbol{\theta} = \boldsymbol{H} \cdot \delta\boldsymbol{x} + \boldsymbol{\varepsilon} \tag{5-17}$$

式中，$\Delta\boldsymbol{\theta} = [\Delta\boldsymbol{\theta}_1, \Delta\boldsymbol{\theta}_2, \cdots, \Delta\boldsymbol{\theta}_N]^T$；

$\delta\boldsymbol{x} = [\delta x, \delta y, \delta z]^T$；

$\boldsymbol{H} = \left[\left.\frac{\partial f}{\partial \boldsymbol{x}}\right|_1, \left.\frac{\partial f}{\partial \boldsymbol{x}}\right|_2, \cdots, \left.\frac{\partial f}{\partial \boldsymbol{x}}\right|_N\right]^T$；

$\boldsymbol{\varepsilon} = [\boldsymbol{\varepsilon}_1, \boldsymbol{\varepsilon}_2, \cdots, \boldsymbol{\varepsilon}_N]^T$。

当各传声器阵元位置误差 δx_j、δy_j、δz_j 及每组测向误差具有相同的统计性质时

$$\boldsymbol{\varepsilon} = \boldsymbol{M} \cdot \delta \boldsymbol{x}_T \tag{5-18}$$

式中，$\delta \boldsymbol{x}_T = [\delta x, \delta y, \delta z, e_\theta]^T$；

$$\boldsymbol{M} = \begin{bmatrix} \dfrac{\partial f}{\partial x_1} & \dfrac{\partial f}{\partial y_1} & \dfrac{\partial f}{\partial z_1} & 1 \\ \cdots & \cdots & \cdots & \cdots \\ \dfrac{\partial f}{\partial x_N} & \dfrac{\partial f}{\partial y_N} & \dfrac{\partial f}{\partial z_N} & 1 \end{bmatrix}。$$

若 δx、δy、δz、e_θ 均值为零，其协方差为

$$\boldsymbol{P}_{\delta x_T} = E[\delta \boldsymbol{x}_T \quad \delta \boldsymbol{x}_T^T] = \begin{bmatrix} \sigma_x^2 & \rho\sigma_x\sigma_y & \rho\sigma_x\sigma_\theta \\ \rho\sigma_x\sigma_y & \sigma_y^2 & \rho\sigma_y\sigma_\theta \\ \rho\sigma_x\sigma_\theta & \rho\sigma_y\sigma_\theta & \sigma_\theta^2 \end{bmatrix} \tag{5-19}$$

则 $\boldsymbol{\varepsilon}$ 的协方差为

$$\boldsymbol{P}_\varepsilon = E[\boldsymbol{\varepsilon} \quad \boldsymbol{\varepsilon}^T] = \boldsymbol{M} \cdot \boldsymbol{P}_{\delta x_T} \cdot \boldsymbol{M} \tag{5-20}$$

根据加权最小二乘理论，当已知误差的协方差阵 $\boldsymbol{P}_\varepsilon$ 并取做最小二乘加权阵时，加权最小二乘估计可以写成

$$\delta \boldsymbol{x}_T = [\boldsymbol{H}^T \cdot \boldsymbol{P}_\varepsilon^{-1} \cdot \boldsymbol{H}]^{-1} \cdot \boldsymbol{H}^T \cdot \boldsymbol{P}_\varepsilon^{-1} \cdot \boldsymbol{Z} \tag{5-21}$$

则融合后的目标位置值为

$$\boldsymbol{x} = \boldsymbol{x}_0 + \delta \boldsymbol{x}_T \tag{5-22}$$

协方差为

$$\boldsymbol{P}_x = \boldsymbol{P}_{\delta x_T} = [\boldsymbol{H}^T \cdot \boldsymbol{P}_\varepsilon^{-1} \cdot \boldsymbol{H}]^{-1} \tag{5-23}$$

采用加权最小二乘法对多组传声器测向值进行数据融合，由于利用了误差项的统计信息，故融合结果比不加权的最小二乘法精度高。计算机模拟实验结果也证明了这一点，模拟结果略。

以上讨论了多传声器数据融合方法，由于信息融合方法的引入，目标检测概率、识别正确率及定位和跟踪精度提高，声探测系统的性能得到改善。但是，从系统发展的观点来看，前述理论是不够的。声探测系统必然朝着具有自学习、强的抗干扰及并行处理能力等方向进一步完善，为此，本书将人工神经网络技术用于声探测系统中，得到了一些有益的结论。

5.4　人工神经网络的基本理论及在声探测系统中的应用

人工神经网络是由大量简单的基本元件——神经元相互连接而成的自适应非线性动态系统，每个神经元的结构和功能比较简单，而大量神经元组合产生的系统行为却非常复杂。系统模型可用软件描述，但最终目标是以硬件实现的。

人工神经网络具有大规模并行集体处理能力，及分布式存储、自适应、自联想等特点，可以实现联想、记忆、分类、优化计算等功能。将人工神经网络应用于声探测系统的目标检测、识别、定位等过程中，一方面可以实现快速信号处理，另一方面可以使声探测系统具有"智能"效果。

5.4.1　人工神经网络的基本模型和基本理论

现有的人工神经网络模型已达近百种，且随着应用研究的不断深入，新的模型还在不断出现。根据声探测系统的任务和神经网络的功能，本书采用前向多层人工神经网络实现目标检测、识别及定向。

人工神经网络的最基本处理单元（简写为 PE）是人工神经元，其基本结构和功能如图 5.11 所示。

输入信号来自外部或别的处理单元的输出，表示成向量形式为

$$\boldsymbol{X} = [x_1, x_2, \cdots, x_i, \cdots, x_N]^T \quad i = 1, 2, \cdots, N$$

式中，x_i——第 i 个输入的激励电平；

N——输入数目。

连接到 j 结点的加权 ω_{ij} 表示为加权向量

$$\boldsymbol{\omega}_j = [\omega_{1j}, \omega_{2j}, \cdots, \omega_{ij}, \cdots, \omega_{Nj}]$$

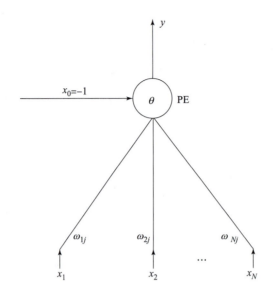

图 5.11 处理单元的基本结构和功能

式中，ω_{ij}——从结点 i（或第 i 个输入点）到结点 j 的加权或 i 与 j 结点之间的连接强度。另外，考虑到内部阈值 θ_j，用 $x_0 = -1$ 的固定偏置输入点表示，其连接强度取 $\omega_{ij} = \theta_j$，于是

$$y_j = f\left[\sum_{i=1}^{N} \omega_{ij} x_i - \theta_j\right] = f[\boldsymbol{\omega}_j \cdot \boldsymbol{X} - \theta_j] \tag{5-24}$$

式中，$f(\cdot)$——转移函数。

转移函数也称激励函数、传输函数或限幅函数，其作用就是将可能的无限域变换到一指定的有限范围内输出，转换函数也有多种形式，如线性函数、限幅函数、S 形函数。

虽然采用单个神经元可以进行信号检测和分类，但更强的信号处理能力来自多个结点连成的网络，即人工神经网络，前向多层人工神经网络通常由输入层、隐含层和输出层组成。隐含层可以一层或多层，如图 5.12 所示。同层的神经元之间没有相互联系，层间的信息传递只沿一个方向进行。每层的输入与输出之间用连接矩阵 $\boldsymbol{\omega}_j$ 表示。

第 k 层第 j 个神经元具有下列输入输出关系：

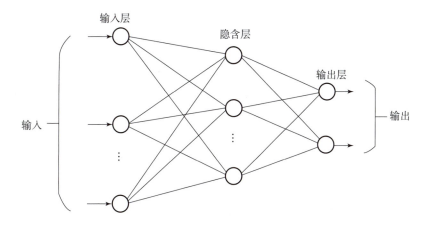

图 5.12　神经网络模型

$$y_j^{(k)} = f_j^{(k)} \left(\sum_{i=1}^{N_{k-1}} \omega_{ij}^{(k-1)} y_i^{(k-1)} - \theta_j^{(k)} \right) \quad (5-25)$$

$$j = 1, 2, \cdots, N_k; \quad k = 1, 2, \cdots, M$$

式中，$\omega_{ij}^{(k-1)}$——第 $k-1$ 层第 i 个神经元到第 j 个神经元的连接权重；

$\theta_j^{(k)}$——第 k 层第 j 个神经元的阈值；

$f_j^{(k)}$——第 k 层神经元的传递函数（所有神经元取同一形式）；

N_k——第 k 层神经元个数；

M——人工神经网络的总层数。

利用式（5-25），可以求出人工神经网络的总输入 $y_1^{(0)}$，$y_2^{(0)}$，$\cdots$，$y_{N_0}^{(0)}$ 与输出 $y_1^{(M)}$，$y_2^{(M)}$，$\cdots$，$y_{N_M}^{(M)}$ 之间的关系式，即人工神经网络完成从 N_0 维欧几里得空间中的子空间 $\boldsymbol{A} = [y_1^{(0)}, y_2^{(0)}, \cdots, y_{N_0}^{(0)}]$ 到 N_M 维欧几里得空间中的子空间 $f(\boldsymbol{A}) = [y_1^{(M)}, y_2^{(M)}, \cdots, y_{N_M}^{(M)}]$ 的映射。而表示这种映射关系的有关信息则分布在各连接权重 ω_{ij} 和阈值 θ_j 上。

在神经网络用于探测系统时，神经网络的先验知识是输入样本和相应的输出矢量，而非准确知道其映射关系，此时，网络的连接权重和阈值可通过求解下列优化问题学习得到

$$\min_{\omega} \sum_{i=1}^{l} \| Y_i^M - \hat{Y}_i^M \|^2 \quad (5-26)$$

其中，输入 $Y_i^0 = [y_{i1}^{(0)}, y_{i2}^{(0)}, \cdots, y_{iN_0}^{(0)}]$；

输出 $Y_i^M = [y_{i1}^{(M)}, y_{i2}^{(M)}, \cdots, y_{iN_M}^{(M)}]$;

$\hat{Y}_i^M = [\hat{y}_{i1}^{(M)}, \hat{y}_{i2}^{(M)}, \cdots, \hat{y}_{iN_M}^{(M)}]$;

$y_{ij}^{(0)}$——第 i 个样本集上输入层第 j 个神经元的输入值;

y_{ij}^M——实际的输出;

$\hat{y}_{ij}^{(M)}$——应有的输出。

权值的学习就是不断地调整 $\{\omega_{ij}\}$,使 $\hat{Y}_i^M$ 和 Y_i^M 的空间距离最小。当网络学习结束时,该网络就具备了从 $A \to f(A)$ 的知识结构,而代表这种知识结构的则是 $\{\omega_{ij}\}$ 和 θ_j。当该网络得到一个输入时,它将根据已有的知识进行相应的工作。下面具体研究人工神经网络在声探测系统中的应用。

5.4.2 基于人工神经网络的目标检测技术

如前所述,在声探测系统中,目标检测可以描述成如图 5.13 所示的检测系统结构。如果似然比计算比较方便,就采用图 5.13(a)所示形式,否则采用图 5.13(b)所示形式,如回归检测方法、高阶统计量检测方法等都是采用图 5.13(b)形式。

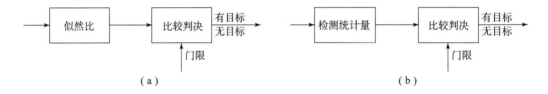

图 5.13 目标检测系统框图

虽然回归检测方法、高阶统计量检测方法不失为目标检测的好方法,但将人工神经网络技术用于目标检测,可以更快地给出检测结果(指用硬件),并使检测系统具有某些智能效果。

根据人工神经网络(Artificial Neural Network,ANN)的特点,本书提出声探测人工神经网络目标检测系统原理如图 5.14 所示。

图 5.14 ANN 目标检测(识别)系统框图

因为目标检测实际上是将传声器输出信号进行分类（一类是有目标信号，另一类是无目标信号），而人工神经网络的基本功能之一就是分类功能，它能够利用"学习"所学到的知识，对输入样本进行分类，所以，上述系统可以实现目标检测。

在图 5.14 中，ANN 相当于检测系统似然比（或检验统计量）计算及比较判决两部分功能。可以采用图 5.15 所示三层前馈型人工神经网络完成图 5.14 所示的 ANN 功能。人工神经网络的输入为矢量 $\boldsymbol{X} = [x_1, x_2, \cdots, x_N]$，输出为 y，因为只需判断目标有或无，只用一个神经元就可以表示。该神经元被激活时，y 为 1，判为 H_1；否则，y 为 0，判为 H_0，隐含层的神经元数目也取为 1。

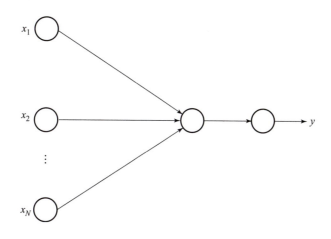

图 5.15　目标检测神经网络

采用 BP（Back Propagation，反向传播）法则，对网络进行训练，训练好的网络，就具有目标检测能力。

用计算机模拟直升机飞行声数据，在不同的信噪比前提下（噪声采用加性高斯噪声），利用图 5.14 所示人工神经网络检测系统进行检测。采用三层人工神经网络，第一层神经元个数 $N = 128$，隐含层个数为 1，输出层神经元取为 1，设定 H_1 为真时，输出单元输出为 0.99，H_0 为真时，输出为 0.01，训练样本为信噪比为 -6 dB 的信号加噪声样本和单纯噪声样本，训练结束时，误差函数 $E < E_0 = 0.01$。

将训练好的网络用于目标检测，若网络输出 $y > 0.5$ 认为有目标存在，否则为无目标存在，则不同信噪比下，检测概率和虚警概率如表 5.2 所示。

表 5.2　人工神经网络检测器在不同信噪比条件下的检测结果（试验 100 次）

信噪比/dB	-14.8	-10	0	无目标	无目标
检测概率/%	76	92	99	89	86

注：表中最后两项实为（1-虚警概率）×100。

从模拟试验可以看出，这种人工神经网络检测器可以进行目标检测。且由于人工神经网络具有并行处理机制，用图 5.14 所示系统可以实现实时检测（如果要改变检测概率和虚警概率的比率，可以改变训练样本）。

相关文献证明，人工神经网络检测系统与似然比检测在高斯噪声背景下具有相同的检测性能，并且人工神经网络检测系统适用于具有任意统计分布的噪声背景，但在非高斯背景下这种检测器的性能与最佳检测器的性能相差较大，即实时处理以牺牲检测性能为代价。

5.4.3　基于人工神经网络的目标识别技术

现有的声探测目标识别系统主要是基于传统的模式识别方法建立起来的，传统模式识别具有算法程序不灵活、数学上严格等特点，将人工神经网络技术用于目标识别可以获得比传统模式识别更优的效果。

对于模式识别方法，可以用映射的概念来理解，即模式识别过程是将模式由模式空间映射到类别空间的过程。

自然界生物所做的模式识别可以看作是一种黑箱式的映射，虽然观察者正确地识别了某个模式并将其分类，但是将这一模式映射到正确的类别空间的过程，却并不清楚，这个过程的细节不为旁人所理解。而传统的模式识别是用明确的表达式来代替这种黑箱式的映射。如图 5.16 所示。

由于传统的模式识别只能区分经明确映射表达式映射后具有可分性的目标类型，适应范围小，对目标的分类能力不强，而人工神经网络的分类功能向自然界生物的模式识别方法迈进了一步，可以区分非线性可分的目标模式。战场中的目标虽然具有各自的特点，但仍存在不易区分的一面，本书将人工神经网络的分类功能用于目标识别之中，结合具有较高价值因子的特征量作为神经网络的输入，可以实现目标的识别。

本书提出的人工神经网络目标识别系统具有如图 5.14 所示的一般形式。

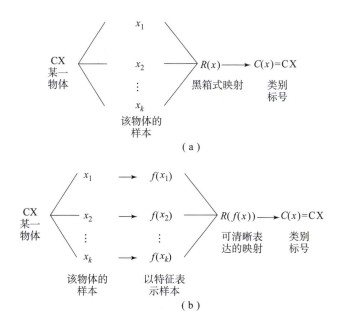

图 5.16 模式识别过程图示

(a) 自然界生物实现的模式识别；(b) 计算机实现的（传统的）模式识别

在图 5.14 中，人工神经网络完成图 5.16（b）中由 $\{f(x_1), f(x_2), \cdots, f(x_k)\}$ 到 $C(x) = \text{CX}$ 的映射过程。ANN 的学习和分类过程可以表示成如图 5.17 所示模型。

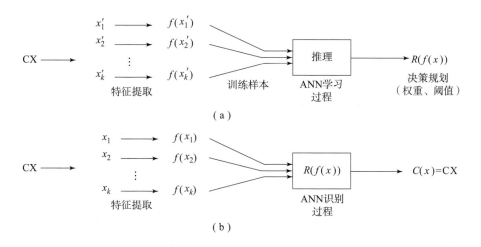

图 5.17 ANN 目标识别模型

(a) 利用已知样本的训练过程；(b) 利用学习到的知识进行分类

人工神经网络的学习过程就在于找出决策规划，在人工神经网络中，决策规则的完成是靠网络学习后各神经元之间的连接权重 ω_{ij} 和神经元的阈值 θ_j 的确定。

如第 3 章所述的坦克目标识别系统，以传声器输出信号的均值和相关函数作为目标识别的特征量，目标分类由三层前馈型神经网络完成，令神经网络输入层神经元个数等于特征个数，输出层神经元个数等于要识别的目标类别数，此处取为 2，即两个输出神经元分别代表坦克和非坦克目标，设定输入为坦克目标类型时，输出层神经元取值为 [0.99, 0.01]，非坦克目标时，输出为 [0.01, 0.99]。

采用 BP 算法对神经网络进行训练，神经元功能函数为 Sigmoid 函数模型。取 24 个训练样本对网络进行训练，经过 346 次的权重修正后，网络误差函数 $E < E_0 = 0.01$，网络的学习过程结束。

利用训练好的神经网络，采用图 5.14 所示识别系统，就可以对坦克和非坦克目标进行识别，识别结果如第 3 章所示。通过坦克目标识别系统实验证明了人工神经网络技术用于声探测系统的可行性，由于人工神经网络的并行计算特点，上述坦克目标识别系统可以达到近于实时的目标识别。

这里说明三点：

（1）特征提取与人工神经网络的训练时间、收敛性及识别效果有很大关系。如果所提取的特征为具有较高价值因子的特征，那么，人工神经网络的训练过程将收敛到全局极小点，且识别准确度高。如坦克目标识别系统，只选择传声器输出信号均值作为特征量，则神经网络不收敛。

（2）人工神经网络进行目标识别时，输出层的输出值不一定与设定的理想值相同，输出值可能在 0.99~0.01 连续取值，人工神经网络目标识别的结果就是输出单元中输出值最大的那个单元所对应的类别。输入样本与训练样本的一致性越好，输出层输出值越接近设定值，否则越远离设定值，这样，可以把输出层的输出值作为一个模糊隶属度，表示输入模式（或样本）相对于各已知类别的隶属程度，也就是说，0.99 代表坦克类型的理想输出值，则当输出为 0.6 时，所输入样本属于坦克类型的程度降低。由此可知，在处理混叠模式方面，人工神经网络目标识别系统相当于传统分类与模糊识别的合成。

（3）基于人工神经网络目标识别系统比传统模式识别专家系统有较强的动态获取能力。传统的专家系统目标识别方法，是先对许多目标具备经验记忆，建立特征库，然后将接收到的目标经过处理后，提取出特征，如果提取出的特征与特征库中的某一目标特征相同，此目标才能被识别出来。这种方法在一定的范围内，的确达到了专家的水平，但它也存在着明显的不足。首先，当任务要求与求解方法不协调时，由于传统的专家系统的知识存储是一一对应的，且限于最低限度，没有冗余性，从而使得它不能对现实环境中大量存在的模糊的、不完整的，甚至带有错误的知识进行处理；其次，是它的动态知识获取能力有限，它无法随现实环境的变化而自动改变。而基于人工神经网络的目标识别系统，由于人工神经网络具有很强的容错性，当输入矢量与人工神经网络学习时的样本不完全相同，或信息不完整，甚至有某些错误时，人工神经网络仍能够正确处理。在坦克目标识别系统目标识别过程中，神经网络的训练样本为根据坦克距传声器 250～100 m 内的数据提取的特征量，但考察其识别性能时，识别样本中包含有坦克距传声器 300 m 处传声器输出信号特征量值，或将某些输入单元值人为地加大或减少，神经网络仍能给出正确的识别结果。人工神经网络的这种性能在目标定位系统可以进一步清楚地看到。

另外，有监督学习的人工神经网络可以根据需要，不断地学习新的知识，存储新的信息，而无监督学习人工神经网络，如自组织特征映射具有自适应、自学习、自组织与联想的功能，具有很好的动态获取知识能力，其他神经网络在声探测系统中的应用还有待于进一步研究。

总之，人工神经网络技术用于目标识别系统是完全可行的，且随着声探测目标识别技术和神经网络技术的不断向前发展，适于战场声探测系统的人工神经网络目标识别技术会得以不断完善。

5.5 人工神经网络技术用于目标的方向角估计

人工神经网络（或简称神经网络）技术除了用于目标检测和目标识别之外，还可以用于目标的方向角估计。

目前，在雷达等领域已有关于信号来向的神经网络研究，这些研究成果对声探测系统中神经网络技术应用的研究具有一定的指导作用。本书根据声探测系统的特性，提出了一种易于软、硬件实现的两神经网络共同用于目标方向估计的系统结构，并用计算机模拟的方法说明了该系统的优越性和可靠性。

采用多层神经网络完成目标方向角估计功能，也是基于神经网络的分类功能，将一定范围内的方向角作为一个类别，神经网络对输入样本进行分类，给出目标方向角估计值。

在神经网络定位系统中，先将空间角度分割成许多细小等分（等分数由传声器个数、信噪比等决定），每一等分由一个神经元来代表，以其稳态的输出表示目标的方向角。如果 X 是传声器阵列经预处理后的包含有方向角信息的矢量，则神经网络的输出矢量 Y 即给出有关目标方向角的估计。

人工神经网络目标声定位系统的原理框图如图 5.18 所示。

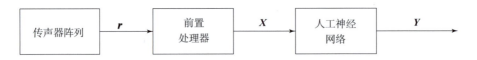

图 5.18　人工神经网络目标声定位系统框图

为了进行目标方向角估计，通常采用传声器阵列接收声波并输出信号，阵列的输出信号中包含了所有可以利用的用于目标方向角估计的信息。如果直接将阵列输出 r 作为神经网络的输入 X，则不利于网络的学习。前置处理部分采用滤波、放大及简单的运算，将变换成能够表征目标方向角信息的矢量 X，在有监督学习所获得的知识结构作用下，ANN 完成 X–Y 的映射，给出关于目标的方向角估计。

图 5.18 所示是一种实际使用的系统。框图中每一部分都可以用硬件来实现。神经网络硬件目前还不成熟，但就使用计算机来实现人工神经网络功能来讲，图 5.18 仍不失为一实用系统。因为图 5.18 所示系统实际工作时，神经网络只是按照学习得到的权重和阈值进行加法和乘法运算，所以，这一部分完全可以用计算机软件来代替，且在神经元数目不是太多时，一般的微型机计算时间在毫秒数量级，这一时间对声探测系统的应用场合是允许的。

人工神经网络目标定向系统仍采用前馈型三层网络，结构如图 5.12 所示。三层神经元的个数分别为 N，K，M，各神经元的输入和输出关系、传递函数等与前述相同。

5.5.1　人工神经网络输入矢量的确定

假设传声器阵列是由 M 个特性相同、无方向性的传声器组成的线阵，目标距离传声器阵列足够远,传声器输出信号为频率为 f_0 的窄带声信号(此信号可使传声器输出信号通过滤波器得到)。选择某一传声器为基准阵元 M_0,M_0 输出的信号为

$$r_0(t) = u_0(t) \cdot \cos(2\pi f_0 t + \alpha_0) + n_0(t) \tag{5-27}$$

式中,$u_0(t)$ ——声信号的幅值包络;

α_0 ——随机初相位;

$n_0(t)$ ——加性噪声。

若不计目标 S 到达 M_0 及到达第 i 个传声器 M_i 的距离差所引起的声信号幅值衰减,M_i 的输出信号为:

$$\begin{aligned} r_i(t) &= u_0(t) \cdot \cos(2\pi f_0 t + \alpha_0 + \varphi_i) + n_i(t) \\ i &= 1, 2, \cdots, M-1 \end{aligned} \tag{5-28}$$

式中,φ_i ——由于 S 到达 M_0 与 M_i 的距离差所引起的相移,并有

$$\varphi_i = 2\pi \cdot \frac{d_i}{\lambda_0} \sin\theta$$

d_i ——传声器间距;

λ_0 ——声波波长;

θ ——目标的方向角。

将式(5-27)、式(5-28)两式写成

$$\begin{aligned} \boldsymbol{r} &= \{r_i(t), i = 0, 1, \cdots, M-1\} \\ &= \{u_0(t) \cdot \cos(2\pi f_0 t + \alpha_0 + \varphi_i) + n_i(t), i = 0, 1, \cdots, M-1\} \end{aligned} \tag{5-29}$$

$\boldsymbol{r}$ 是 $u_0(t)$、f_0、α_0、φ_i 等的函数,不能将 $\boldsymbol{r}$ 直接作为人工神经网络的输入矢量,因为对应于不同的目标方向角,$\boldsymbol{r}$ 有相同的取值空间,人工神经网络不能根据 $\boldsymbol{r}$ 给出方向角的准确估计。

对 $\boldsymbol{r}$ 施以如下变换:

将 $M-1$ 个传声器依基准传声器对称布置,不考虑加性噪声的影响,令

$$x_i = \frac{r_i(t) + r_{i+1}(t)}{2 r_0(t)} \tag{5-30}$$

则

$$x_i = \cos\varphi_i \tag{5-31}$$

这样，x_i 仅与 φ_i 有关，将其作为神经网络的输入，可以有效地减少神经元的数目，并使训练过程收敛于稳定状态。

实际中，由于噪声的存在，将多个 x_i 以及它们的组合作为输入矢量 X：

$$X = [x_0, x_1, \cdots, x_i, \cdots, x_{N-1}] \quad i = 0, 1, \cdots, N-1 \quad (5-32)$$

式中，$x_i = \cos\varphi_i$ 或 $x_i = \cos\varphi_i \cdot \cos\varphi_j$。

由 $r \to X$ 的过程由人工神经网络定位系统的前置处理部分完成，只需简单的加法和除法运算，易于实现。

在一有限时间间隔 T 内，可以认为目标的方向角没有发生变化，经过上述的运算在时间 T 内可得到一系列的 $\cos\varphi_i$ 值，取其均值作为神经网络的输入，可以提高信噪比，改善对目标方向角的估计精度。另外，每个 T 内给出目标方向角的估计，可以获得目标的运动轨迹。

5.5.2 用两个神经网络提高目标定向精度

由 $x_i = \cos\varphi_i = \cos\left(2\pi\dfrac{d_i}{\lambda_0}\sin\theta\right)$ 可以看出，x_i 的取值不仅与目标的方向角 θ 有关，还与 $\dfrac{d_i}{\lambda_0}$ 有关，当 $\dfrac{d_i}{\lambda_0} = 5$ 时，x_i 与 θ 的关系曲线如图 5.19 曲线 A 所示，x_i 与 θ 之间存在多值性。

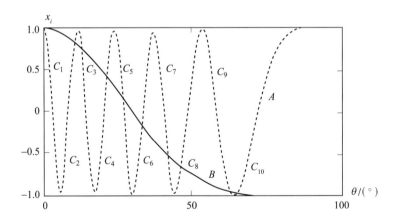

图 5.19 神经网络输入量与目标方向角关系

为了消除多值性，再取 $\dfrac{d_i}{\lambda_0}=0.5$，相应地 x_i 与 θ 的关系如图 5.19 曲线 B 所示。综合这两条曲线特性，采用两个神经网络完成图 5.18 中神经网络的功能。以 B 曲线为基础得到的输入矢量 $\boldsymbol{X}_1$ 输入给神经网络 1 得到对目标方向角的粗略估计。以 A 曲线为基础得到的输入矢量 $\boldsymbol{X}_2$ 输入给神经网络 2 得一目标方向角的精确估计。即对应图 5.18 中 ANN 部分实际为图 5.20 所示。

图 5.20 （a）(b) 的不同在于 (a) 中对应于图 5.19 曲线 A 中 $C_1 \sim C_{10}$ 各段采用同一神经网络 ANN2 完成。利用 $C_1 \sim C_{10}$ 曲线的对称性，根据 $\hat{\theta}_1$ 和 $\hat{\theta}_2$ 可得出 $\hat{\theta}$。而 (b) 是先判断出目标方向角处于 $C_1 \sim C_{10}$ 哪一角度范围，然后再经过与之对应的 ANN2 得出 $\hat{\theta}$。图 5.20 (a) 的计算时间稍短，图 5.20 (b) 的精度则略高一些。

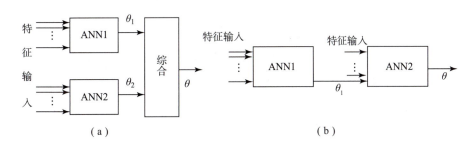

图 5.20　人工神经网络结构

图 5.20 所示系统原理框图可以具体表示成图 5.21 所示结构。

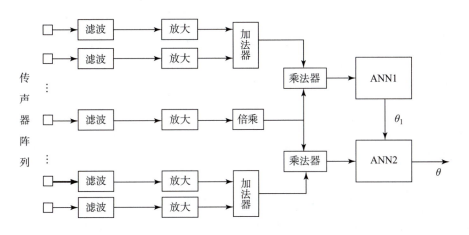

图 5.21　人工神经网络目标声定位系统结构图

5.5.3　计算机模拟实验结果

为了验证上述方法的正确性和可行性，在计算机上进行了模拟计算。传声器个数 $M=13$，沿直线非等间隔对称布置（两组传声器间距分别满足 $\dfrac{d_i}{\lambda_0}=5$ 和 $\dfrac{d_i}{\lambda_0}=0.5$），信噪比为 16 dB。

以图 5.20（b）为例，ANN1 的学习样本为 10 个，θ 值分别为 $C_1\sim C_{10}$ 中对应 $\cos(2\pi\times 5\times\sin\theta)=0$ 的值。输出神经元的取值规则为与方向角方向相应的神经元输出为 0.95，其余为 0.1。

ANN2 的训练样本，对应 $C_1\sim C_{10}$ 各段曲线中的不同 θ 值。以 C_1 为例，将 0°～5.8° 分成 9 等分，0°，0.8°，1.6°，…，6.4°，输出神经元取值规则同 ANN1。将第 9 等分取为 6.4° 的原因是考虑到估计误差的存在。

表 5.3 和表 5.4 为训练好的 ANN1 和 ANN2 在目标定向中的工作情况。信噪比为 16 dB。从这些结果可以看出，声目标人工神经网络定向系统是能够给出目标方向角估计的，且精度较高。

表 5.3　ANN1 目标方向角估计

实际方向角 θ	1.000 0	2.400 0	5.000 0	5.500 0	20.000 0
y_0	0.959 9	0.915 8	0.892 1	0.919 0	0.093 3
y_1	0.041 0	0.199 7	0.274 2	0.158 5	0.097 4
y_2	0.166 0	0.079 2	0.061 2	0.077 9	0.119 0
y_3	0.000 0	0.000 0	0.000 0	0.000 0	0.905 5
y_4	0.056 2	0.172 9	0.103 3	0.030 1	0.137 6
y_5	0.209 4	0.085 3	0.042 3	0.032 0	0.089 9
y_6	0.273 6	0.059 7	0.011 5	0.009 3	0.003 1
y_7	0.149 2	0.059 9	0.089 8	0.220 2	0.078 9
y_8	0.000 0	0.000 1	0.000 4	0.000 2	0.096 7
y_9	0.240 4	0.056 9	0.015 7	0.078 6	0.099 1
估计值 $\hat{\theta}_1$	0°～6°（C_1）	0°～6°	0°～6°	0°～6°	17.5°～24°

表 5.4 ANN2 目标方向角估计

实际方向角 θ	1.000 0	2.400 0	5.000 0	5.500 0
y_0	0.098 5	0.102 2	0.063 1	0.040 7
y_1	0.848 0	0.099 6	0.089 2	0.006 63
y_2	0.295 4	0.099 6	0.089 2	0.006 3
y_3	0.002 8	0.937 9	0.099 7	0.101 6
y_4	0.099 7	0.099 6	0.001 0	0.006 3
y_5	0.001 1	0.080 3	0.101 8	0.099 2
y_6	0.096 4	0.019 4	0.890 0	0.086 2
y_7	0.001 1	0.101 0	0.112 6	0.765 0
y_8	0.112 0	0.000 8	0.186 1	0.345 7
估计值 $\hat{\theta}$	0.8°±0.4°	2.4°+0.4°	4.8°±0.4°	5.6°±0.4°

5.5.4 对几个问题的讨论

1. 传声器个数对目标方向角估计精度的影响

如同本章前面的讨论一样，增加传声器个数，将提高方向角估计精度。

以图 5.20（b）中 ANN2 为例，将 C_1 空间角度划分为 0°，2°，4°，6°等分，输入矢量 X 及输出矢量 Y 的取值规则仍同上述，仅传声器个数发生变化。在三种不同的传声器个数及不同的信噪比条件下，ANN2 对目标方向角的估计如表 5.5 所示。表中，估计正确率是指在 500 次的估计中，目标方向角的估计值在一定精度（±1°）条件下与实际值相吻合的百分比。

表 5.5 传声器个数对方向角估计的影响   %

传声器个数 信噪比	$M=7$	$M=5$	$M=3$
7 dB	86.8	68.0	41.0
16 dB	95.5	89.5	76.5
26 dB	98.0	95.5	90.7

由此也证明了随着传声器个数的增加,估计的正确率提高。或者说,多传声器的神经网络定向系统可以在较低的信噪比下工作。传声器个数的增加,等效于信噪比的增强。

2. 信噪比对估计精度的影响

从传声器个数对方向角估计的影响中,可以间接地看出信噪比的影响。下面给出的模拟结果可以更直观地表现信噪比的提高,方向角估计精度提高的趋势。

将 C_1 曲线按下面三种方式将角度分割:

(1) 0°, 0.8°, 1.6°, …, 6.4°;

(2) 0°, 1°, 2°, …, 6°;

(3) 0°, 2°, 4°, 6°。

在不同的信噪比下,500 次估计的正确率如表 5.6 所示(相应于三种角度分割,$\Delta \hat{\theta}$ 分别为 ±0.4°、±0.5°、±1°)。

表 5.6 信噪比对方向角估计的影响   %

角度分割方式 信噪比	(1)	(2)	(3)
7 dB	65.7	77.7	86.8
16 dB	90.6	93.0	95.5
无噪声	100	100	100

3. 不同的空间角度分割方式对目标方向角估计的影响

在神经网络定向系统中,空间角度的分割方式是由人事先决定的。下面的模拟实验给出了几点有用的建议。

分割方式:

(1) 0°, 0.5°, 1.5°, 2.5°, 3.5°, 4.5°, 5.5°, 6°;

(2) 0°, 2°, 4°, 6°。

在相同的估计精度 ±1° 条件下,500 次估计的正确率如表 5.7 所示。

表 5.7　角度分割方式对方向角估计的影响　　　　　　　　　　%

角度分割方式 信噪比	(1)	(2)
7 dB	85.3	86.8
16 dB	95.3	95.5
无噪声	100	100

从表中所示结果看出，不同的角度分割方式，在相同的估计精度（此估计精度至多等于分割方式中的最低精度）要求下，对目标方向角的估计是基本相同的，但此估计精度不能高于 CR 界，CR 界限制了空间角度分割方式的最多分割等分。

4. 神经网络定向系统具有一定的容错能力

在实际的定向中，误差是难免的。各种随机误差已经以方程（5-28）中的加性噪声 $n_i(t)$ 的形式表现出来。除此之外，实际中还会出现粗大误差，如某一传声器输出过大或过小，甚至输出为零等情况。由于人工神经网络的容错能力使得整个定向系统在一定的误差允许范围内，出现粗大误差时仍能正确工作。这是人工神经网络定向系统显著优于其他系统的又一特点。

在表 5.4 所对应的条件下，在输入矢量 $X=[x_0, x_1\cdots, x_6]$ 中，取 $x_1'=6x_1$ 或 $x_1'=8x_1$ 或 $x_4'=0$ 时，ANN2 仍能给出关于 θ 的正确估计。当 $x_1'=10x_1$ 时，ANN2 不能正确工作。

以上详细论述了人工神经网络在声探测目标检测、识别、定位系统中的应用（因为跟踪系统与定位系统相联系，跟踪系统的定位过程也可以用神经网络实现），由于神经网络的特点，使得神经网络声探测系统具有很多优越性。同时，多传声器数据融合技术可以和神经网络技术同时使用，使声探测系统性能得以不断改善。

第 6 章　球谐波理论及声场球谐域建模

与线阵和面阵相比，球形阵列在三维空间中具有良好的空间对称性，这使得球形阵列非常适合用于对三维空间中的声场信号进行处理。此外，使用球形阵列在球坐标系中将声场分解成球谐函数的展开式，可以将接收信号中频率相关的分量从角度相关的分量中解耦出来，该处理方法也有利于处理宽带源声信号产生的声场。因此，在处理多声源定位问题时利用基于球谐波理论的多球阵列结构是个不错的选择。

本章中，首先讨论平面波展开理论，随后推导对声场进行球谐分解的方法，最后分析声场球谐分解得到的模态强度和球谐函数的性质。为了简化对声波辐射以及散射等相关问题的数理分析，关于声波辐射和散射，我们做出以下四点假设：

（1）假设本书中所有流体和物质均遵守线性方程准则。这一假设可以认为本书全部关于声波传播的讨论都是在较小信号干扰的传播介质中进行，如此一来便于我们建立仿真模型中的信号模型，即实现信号无衰减模型，不考虑信号幅度，仅考虑信号相位。

（2）声场传播接触到的媒质均被假设为同类均匀介质。

（3）假设稳态条件成立，即初始瞬时效应可以忽略不计。

（4）对于散射问题，只考虑同一均匀介质的障碍物对声波的散射效应，不考虑不同障碍物对同一声波的散射效应。

6.1　平　面　波

本节首先引入声波方程和欧拉方程，然后考察声波方程在三维空间中的平面波解，为声场分析建立数学模型。

6.1.1 声波方程和欧拉方程

假设 $p(x, y, z, t)$ 表示无黏性的、均匀流体中传播的声场声压，则声波方程的时域表达式为

$$\nabla^2 p - \frac{1}{c^2}\frac{\partial^2 p}{\partial t^2} = 0 \qquad (6-1)$$

式中，c——声波在介质中的传播速度；

∇^2——拉普拉斯运算符，在不同的坐标系中拉普拉斯运算符具有不同的形式，在直角坐标系中

$$\nabla^2 = \frac{\partial^2}{\partial x^2} + \frac{\partial^2}{\partial y^2} + \frac{\partial^2}{\partial z^2} \qquad (6-2)$$

在线性的且可忽略自身阻力的介质中，欧拉方程的时域表达式为

$$\rho_0 \frac{\partial \boldsymbol{v}}{\partial t} = -\text{grad}(p) \qquad (6-3)$$

式中，ρ_0——介质密度；

$\boldsymbol{v}$——速度矢量，其在直角坐标系中三个坐标轴上的分量分别为 $\dot{u}$，$\dot{v}$，$\dot{w}$，并且满足下式

$$\boldsymbol{v} = \dot{u}\mathbf{i} + \dot{v}\mathbf{j} + \dot{w}\mathbf{k} \qquad (6-4)$$

式中，$\mathbf{i}$，$\mathbf{j}$，$\mathbf{k}$——x，y，z 轴的单位方向矢量；

grad——梯度运算符，可由单位矢量来定义，则

$$\text{grad} = \frac{\partial}{\partial x}\mathbf{i} + \frac{\partial}{\partial y}\mathbf{j} + \frac{\partial}{\partial z}\mathbf{k} \qquad (6-5)$$

在式（6-3）中，该运算符作用于声场声压 p 时的表达式为

$$\text{grad}(p) = \frac{\partial p}{\partial x}\mathbf{i} + \frac{\partial p}{\partial y}\mathbf{j} + \frac{\partial p}{\partial z}\mathbf{k} \qquad (6-6)$$

本书中，我们已经将初始状态假设为稳定状态，因此所有的时域分析均可以通过傅里叶变换转变到频域进行。因此有

$$\mathcal{F}\left(\frac{\partial p(t)}{\partial t}\right) = -\mathrm{j}w\overline{p}(w) \qquad (6-7)$$

式中，$\mathcal{F}$——傅里叶变换运算。

将式（6-7）应用于时域声波方程（6-1）进行傅里叶变换，可得亥姆霍兹（Helmholtz）方程如下

$$\nabla^2 \bar{p} + k^2 \bar{p} = 0 \qquad (6-8)$$

式中，k——声波波数，$k = w/c = 2\pi f/c$；

$\bar{p}$——频域声压。

将式（6-7）应用于时域欧拉方程式（6-3）进行傅里叶变换，可得其频域表达式为

$$jw\rho_0 \boldsymbol{v} = \text{grad}(\bar{p}) \qquad (6-9)$$

6.1.2 三维空间中的平面波

这一小节我们通过声波方程来求平面波的解，即在频域中求式（6-8）亥姆霍兹方程的解。在三维空间中，考虑如下形式的解

$$\bar{p}(w) = A(w) e^{j(k_x x + k_y y + k_z z)} \qquad (6-10)$$

式中，$A(w)$——任意常数。只要下式成立，这个解就满足方程（6-8）

$$k^2 = k_x^2 + k_y^2 + k_z^2 \qquad (6-11)$$

构造矢量 $\boldsymbol{k} = k_x \mathbf{i} + k_y \mathbf{j} + k_z \mathbf{k}$，其中 $|\boldsymbol{k}| = k$，且

$$\begin{cases} k_x = k\sin\theta\cos\phi \\ k_y = k\sin\theta\sin\phi \\ k_z = k\cos\theta \end{cases} \qquad (6-12)$$

式中，θ 和 ϕ 分别表示平面波传播方向在直角坐标系中的俯仰角和方位角（见图6.1），且将式（6-12）中的矢量 $\boldsymbol{k}$ 的各分量代入式（6-11）中，方程（6-11）依然成立。那么矢量 $\boldsymbol{k}$ 的指向即为平面波的传播方向。这是一个完全通用的结论，任何平面波的传播方向都可以由矢量 $\boldsymbol{k} = k_x \mathbf{i} + k_y \mathbf{j} + k_z \mathbf{k}$ 确定，且有 $|\boldsymbol{k}| = k = w/c = 2\pi f/c = 2\pi/\lambda$，其中 f 表示声源信号的频率，c 为声速，λ 为波长。

将矢量 $\boldsymbol{k}$ 代入方程（6-10）中，则方程（6-10）

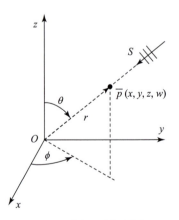

图6.1 声场入射到直角坐标系示意图

可以被重写为

$$\bar{p}(w) = A(w)e^{j(\boldsymbol{k}\cdot\boldsymbol{r})} \quad (6-13)$$

式中，$\boldsymbol{r} = x\mathbf{i} + y\mathbf{j} + z\mathbf{k}$，表示声场中观察点处的位置矢量，矢量 $\boldsymbol{k}$ 给出了波的传播方向，本书我们将矢量 $\boldsymbol{k}$ 称为"波矢"。

式（6-13）表示平面波作为声波方程在频域中的解，但它并没有包含时间变量。为了考察平面波对时间的相互关系，我们通过傅里叶逆变换将频域中的解转换到时域中去。由于稳态声场中，平面波仅对于单个频率才有意义，因此将式（6-13）中的任意常量表示为

$$A(w) = 2\pi B(w)\delta(w - w_0) \quad (6-14)$$

将式（6-14）代入式（6-13），则有

$$\bar{p}(w) = 2\pi B(w)\delta(w - w_0)e^{j(\boldsymbol{k}\cdot\boldsymbol{r})} \quad (6-15)$$

式中，δ 函数表示时间依赖的单频特性。

将上式进行傅里叶逆变换，可得在频率 w_0 处的平面波的时域表达式为

$$p(t) = B(w_0)e^{j(\boldsymbol{k}\cdot\boldsymbol{r} - w_0 t)} \quad (6-16)$$

式中，$|\boldsymbol{k}| = k = w_0/c$。

6.2 球 面 波

本节主要论述了球坐标系（三维空间球面坐标系）下的声场声压表达式。

6.2.1 球坐标系中声波方程的通解

球坐标系如图 6.2 所示，定义球坐标系中的方向 $\Omega = (\theta, \phi)$，其中俯仰角 θ 沿 z 轴向下测得，方位角 ϕ 在 xOy 平面上沿 x 轴逆时针测得；r 表示球坐标系原点到测量点之间的距离。那么球坐标系中任意一个测量点的方位均可以使用 (r, θ, ϕ) 来表示。下面分别给出球坐标系和直角坐标系相互转换的关系式，其中球坐标系转换为直角坐标系的转换式为

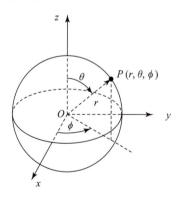

图 6.2 三维空间球面坐标系示意图

$$\begin{cases} x = r\sin\theta\cos\phi \\ y = r\sin\theta\sin\phi \\ z = r\cos\theta \end{cases} \qquad (6-17)$$

直角坐标系转换为球坐标系的转换式为

$$\begin{cases} r = \sqrt{x^2 + y^2 + z^2} \\ \theta = \arctan(\sqrt{x^2 + y^2}/z) \\ \phi = \arctan(y/x) \end{cases} \qquad (6-18)$$

那么时域声波方程（6-1）在球坐标系中的表达式为

$$\frac{1}{r^2}\frac{\partial}{\partial r}\left(r^2\frac{\partial p}{\partial r}\right) + \frac{1}{r^2\sin\theta}\frac{\partial}{\partial\theta}\left(\sin\theta\frac{\partial p}{\partial\theta}\right) + \frac{1}{r^2\sin^2\theta}\frac{\partial^2 p}{\partial\phi^2} - \frac{1}{c^2}\frac{\partial^2 p}{\partial t^2} = 0 \qquad (6-19)$$

该声波方程的一个任意解，可以用一个隐含 $e^{-j\omega t}$ 的表达式来表示。对于驻波类型的解有

$$p(r,\theta,\phi,w) = \sum_{n=0}^{\infty}\sum_{m=-n}^{n}[A_{nm}j_n(kr) + B_{nm}y_n(kr)]Y_{nm}(\theta,\phi) \qquad (6-20)$$

式中，A_{nm} 和 B_{nm} 均为复常数；$j_n(kr)$ 和 $y_n(kr)$ 分别为第一类和第二类球贝塞尔函数；$Y_{nm}(\theta,\phi)$ 表示 n 阶 m 维度的球谐函数，且

$$Y_{nm}(\Omega) = \sqrt{\frac{2n+1}{4\pi}\frac{(n-|m|)!}{(n+|m|)!}}P_{nm}(\cos\theta)e^{jm\phi} \qquad (6-21)$$

式中，$P_{nm}(\cos\theta)$ 表示缔合勒让德函数。

对于行波类型的解有

$$p(r,\theta,\phi,w) = \sum_{n=0}^{\infty}\sum_{m=-n}^{n}[C_{nm}h_n^{(1)}(kr) + D_{nm}h_n^{(2)}(kr)]Y_{nm}(\theta,\phi) \qquad (6-22)$$

式中，C_{nm} 和 D_{nm} 均为复常数；$h_n^{(1)}(kr)$ 和 $h_n^{(2)}(kr)$ 均为球汉克尔函数，且有 $h_n^{(1)}(kr) \propto e^{jkr}$ 表示一个辐射出去的声波，$h_n^{(2)}(kr) \propto e^{-jkr}$ 表示一个入射进来的声波。实际应用中根据声源的位置来决定是保留其中一个解，还是两个均保留。

在图 6.3 中给出了声源外部域的示意图，图中半径为 a 的球面所围成的区域表示将声源 S 完全包含在内的最小的区域；有效区域是指声源辐射的外部域中声压可测量

的区域。位于坐标原点处且尺寸有限的声源辐射出的声压场的表达式可以由表示去波的球汉克尔函数来表示

$$p(r,\theta,\phi,w) = \sum_{n=0}^{\infty}\sum_{m=-n}^{n} C_{nm}(w) h_n^{(1)}(kr) Y_{nm}(\theta,\phi) \qquad (6-23)$$

当系数 C_{nm} 确定之后，辐射的声压场就可以完全确定了。

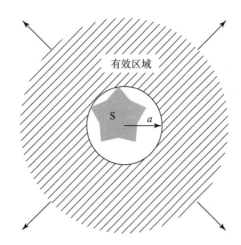

图 6.3　外部域问题，所有的声源均位于半径为 a 的球面所围成的区域之内

对于内部域的问题，所测量的声源均位于半径为 b 的球面包含的区域之外，如图 6.4 所示。图中有效区域是指声源辐射的内部域中声压可测量的区域。这时，声波方程的解应该包括在原点处取有限值的径向函数，故内部域声场声压的通解为

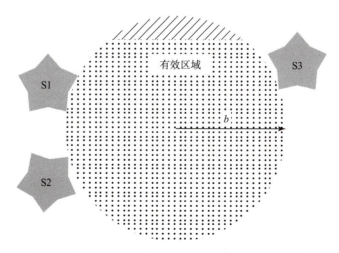

图 6.4　内部域问题，所有的声源均位于半径为 b 的球面所围成的区域之外

$$p(r,\theta,\phi,w) = \sum_{n=0}^{\infty}\sum_{m=-n}^{n} A_{nm}(w) j_n(kr) Y_{nm}(\theta,\phi) \qquad (6-24)$$

6.2.2 三维空间声场的球面散射

本节主要研究了三维空间中球形表面对于平面波的散射模型。其中球形表面包括开放球表面和刚性球表面。如图 6.5 所示，一个来自 $\boldsymbol{k}_s$ 方向幅度值为 P_0 的平面波入射的球形散射模型，该平面波的时域表达式可写为

$$p_s(\boldsymbol{r},t) = P_0 \mathrm{e}^{\mathrm{j}(\boldsymbol{k}_s \cdot \boldsymbol{r} - wt)} \qquad (6-25)$$

式中，$p_s(\boldsymbol{r},t)$——t 时刻，球坐标系中观察点 $\boldsymbol{r}$ 处的平面波入射声压。

观察点 $\boldsymbol{r}$ 在直角坐标系中的表达式变为

$$\boldsymbol{r} = [r\sin\theta_l\cos\phi_l,\ r\sin\theta_l\sin\phi_l,\ r\cos\theta_l]^{\mathrm{T}}$$

$\Omega_l = (\theta_l,\phi_l)$ 表示观察点的方向。

平面波传播方向矢量 $\boldsymbol{k}_s = (k_s\sin\theta_s\cos\phi_s,\ k_s\sin\theta_s\sin\phi_s,\ k_s\cos\theta_s)$，$\Omega_s = (\theta_s,\phi_s)$ 表示球坐标系中平面波的入射方向。

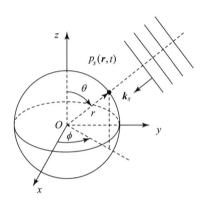

图 6.5 平面波声场的球面散射模型

通过傅里叶变换将时域入射声压 $p_s(\boldsymbol{r},t)$ 转换到频域中有

$$p_s(\boldsymbol{r},w) = P_0 \mathrm{e}^{\mathrm{j}(\boldsymbol{k}_s \cdot \boldsymbol{r})} \qquad (6-26)$$

该式即为球坐标系中平面波的数学表达式。

在研究声场的散射问题中，总的声场声压可以被分成入射声场和散射声场两个部分，所以总声场声压 $p_t(\boldsymbol{r})$ 可以表示为

$$p_t(\boldsymbol{r}) = p_s(\boldsymbol{r}) + p_i(\boldsymbol{r}) \qquad (6-27)$$

式中，$p_s(\boldsymbol{r})$——入射声场声压；

$p_i(\boldsymbol{r})$——散射声场声压。

实际声场测试中，总的声场声压 $p_t(\boldsymbol{r})$ 表示在球形阵列表面 $\boldsymbol{r}$ 处由声传感器测得的声压；入射声场声压 $p_s(\boldsymbol{r})$ 是指球形阵列不存在时或者为开放球形阵列时由声传感器测得的球面 $\boldsymbol{r}$ 处的声压，该值与散射无关；而 $p_i(\boldsymbol{r})$ 是指当球形阵列为刚性球或其他可引起入射声波散射时测得的散射声场声压。如果 $p_i(\boldsymbol{r})$ 为 0 则表明球形阵列完全没有散射，入射声波可以透射而过。

为了建立声场声压的数学模型，我们需要在球的表面描述入射声场。上一小节中我们讨论了球坐标系中的声波方程，给出了球面上入射声场的数学表达式，即方程（6-23）和方程（6-24）。实际声源测试中，我们假设入射声源为平面波，也就是将声源设置到无限远处，那么可以认为在上节中所描述的声场内部域的模型和本节中的入射声场模型是一致的。因此入射声场声压 $p_s(\boldsymbol{r})$ 可以用方程（6-28）来表示

$$p_s(\boldsymbol{r},w) = P_0 \sum_{n=0}^{\infty} \sum_{m=-n}^{n} A_{nm}(w) j_n(kr) Y_{nm}(\theta_l,\phi_l) \tag{6-28}$$

联合方程（6-26）和方程（6-28）可以解得入射声场的展开式为

$$p_s(\boldsymbol{r},w) = P_0 \mathrm{e}^{\mathrm{j}(\boldsymbol{k}_s \cdot \boldsymbol{r})} = P_0 \sum_{n=0}^{\infty} \sum_{m=-n}^{n} 4\pi \mathrm{j}^n j_n(kr) Y_{nm}^*(\theta_s,\phi_s) Y_{nm}(\theta_l,\phi_l) \tag{6-29}$$

上式即为开放球形阵列的总声场声压表达式。当使用刚性球形阵列进行声场声压采集时，入射到球形阵列的声波会在刚性球的表面发生散射。该散射声场模型类似于上节中所描述的声场外部域的模型，可以用方程（6-30）来表示

$$p_i(\boldsymbol{r},w) = P_0 \sum_{n=0}^{\infty} \sum_{m=-n}^{n} C_{nm}(w) h_n^{(1)}(kr) Y_{nm}(\theta_l,\phi_l) \tag{6-30}$$

对于一个半径为 a 的刚性球形阵列，其球面上任意一点的径向速度均为零。该径向速度表示总的径向速度，包括入射和散射声场。这时边界条件可以表示为

$$\boldsymbol{v}_t(a,\theta_l,\phi_l) = \boldsymbol{v}_s(a,\theta_l,\phi_l) + \boldsymbol{v}_i(a,\theta_l,\phi_l) = 0 \tag{6-31}$$

利用欧拉方程，上式可以重写为

$$\frac{\partial}{\partial r}[p_s(r,\theta_l,\phi_l) + p_i(r,\theta_l,\phi_l)]\Big|_{r=a} = 0 \tag{6-32}$$

式中，入射声场 $p_s(r,\theta_l,\phi_l)$ 的展开式即为方程（6-29）。因此联合方程（6-29）、方程（6-30）和方程（6-32）可得

$$C_{nm}(w) = -4\pi \mathrm{j}^n \frac{j_n'(ka)}{h_n'(ka)} Y_{nm}^*(\theta_s,\phi_s) \tag{6-33}$$

式中，$j'_n(ka)$——球贝塞尔函数的一阶导数；

$h'_n(ka)$——第一类球汉克尔函数的一阶导数；为了描述方便，本书之后的 $h_n(kr)$ 均表示第一类球汉克尔函数 $h_n^{(1)}(kr)$。

因此刚性球表面散射声场的展开式为

$$p_i(\boldsymbol{r}, w) = P_0 \sum_{n=0}^{\infty} \sum_{m=-n}^{n} -4\pi j^n \frac{j'_n(ka)}{h'_n(ka)} h_n(kr) Y_{nm}^*(\theta_s, \phi_s) Y_{nm}(\theta_l, \phi_l) \quad (6-34)$$

综上，半径为 a 的刚性球表面总声场声压表达式为

$$p_t(\boldsymbol{r}) = P_0 \sum_{n=0}^{\infty} \sum_{m=-n}^{n} 4\pi j^n \left(j_n(kr) - \frac{j'_n(ka)}{h'_n(ka)} h_n(kr) \right) Y_{nm}^*(\theta_s, \phi_s) Y_{nm}(\theta_l, \phi_l)$$

$$(6-35)$$

通过比较开放球形阵列和刚性球形阵列的总声场声压式（6-29）和式（6-35），可以将其简化为

$$p_t(\boldsymbol{r}) = P_0 \sum_{n=0}^{\infty} \sum_{m=-n}^{n} b_n(kr) Y_{nm}^*(\theta_s, \phi_s) Y_{nm}(\theta_l, \phi_l) \quad (6-36)$$

式中，$b_n(kr)$ 称为模态强度（Modal strength），且有

$$b_n(kr) = \begin{cases} 4\pi j^n \times j_n(kr), & \text{开放球} \\ 4\pi j^n \times \left(j_n(kr) - \frac{j'_n(ka)}{h'_n(ka)} h_n(kr) \right), & \text{刚性球} \end{cases} \quad (6-37)$$

由方程（6-36）可以得出，声场声压的球谐函数展开式实现了对接收信号中频率相关的分量和角度相关的分量相互解耦。式中模态强度 $b_n(kr)$ 即为频率分量，该值的大小由测量声场的球面对应的半径 r 和声源信号的频率 f 共同决定。实际阵列测量中球形阵列的半径是固定的，故该值的大小仅与声源信号的频率有关。图 6.6 和图 6.7 分别给出了开放球和刚性球的模态强度 $b_n(kr)$ 随自变量 kr 变化的幅度图。其中在绘制图 6.7 刚性球的模态强度时，我们取 $r=a$，即测量的是刚性球表面上的声场。

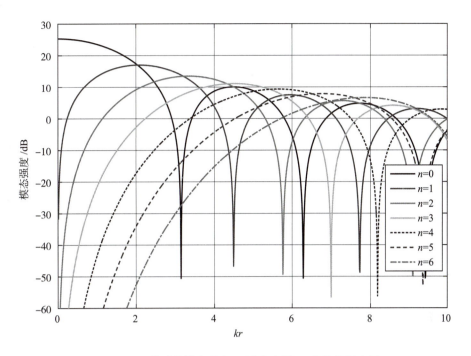

图 6.6 开放球的模态强度 b_n 随自变量 kr 变化的幅度图

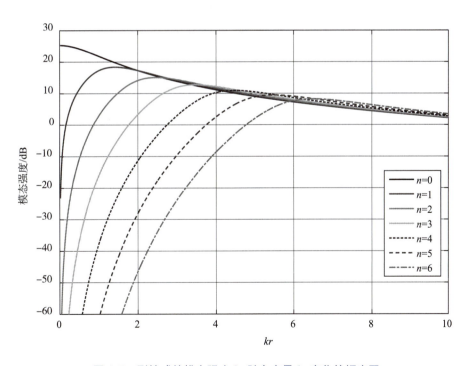

图 6.7 刚性球的模态强度 b_n 随自变量 kr 变化的幅度图

6.2.3 球谐函数

假定在球坐标系中，函数 $f(\Omega)$ 在单位球上平方可积，那么函数 $f(\Omega)$ 的球傅里叶变换可由下式给出，其中 f_{nm} 表示球傅里叶系数。

$$f_{nm} = \int_{\Omega \in S^2} f(\Omega) Y_{nm}^*(\Omega) \mathrm{d}\Omega \qquad (6-38)$$

$$f(\Omega) = \sum_{n=0}^{\infty} \sum_{m=-n}^{n} f_{nm} Y_{nm}(\Omega) \qquad (6-39)$$

式（6-38）和式（6-39）分别表示正向和逆向球傅里叶变换；S^2 表示覆盖单位球面的整个表面积，且积分 $\int_{\Omega \in S^2} \mathrm{d}\Omega = \int_0^{2\pi} \int_0^{\pi} \sin\theta \mathrm{d}\theta \mathrm{d}\phi$；$n$ 阶 m 维度球谐函数 $Y_{nm}(\Omega)$ 在方程（6-21）已经定义过，且

$$Y_{nm}(\Omega) = \sqrt{\frac{2n+1}{4\pi} \frac{(n-|m|)!}{(n+|m|)!}} P_{nm}(\cos\theta) \mathrm{e}^{jm\phi} \qquad (6-40)$$

图 6.8 中给出了球坐标系中 0~3 阶球谐函数 $Y_{nm}(\Omega)$ 实部的三维图。从图中可以看出：类似于傅里叶变换是将二维空间中任意的一个波形分解为不同幅度、频率、相位的正弦波的叠加，球傅里叶变换则是将三维空间中任意一个波形分解为不同幅度、阶数、维度的球谐波（球谐函数）的叠加。类似于三角函数，球谐函数本身具有正交性且满足

$$\int_{\Omega \in S^2} Y_{n'm'}(\Omega) Y_{nm}^*(\Omega) \mathrm{d}\Omega = \delta_{n-n'} \delta_{m-m'} \qquad (6-41)$$

其中 $\delta_{n-n'}$ 表示克罗内克 δ 函数。我们知道对于任何完备的正交函数集 $U_n(\xi)$，都满足以下关系

$$\sum_{n=1}^{\infty} U_n^*(\xi') U_n(\xi) = \delta(\xi' - \xi) \qquad (6-42)$$

将球谐函数代入上式中，可得

$$\sum_{n=0}^{\infty} \sum_{m=-n}^{n} Y_{n'm'}(\theta, \phi) Y_{nm}^*(\theta', \phi') = \delta(\phi - \phi') \delta(\cos\theta - \cos\theta') \qquad (6-43)$$

该式在球谐函数的三维波束成形中已被广泛使用。

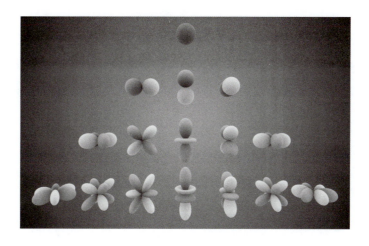

图 6.8 球坐标系中球谐函数实部的三维图（0~3 阶）

6.3 基于球形阵列的声场球谐分解及其性能分析

在这一节中，首先设计了球形结构的麦克风阵列，这里我们称为球麦克风阵列（Spherical Microphone Array，SMA），然后通过结合本章前面各节介绍的声场理论基础来研究基于球麦克风阵列的声场分解，最后对声场球谐分解进行了误差分析。

6.3.1 球麦克风阵列的设计

使用球麦克风阵列进行声场的空间采样中，特别是球形阵列执行的空间采样是定义在一个球体上的函数（这里特指声场声压），球形阵列孔径不可能覆盖整个球面，而是通过使用离散地分布在球形阵列表面上的声传感器来采集声场声压。因此式（6-38）中通过球面积分来计算球傅里叶系数 f_{nm} 是不可能实现的。实际应用中，假设球面均匀分布 L 个全指向麦克风，那么球傅里叶系数 f_{nm} 的离散求和表达式为

$$\hat{f}_{nm} = \sum_{l} \alpha_l f(\Omega_l) Y_{nm}^*(\Omega_l) \tag{6-44}$$

式中，l——整个采样点集，$l = 1, 2, \cdots, L$；

α_l——将方程由积分转换为求和的近似系数。

将方程（6-44）代入（6-39）到方程中，则方程（6-39）能够成立（即能够实现准确采样）的前提是要满足下式

$$\sum_l \alpha_l Y_{n'm'}(\Omega_l) Y_{nm}^*(\Omega_l) = \delta_{n-n'}\delta_{m-m'} \qquad (6-45)$$

方程（6-45）可被看作是方程（6-41）球谐函数正交性的离散求和形式的表达式。那么由方程（6-44）和方程（6-39）定义的球傅里叶变换对应的帕塞瓦尔定理可以写为

$$\sum_l \alpha_l |f(\Omega_l)|^2 = \sum_{n=0}^{N}\sum_{m=-n}^{n} |f_{nm}|^2 \qquad (6-46)$$

式中，N 表示球傅里叶系数 f_{nm} 不为零的最高阶数。

下面我们定义一个由 L 个全指向麦克风组成的球形阵列的球谐函数矩阵 $\boldsymbol{Y}(\Omega_L) \in \boldsymbol{C}^{L \times (N+1)^2}$，写为

$$\boldsymbol{Y}(\Omega_L) = \begin{bmatrix} Y_{00}(\Omega_1) & Y_{1-1}(\Omega_1) & Y_{10}(\Omega_1) & Y_{11}(\Omega_1) & \cdots & Y_{NN}(\Omega_1) \\ Y_{00}(\Omega_2) & Y_{1-1}(\Omega_2) & Y_{10}(\Omega_2) & Y_{11}(\Omega_2) & \cdots & Y_{NN}(\Omega_2) \\ \vdots & \vdots & \vdots & \vdots & \vdots & \vdots \\ Y_{00}(\Omega_L) & Y_{1-1}(\Omega_L) & Y_{10}(\Omega_L) & Y_{11}(\Omega_L) & \cdots & Y_{NN}(\Omega_L) \end{bmatrix}$$

$$(6-47)$$

那么方程（6-45）可以用球谐函数矩阵表达为

$$\boldsymbol{Y}^H(\Omega_L) \times \boldsymbol{V} \times \boldsymbol{Y}(\Omega_L) = \boldsymbol{I}_{(N+1)^2} \qquad (6-48)$$

式中，$\boldsymbol{I}_{(N+1)^2} \in \boldsymbol{C}^{(N+1)^2 \times (N+1)^2}$，表示单位矩阵；

$\boldsymbol{V} \in \boldsymbol{C}^{L \times L}$，表示权重因子的对角矩阵，且

$$\boldsymbol{V} = \text{diag}(\alpha_1, \alpha_2, \cdots, \alpha_L) \qquad (6-49)$$

方程（6-48）给出了球谐函数正交性的矩阵表达式。在实际球形阵列设计中，该式可以方便地用来验证所设计的表面均匀分布 L 个麦克风的球形阵列的球谐函数 $Y_{nm}(\Omega_l)(l=1,2,\cdots,L)$ 的正交性，以及确定实际阵列中球谐分解的最高阶数 N 的值。

我们定义：如果可以用空间样本集采集的数据无误差地计算球傅里叶系数，那么这个采样方案可以被认为是精确的。结合前面分析可知：决定球麦克风阵列空间采样性能的因素主要是球面上麦克风的分布方式以及麦克风的数量。下面讨论几种采样方案，它们实现了在所需麦克风数量和简单的排布方式之间的权衡与折中。

1. 等角度采样

相关文献提出了球上带限函数的采样理论（当 $n > N$，$f_{nm} = 0$），该采样理论需要

$4(N+1)^2$ 个采样点,即俯仰角 θ 和方位角 ϕ 均匀地分布在 $2(N+1)$ 的位置,例如:$\theta_j = \pi j/(2N+2)$,$j = 0$,$\cdots$,$2N+1$,同时 $\phi_k = 2\pi k/(2N+2)$,$k = 0$,$\cdots$,$2N+1$。在这种情况下,球傅里叶变换可由下式给出

$$f_{nm} = \sum_{j=0}^{2N+1} \sum_{k=0}^{2N+1} \alpha_j f(\theta_j, \phi_k) Y_{nm}^*(\theta_j, \phi_k) \qquad (6-50)$$

其中,权重因子 α_j 是为补偿密集网格附近的极点而被引入。等角度采样方案满足奈奎斯特采样条件。该等角度采样方案的优点是规则的角度差异。当空间样本是由旋转麦克风采集时这是非常有用的。例如,在一个通过机械旋转获得对应俯仰角 θ 和方位角 ϕ 的样本时具有简单的相同的步骤优势。和其他采样方案相比,该方案的缺点是需要大量的采样点。

2. 高斯采样

本节中描述的高斯采样方案只需要 $2(N+1)^2$ 个样本,即等角度采样方案的一半。方位角 ϕ 的采样在 $2(N+1)$ 的等角位置和在等角度采样方案中样本位置一致,但俯仰角 θ 只需要 $N+1$ 个样本,这样相邻的两个采样点之间的方位角和俯仰角几乎是相等的。球傅里叶变换可由下式给出

$$f_{nm} = \sum_{j=0}^{N} \sum_{k=0}^{2N+1} \alpha_j f(\theta_j, \phi_k) Y_{nm}^*(\theta_j, \phi_k) \qquad (6-51)$$

其中,θ_j 的样本被作为勒让德多项式 $N+1$ 维度的零点使得 $P_{N+1}(\cos\theta_j) = 0$,$j = 0$,$\cdots$,$N$。因为方程(6-48)中的多项式的维度数不大于 $2N$,故这种选择可以确保满足方程(6-48)中的采样条件,然后可以计算满足采样条件的权重因子 α_j。高斯采样方案的优点是减少了给定的阶数 N 的样本点数。缺点是沿俯仰角 θ 非等间距分布,使得麦克风在机械旋转和等步长旋转时存在不便。

3. 均匀采样

关于均匀采样,首先我们定义"均匀":离散估计球面积分时最合适的采样点。其他可能的定义还有:最大化任意两点间的最小距离,球面上的同性电荷能量最低时的分布。这其实是有趣的球面编码(spherical code)问题。球面编码是指:单位球面上的 N 个点,其中任意两点之间球面距离(可理解为夹角)不小于给定值。或者理解为:给定点数,问球面编码中的最小夹角最大是多少。对此没有一般的答案。文献中已经

证明均匀采样时的采样点数量至少为 $(N+1)^2$。但是，在实际采样中许多例子表明当选择相等的权重因子 α_j 时，采样点数是大于 $1.5(N+1)^2$ 的。对此，当球面上麦克风分布的位置确定时，可以通过将其代入方程（6-51）来验证是否满足给定的最高阶数下的球谐函数的正交性。均匀采样方案的优点是采样点数少，缺点是正如在高斯采样方案中，非等角位置分布存在潜在的不便。

6.3.2 基于球形阵列的声场球谐分解

1. 声场的时间-空间域模型

基于前一小节中球麦克风阵列的设计，本节中给出一个开放球麦克风阵列几何模型，如图 6.9 所示。该开放球麦克风阵列由球面上均匀分布着 L 个全指向的声压麦克风组成，且开放球的半径为 r。其中第 l 个麦克风所在方向为 $\Omega_l = (\theta_l, \phi_l)$ $(l=1, 2, \cdots, L)$，在空间直角坐标系中第 l 个麦克风的位置矢量表示为：$\boldsymbol{r}_l = (x_l, y_l, z_l)^\mathrm{T} = (r\sin\theta_l\cos\phi_l, r\sin\theta_l\sin\phi_l, r\cos\theta_l)^\mathrm{T}$。

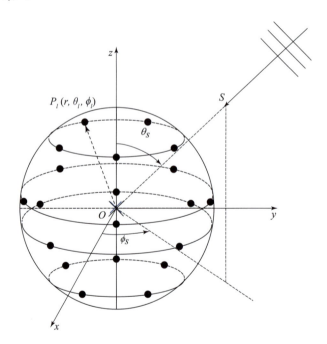

图 6.9 开放球麦克风阵列几何模型（图中球面上均匀分布 20 个麦克风）

注：本书中所有的方位角 ϕ 均在 xOy 平面沿 x 轴逆时针测得，所有的俯仰角 θ 均沿 z 轴向下测得。

假设有 S 个宽带源平面波入射到阵列，其中第 s 个平面波的波达方向为 $\Omega_s = (\theta_s, \phi_s)(s = 1, 2, \cdots, S)$。那么第 s 个平面波的波矢可被表示为 $\boldsymbol{k}_s = (k_s\sin\theta_s\cos\phi_s, k_s\sin\theta_s\sin\phi_s, k_s\cos\theta_s)$。球形阵列上的第 l 个麦克风接收的宽带源声压信号的时间 – 空间域模型可以写为

$$p_l(t) = \sum_{s=1}^{S} s_s\left[t + \tau_l(\theta_s, \phi_s)\right] + n_l(t) \tag{6-52}$$

式中，$s_s(t)(s=1,2,\cdots,S)$ 表示第 s 个声源入射信号随时间 t 变化的幅度，$n_l(t)$ 表示麦克风接收信号中的加性噪声，$\tau_l(\theta_s, \phi_s)$ 表示第 s 个声源入射信号到达第 l 个麦克风与到达球形阵列球心点处的时间差，可以通过下式计算：

$$\tau_l(\theta_s, \phi_s) = \frac{\Delta\lambda}{c} = \frac{1}{c}(x_l\sin\theta_s\cos\phi_s + y_l\sin\theta_s\sin\phi_s + z_l\cos\theta_s) \tag{6-53}$$

式中，$\Delta\lambda$——第 l 个麦克风所在位置与球形阵列球心点处在入射方向 (θ_s, ϕ_s) 上的波程差；

c——声速。

2. 声场的频率 – 空间域模型

傅里叶变换的时移定理表明信号时移后的傅里叶变换等于信号傅里叶变换的相位延迟。假设 $s(t)$ 的傅里叶变换表示为 $s(f)$，即

$$\mathcal{F}[s(t)] = s(f) \tag{6-54}$$

那么 $s(t-\tau)$ 的傅里叶变换为

$$\mathcal{F}[s(t-\tau)] = s(f)\,\mathrm{e}^{j2\pi f\tau} = s(w)\mathrm{e}^{jw\tau} \tag{6-55}$$

对式（6-52）左右两边进行傅里叶变换得频率 – 空间域模型

$$p_l(f) = \sum_{s=1}^{S} s_s(f)\mathrm{e}^{j2\pi f\tau_l(\theta_s, \phi_s)} + n_l(f) \tag{6-56}$$

将式（6-53）中的 $\tau_l(\theta_s, \phi_s)$ 代入上式有

$$p_l(k) = \sum_{s=1}^{S} s_s(k)\mathrm{e}^{j\boldsymbol{k}_s \cdot \boldsymbol{r}_l} + n_l(k) \tag{6-57}$$

式中，k——自变量波数，$k = 2\pi f/c$。

将该式写为矩阵形式变为

$$\begin{bmatrix} p_1(k) \\ p_2(k) \\ \vdots \\ p_L(k) \end{bmatrix} = \begin{bmatrix} e^{jk_1r_1} & e^{jk_2r_1} & \cdots & e^{jk_Sr_1} \\ e^{jk_1r_2} & e^{jk_2r_2} & \cdots & e^{jk_Sr_2} \\ \vdots & \vdots & \vdots & \vdots \\ e^{jk_1r_L} & e^{jk_2r_L} & \cdots & e^{jk_Sr_L} \end{bmatrix} \begin{bmatrix} s_1(k) \\ s_2(k) \\ \vdots \\ s_S(k) \end{bmatrix} + \begin{bmatrix} n_1(k) \\ n_2(k) \\ \vdots \\ n_L(k) \end{bmatrix} \quad (6-58)$$

记作

$$\boldsymbol{P}(k) = \boldsymbol{A}(k)\boldsymbol{s}(k) + \boldsymbol{n}(k) \quad (6-59)$$

式中 $\boldsymbol{A}(k) \in \boldsymbol{C}^{L\times S}$ 表示导向矩阵，可写为

$$\boldsymbol{A}(k) = \begin{bmatrix} e^{jk_1r_1} & e^{jk_2r_1} & \cdots & e^{jk_Sr_1} \\ e^{jk_1r_2} & e^{jk_2r_2} & \cdots & e^{jk_Sr_2} \\ \vdots & \vdots & \vdots & \vdots \\ e^{jk_1r_L} & e^{jk_2r_L} & \cdots & e^{jk_Sr_L} \end{bmatrix} \quad (6-60)$$

与窄带声源信号不同，对于宽带声源信号的导向矩阵 $\boldsymbol{A}(k)$ 其频率 f 表示整个信号频带，自变量波数 k 不是固定值而是整个频带对应的不同的波数。通过对接收信号进行离散采样获得数字信号，然后选取 X 个快拍进行 X 点离散傅里叶变换（DFT），就会得到 X 个离散的频率点，相当于将宽带声源信号的整个频带分成 X 个子频带，每个子频带对应的频率为 f_x，相应的波数为 $k_x = 2\pi f_x/c$。那么式（6-59）离散化为

$$\boldsymbol{P}(k_x) = \boldsymbol{A}(k_x)\boldsymbol{s}(k_x) + \boldsymbol{n}(k_x) \quad (6-61)$$

上式即为宽带声源信号的频率-空间域数学模型。

3. 声场球谐域建模模型

在三维空间声场的球面散射中我们已经给出了入射声场的球谐展开表达式，即式（6-29）。那么，对于单位幅度的平面波入射声场的球谐函数展开式可写为

$$p(\boldsymbol{k},\boldsymbol{r}) = e^{j(\boldsymbol{k}\cdot\boldsymbol{r})} = \sum_{n=0}^{\infty}\sum_{m=-n}^{n} 4\pi j^n j_n(kr) Y_{nm}^*(\theta_s,\phi_s) Y_{nm}(\theta_l,\phi_l) \quad (6-62)$$

由上节对球麦克风阵列的设计中的分析可知，对实际阵列采样获得的信号进行球谐分解其阶数 n 不可能达到无穷大，对于本节中的均匀采样有：采样点数量至少为

$(N+1)^2$,即 $L \geq (N+1)^2$,其中 N 表示最高球谐分解阶数。若固定麦克风数目为 L,相应的最高球谐分解阶数为 $N \leq \sqrt{L}-1$,也称为截断球谐分解阶数。实际应用中当选定麦克风位置后,我们可以使用式(6-48)方便地验证该阵列是否达到最高球谐分解阶数 $N = \lfloor \sqrt{L}-1 \rfloor$,以实现阵列性能最优化。其中"$\lfloor \cdot \rfloor$"表示向下取整。

通过以上分析,实际开放球形阵列接收到的单位幅度平面波入射声场的球谐函数展开式可写为有限阶数的球谐函数展开式之和,即

$$e^{j(\boldsymbol{k}\cdot\boldsymbol{r})} \approx \sum_{n=0}^{N} \sum_{m=-n}^{n} 4\pi j^n j_n(kr) Y_{nm}^*(\theta_s, \phi_s) Y_{nm}(\theta_l, \phi_l) \qquad (6-63)$$

对于有限阶数的球谐函数展开式引起的截断误差,我们将在下一节中讨论。将式(6-63)代入式(6-60)中,导向矩阵 $\boldsymbol{A}(k)$ 可被分解为

$$\boldsymbol{A}(k) = \boldsymbol{Y}(\Omega_L)\boldsymbol{B}(kr)\boldsymbol{Y}^H(\Omega_S) \qquad (6-64)$$

式中,H——共轭转置符号;

$\boldsymbol{Y}(\Omega_L)$——球谐函数矩阵,见式(6-47);

$\boldsymbol{B}(kr)$——远场模态强度的对角矩阵,且

$$\boldsymbol{B}(kr) = \mathrm{diag}(b_0(kr), b_1(kr), b_2(kr), \cdots, b_N(kr)) \qquad (6-65)$$

$\boldsymbol{Y}(\Omega_S)$——表示入射声源的球谐波矩阵,$\boldsymbol{Y}(\Omega_S) \in \boldsymbol{C}^{S \times (N+1)^2}$,且

$$\boldsymbol{Y}(\Omega_S) = \begin{bmatrix} Y_{00}(\Omega_1) & Y_{1-1}(\Omega_1) & Y_{10}(\Omega_1) & Y_{11}(\Omega_1) & \cdots & Y_{NN}(\Omega_1) \\ Y_{00}(\Omega_2) & Y_{1-1}(\Omega_2) & Y_{10}(\Omega_2) & Y_{11}(\Omega_2) & \cdots & Y_{NN}(\Omega_2) \\ \vdots & \vdots & \vdots & \vdots & \vdots & \vdots \\ Y_{00}(\Omega_L) & Y_{1-1}(\Omega_S) & Y_{10}(\Omega_S) & Y_{11}(\Omega_S) & \cdots & Y_{NN}(\Omega_S) \end{bmatrix} \qquad (6-66)$$

将方程(6-64)代入到方程(6-61),有

$$\boldsymbol{P}(k) = \boldsymbol{Y}(\Omega_L)\boldsymbol{B}(kr)\boldsymbol{Y}^H(\Omega_S)\boldsymbol{s}(k) + \boldsymbol{n}(k) \qquad (6-67)$$

上式即为声场球谐函数展开的矩阵表达式,为了方便式中用 k 表示第 x 个子频带的波数 k_x。根据式(6-48)给上式左右两边同时乘以 $\boldsymbol{Y}^H(\Omega_L) \times \boldsymbol{V}$,即对声场进行球谐分解,可得球傅里叶系数矩阵为

$$\boldsymbol{p}_{nm}(k) = \boldsymbol{B}(kr)\boldsymbol{Y}^H(\Omega_S)\boldsymbol{s}(k) + \boldsymbol{n}_{nm}(k) \qquad (6-68)$$

该式即为声场球谐域数学模型,其中 $\boldsymbol{p}_{nm}(k)$ 表示声场声压球傅里叶系数矩阵,$\boldsymbol{n}_{nm}(k) = \boldsymbol{Y}^H(\Omega_L) \times \boldsymbol{V} \times \boldsymbol{n}(k)$ 表示加性噪声球傅里叶变换系数矩阵。

6.3.3 基于球形阵列声场球谐分解有限阶数引起的截断误差分析

由关于球麦克风阵列设计中的分析可知,对实际阵列采样获得的信号进行球谐分解时,其阶数 n 不可能达到无穷大。在本节中使用麦克风数目为 L 的开放球形阵列对声场进行均匀采样,相应的球谐分解截断阶数为 $N = \lfloor \sqrt{L} - 1 \rfloor$。为了估计由于球形阵列声场球谐分解有限阶数所引起的截断误差,我们将入射方向设定为 $\Omega_s = \Omega_l$,即入射方向和麦克风所在方向相同,这时可以利用球谐函数的正交性(见式(6-41))简化运算。根据式(6-62),单位幅度的平面波入射声场的球谐函数展开式可写为

$$p(k, \boldsymbol{r}) = \sum_{n=0}^{\infty} \sum_{m=-n}^{n} 4\pi j^n j_n(kr) Y_{nm}^*(\theta_s, \phi_s) Y_{mm}(\theta_l, \phi_l)$$

$$= \sum_{n=0}^{\infty} (2n+1) 4\pi j^n j_n(kr) \tag{6-69}$$

因此截断阶数为 N 时对应的截断误差可写为

$$T_{\text{error}}(kr) = \left| 1 - \frac{\sum_{n=0}^{N} (2n+1) 4\pi j^n j_n(kr)}{\sum_{n=0}^{\infty} (2n+1) 4\pi j^n j_n(kr)} \right| \tag{6-70}$$

注意到上式中的分母为无穷球谐分解阶数,为了对此进行分析验证,我们将无穷阶数设置为 500 阶,然后分析了截断误差与截断阶数 N 和 kr 之间的关系。结果如图 6.10 所示。

图中结果显示:当固定截断阶数时,随着 kr 值的增加截断误差越来越大;当固定 kr 值时,随着截断阶数的增加截断误差越来越小;综合起来:在低 kr 值处,低的截断阶数 N 就可以获得低误差的球谐分解结果;随着 kr 值的增大,要获得低误差的球谐分解结果就需要提高最高球谐分解的阶数 N。该结果亦可用来指导设计球麦克风阵列,根据声源目标频率特性设计合适半径和合适阶数的球麦克风阵列,以获得良好的球傅里叶分解系数。

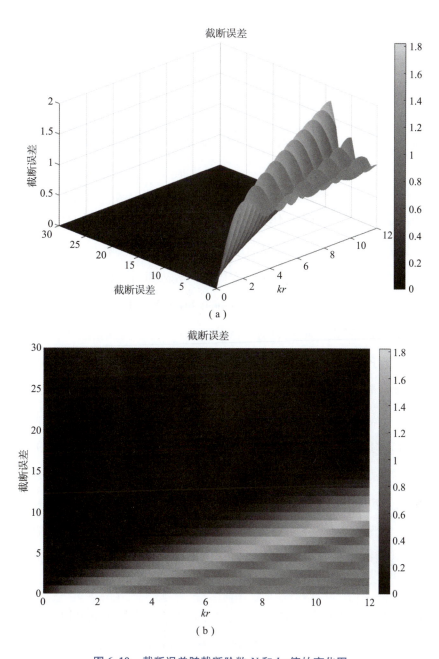

图 6.10　截断误差随截断阶数 N 和 kr 值的变化图

（a）三维图；（b）俯视图

第 7 章 多声源定位的多球阵列结构设计

被动声源定位算法中，时延 DOA（Direction of Arrival，波达方向）估计是其中最常用的方法，但是该算法在给定的时间内只能处理单一的声源。子空间技术中的多重信号分类（Multiple Signal Classification，MUSIC）算法和利用旋转不变性技术估计信号参数（Estimating Signal Parameter via Rotational Invariance Techniques，ESPRIT）算法，已被广泛应用于对多声源的波达方向估计领域中。

为了获得更好的定位性能，相关文献提出了基于球谐分解的 MUSIC 算法。相关文献中，和直接对阵列接收信号进行处理不同，球谐 MUSIC（Spherical Harmonics - Multiple Signal Classification，SH - MUSIC）算法是通过将声场分解到球谐域后使用球傅里叶变换系数来构建 MUSIC 算法中的协方差矩阵。Teutsch 和 Kellermann 在文献中提出了应用于多宽带源的"特征波束"（Eigen Beams，EBs）- ESPRIT 声源定位算法，其中的"特征波束"实际上就是球谐波。相关文献中提出了球谐 MUSIC（SH - MUSIC）算法也是在进行 MUSIC 之前先通过球傅里叶变换获得球谐系数来进行 DOA 估计。

球谐波分析中，麦克风通常被均匀地分布在一个单一的阵列上，例如环形、球形阵列等。本章中，提出了使用多个球形阵列按一定规则组合成一个多球阵列（Multiple Sphere Arrays，MSA）进行声源定位，且每个子球形阵列上的麦克风均以相同的方式分布。多球阵列不但可以减少单个球形阵列上的麦克风数目，而且还能获得更好的估计精度。跟单球阵列相比，使用多球阵列能够分布更多的麦克风，提高了 DOA 估计准确性，同时能够解决多个声源 DOA 估计的问题。本书建立了多球阵列模型，讨论了多球阵列不同尺寸和不同的分布方式对 DOA 估计结果的影响。通过使用改进的球谐 MUSIC 算法对这些阵列参数进行了评估，并通过仿真验证相应的结果。最后总结了多球阵列设计的规则。

7.1 球谐多重信号分类算法

本章中所有使用的声信号均为远场窄带平面波,所有的方位角 ϕ 和 φ 均在 xOy 平面沿 x 轴逆时针测得,所有的俯仰角 θ 和 ϑ 均沿 z 轴向下测得。

假定有 S 个平面波以单位幅度从 (θ_s, ϕ_s) 方向入射到球形阵列中,那么球形阵列中麦克风接收到的入射声场声压 $P_I(r, \vartheta, \varphi)$ 可以写为

$$P_I(r, \vartheta, \varphi) = \sum_{s=1}^{S} w_s e^{jk_s \cdot r} = \sum_{n=0}^{\infty} \sum_{m=-n}^{n} 4\pi (j)^n \times \left[\sum_{s=1}^{S} w_s j_n(kr) Y_{nm}(\vartheta, \varphi) Y_{nm}^*(\theta_s, \phi_s) \right] \tag{7-1}$$

式中,w_s 和 $\boldsymbol{k}_s$ 分别表示第 s 个声源的权重和方向向量,且 $|\boldsymbol{k}_s| = k_1, \cdots, k_s, \cdots, k_S$,其中 k_s 表示第 s 个声源的波数;向量 $\boldsymbol{r}$ 表示观察点在笛卡尔坐标系中的位置;$j_n(kr)$ 表示球贝塞尔函数;* 表示复数共轭;Y_{nm} 表示 n 阶 m 维度的球谐波函数,写为

$$Y_{nm}(\vartheta, \varphi) = \sqrt{\frac{2n+1}{4\pi} \frac{(n-|m|)!}{(n+|m|)!}} P_{n|m|}(\cos\vartheta) e^{jm\varphi} \tag{7-2}$$

式中,$P_{n|m|}$ 表示缔合勒让德函数。球谐分解实现了对声场声压的正交分解,将声场由空间域分解到了球谐域。实际应用中,方程(7-1)中球谐分解的阶数 n 并不能达到无限阶,因此用球谐分解的最高阶数 N 来取代,且球谐分解的阶数由球形阵列中的麦克风数目和分布方式决定,具体参见关于球谐分解的讨论。

假设有 S 个分别方向为 (θ_s, ϕ_s) $(s=1, 2, \cdots, S)$ 的平面波入射到表面均匀分布 M 个麦克风的球形阵列中,球谐分解系数可被定义为

$$\bar{a}_{nm} = \sum_{s=1}^{S} \sum_{t=1}^{M} w_s e^{jk_s \cdot r} Y_{nm}^*(\vartheta_t, \varphi_t) \sin\vartheta_t \Delta\vartheta \Delta\varphi \tag{7-3}$$

式中,$\Delta\vartheta = \pi/T$,$\Delta\varphi = 2\pi/H$。$(\vartheta_t, \varphi_t)(t=1, 2, \cdots, M)$ 表示 M 个观察点所在的方向。将方程(7-3)中的球谐分解系数写成矩阵形式为

$$\boldsymbol{P}_{nm} = [\bar{a}_{00}, \bar{a}_{1-1}, \bar{a}_{10}, \bar{a}_{11}, \cdots, \bar{a}_{NN}]^T \tag{7-4}$$

式中,$\boldsymbol{P}_{nm}$ 是一个 $(N+1)^2 \times 1$ 的矩阵,它可以被分解为几个矩阵相乘的形式

$$\boldsymbol{P}_{nm} = \boldsymbol{B} \times \boldsymbol{C} \times \boldsymbol{W} \tag{7-5}$$

$$\boldsymbol{B} = \begin{bmatrix} Y_{00}^*(\vartheta_1, \varphi_1) & Y_{00}^*(\vartheta_2, \varphi_2) & \cdots & Y_{00}^*(\vartheta_M, \varphi_M) \\ Y_{1-1}^*(\vartheta_1, \varphi_1) & Y_{1-1}^*(\vartheta_2, \varphi_2) & \cdots & Y_{1-1}^*(\vartheta_M, \varphi_M) \\ Y_{10}^*(\vartheta_1, \varphi_1) & Y_{10}^*(\vartheta_2, \varphi_2) & \cdots & Y_{10}^*(\vartheta_M, \varphi_M) \\ Y_{11}^*(\vartheta_1, \varphi_1) & Y_{11}^*(\vartheta_2, \varphi_2) & \cdots & Y_{11}^*(\vartheta_M, \varphi_M) \\ \vdots & \vdots & \ddots & \vdots \\ Y_{NN}^*(\vartheta_1, \varphi_1) & Y_{NN}^*(\vartheta_2, \varphi_2) & \cdots & Y_{NN}^*(\vartheta_M, \varphi_M) \end{bmatrix} \times \Delta\vartheta\Delta\varphi \quad (7-6)$$

$$\boldsymbol{C} = \begin{bmatrix} e^{jk_1 \cdot r_1}\sin\vartheta_1 & e^{jk_2 \cdot r_1}\sin\vartheta_1 & \cdots & e^{jk_S \cdot r_1}\sin\vartheta_1 \\ e^{jk_1 \cdot r_2}\sin\vartheta_2 & e^{jk_2 \cdot r_2}\sin\vartheta_2 & \cdots & e^{jk_S \cdot r_2}\sin\vartheta_2 \\ \vdots & \vdots & \ddots & \vdots \\ e^{jk_1 \cdot r_M}\sin\vartheta_M & e^{jk_2 \cdot r_M}\sin\vartheta_M & \cdots & e^{jk_S \cdot r_M}\sin\vartheta_M \end{bmatrix} \quad (7-7)$$

$$\boldsymbol{W} = [w_1 \quad w_2 \quad \cdots \quad w_S]^\mathrm{T} \quad (7-8)$$

其中,$\boldsymbol{B}$ 是一个 $(N+1)^2 \times M$ 的矩阵,$\boldsymbol{C}$ 是一个 $M \times S$ 的矩阵,$\boldsymbol{W}$ 表示 $S \times 1$ 的阵列接收信号矩阵。假设 $\boldsymbol{A} = \boldsymbol{B} \times \boldsymbol{C}$,则方程 (7-5) 可以被简写为

$$\boldsymbol{P}_{nm} = \boldsymbol{A} \times \boldsymbol{W} \quad (7-9)$$

其中 $\boldsymbol{A}$ 表示 $(N+1)^2 \times S$ 的导向矩阵。

下面是使用 $\boldsymbol{P}_{nm}$ 进行 DOA 估计的 MUSIC 算法的具体步骤。首先,球谐系数的协方差矩阵可以表示为

$$\boldsymbol{R}_{nm} = E\{\boldsymbol{P}_{nm} \boldsymbol{P}_{nm}^\mathrm{H}\} \quad (7-10)$$

实际应用中,假定快拍数为 K,那么协方差矩阵 $\boldsymbol{R}_{nm}$ 可被估计为

$$\bar{\boldsymbol{R}}_{nm} = \frac{1}{K}\sum_{k=1}^{K} \boldsymbol{P}_{nm}(k)\boldsymbol{P}_{nm}^\mathrm{H}(k) \quad (7-11)$$

对协方差估计矩阵 $\bar{\boldsymbol{R}}_{nm}$ 进行特征值分解有

$$\mathrm{eigen}(\bar{\boldsymbol{R}}_{nm}) = [E_a, E_n] \quad (7-12)$$

式中,E_a 和 E_n 分别表示信号和噪声子空间。

声源方向对应的空间谱为

$$\mathrm{spectrum}(\theta, \phi) = \frac{1}{\boldsymbol{a}^\mathrm{T}[E_n \quad E_n^*]\boldsymbol{a}} \quad (7-13)$$

式中，*a* 表示导向矩阵 *A* 中的某一列向量即导向向量。通过扫描 (θ,ϕ)，空间谱的谱峰对应的方向即为入射声源的来波方向。

7.2 多球阵列的算法

这一节中，将上一节中用于单球阵列的球谐 MUSIC 算法拓展到多球阵列中。通过使用坐标映射的方法将各个子球的坐标系映射到全局坐标系当中。通过对每一个子球阵列的接收信号进行球谐分解得到多球阵列的球谐系数矩阵，最后利用 MUSIC 算法扫描来波方向。

假设有 L 个半径为 r 的小球以不规则的分布方式组成一个多球阵列。阵列中每一个小球上都均匀地分布了 M 个麦克风。图 7.1 中给出了三个分布在圆环上的球形阵列的多球阵列模型。那么在多球阵列中，方程（7-3）和方程（7-1）分别可被重写为

$$\bar{a}_{nm}^{(l)} = \sum_{t=1}^{M} P_{(l)}(\vartheta_t, \varphi_t) Y_{nm}^{(l)*}(\vartheta_t, \varphi_t) \sin\vartheta_t \Delta\vartheta \Delta\varphi \tag{7-14}$$

$$P_{(l)}(\vartheta_t, \varphi_t) = \sum_{s=1}^{S} w_s e^{jk(r_{ol}+r_t)\cdot \bar{y}_s} \tag{7-15}$$

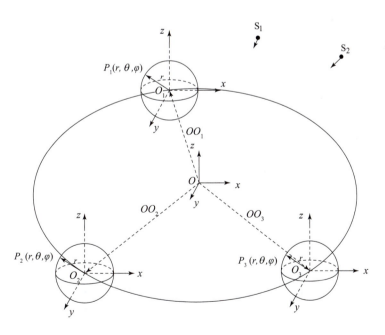

图 7.1 三球阵列的几何模型

式中，$P_{(l)}(\vartheta_t, \varphi_t)$ 表示第 l 个小球上观察点 (ϑ_t, φ_t) 处的测量声压，$k = 2\pi f/c$，f 表示声源频率，c 表示声速；$\bar{y}_s$ 表示第 s 个声源的方向向量；r_{ol} 表示从坐标原点到第 l 个小球球心的方向向量，r_t 表示从第 l 个小球的球心到该小球上第 t 个观察点处的方向向量($|r_{ol}| = R$，$|r_t| = r$)。将方程（7-15）代入到方程（7-14）中，可以得到多球阵列的球谐系数为

$$\bar{a}_{nm}^{(l)} = \sum_{s=1}^{S} \sum_{t=1}^{M} w_s e^{jk(r_{ol}+r_t) \cdot \bar{y}_s} Y_{nm}^{(l)*}(\vartheta_t, \varphi_t) \sin\vartheta_t \Delta\vartheta \Delta\varphi \quad (7-16)$$

同样写为矩阵形式为

$$\begin{aligned}\boldsymbol{P}_{nm}^L &= [\,\bar{a}_{nm}^{(1)} \quad \bar{a}_{nm}^{(2)} \quad \cdots \quad \bar{a}_{nm}^{(l)} \quad \cdots \quad \bar{a}_{nm}^{(L)}\,]^{\mathrm{T}} \\ &= [\,\boldsymbol{B} \times \boldsymbol{C}^{(1)}, \cdots, \boldsymbol{B} \times \boldsymbol{C}^{(l)}, \cdots, \boldsymbol{B} \times \boldsymbol{C}^{(L)}\,]^{\mathrm{T}} \times \boldsymbol{W}\end{aligned} \quad (7-17)$$

式中，$\boldsymbol{P}_{nm}^L$ 表示多球阵列的球谐系数矩阵，矩阵 $\boldsymbol{B}$ 和矩阵 $\boldsymbol{W}$ 与单球阵列中的方程（7-6）和方程（7-8）相同，矩阵 $\boldsymbol{C}^{(l)}$ 是一个 $M \times S$ 的矩阵，可写为

$$\boldsymbol{C}^{(l)} = \begin{bmatrix} e^{jk(r_{ol}+r_1) \cdot \bar{y}_1} \sin\vartheta_1 & e^{jk(r_{ol}+r_2) \cdot \bar{y}_2} \sin\vartheta_1 & \cdots & e^{jk(r_{ol}+r_1) \cdot \bar{y}_S} \sin\vartheta_1 \\ e^{jk(r_{ol}+r_2) \cdot \bar{y}_1} \sin\vartheta_2 & e^{jk(r_{ol}+r_2) \cdot \bar{y}_2} \sin\vartheta_2 & \cdots & e^{jk(r_{ol}+r_2) \cdot \bar{y}_S} \sin\vartheta_2 \\ \vdots & \vdots & \ddots & \vdots \\ e^{jk(r_{ol}+r_M) \cdot \bar{y}_1} \sin\vartheta_M & e^{jk(r_{ol}+r_M) \cdot \bar{y}_2} \sin\vartheta_M & \cdots & e^{jk(r_{ol}+r_M) \cdot \bar{y}_S} \sin\vartheta_M \end{bmatrix} \quad (7-18)$$

使用矩阵 $\boldsymbol{A}^L$ 来替换方程（7-17）中的 $(N+1)^2 \times M$ 的矩阵为

$$\boldsymbol{A}^L = [\,\boldsymbol{B} \times \boldsymbol{C}^{(1)}, \cdots, \boldsymbol{B} \times \boldsymbol{C}^{(l)}, \cdots, \boldsymbol{B} \times \boldsymbol{C}^{(L)}\,]^{\mathrm{T}} \quad (7-19)$$

式中，$\boldsymbol{A}^L$ 表示多球阵列的导向矩阵，这样方程（7-17）可被重写为

$$\boldsymbol{P}_{nm}^L = \boldsymbol{A}^L \times \boldsymbol{W} \quad (7-20)$$

然后，将 $\boldsymbol{P}_{nm}^L$ 代入到方程（7-10）到方程（7-13）中，即可获得使用多球阵列测得的声源方向。

7.3 多球阵列的设计与仿真

这一节中对一系列不同配置的球形阵列进行了分析与仿真。包括多球阵列中每个

球的尺寸和分布方式等因素都进行了基于球谐 MUSIC 算法的 DOA 估计性能测试。最后对本节的内容进行了总结,给出了多球阵列的设计规律。本节所有的仿真都使用 5 个声源方向分别为(90°, 120°),(120°, 60°),(180°, 150°),(240°, 60°)和(270°, 120°),频率为 0.8 kHz 到 1 kHz 的非相干正弦声信号,并通过比较 DOA 估计结果的均方根误差(Root Mean Square Error,RMSE)对估计性能进行了分析。

7.3.1 不同半径的单球阵列

本节使用了 4 种不同半径的球形阵列来分析球形阵列的尺寸大小对 DOA 估计结果的影响。仿真实验中的每个单球阵列表面都均匀分布了 $M=30$ 个麦克风,如图 7.2 所示。球谐分解阶数为 $N=\sqrt{M}-1$,这里 $N=4$。图 7.3 给出了第 4 阶的模态强度响应曲线。为了提高球谐分解获得的球谐系数的准确性,我们令 $kr<6$,以使得模态强度远离零点,这个零点出现在 $kr=7.59$ 处。将声信号的最高频率 $f_H=1$ kHz 代入 $kr<6$($k=2\pi f/c$)中,可以得到 $r<0.3$ m。而当 kr 的值越来越小时,除了 0 阶以外其余阶数对应的模态强度都越来越小,因此当 $r=0.3$ m 时获得的球谐系数最准确,那么相应的球谐 MUSIC 算法的 DOA 估计结果也会越好。为了验证该结论我们分别设计了半径为 0.2 m,0.3 m,0.4 m 和 0.5 m 的单球阵列。

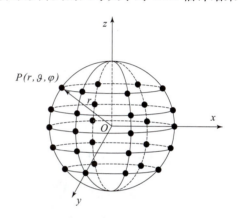

图 7.2 均匀分布了 $M=30$ 个麦克风单球阵列模型

仿真实验中 5 个入射声源的接收信号的信噪比(Signal to Noise Ratio,SNR)均设置为 0 dB,四个不同尺寸的单球阵列的 DOA 估计结果如图 7.4 所示。从图中可以看出:当半径 $r<0.3$ m 时,随着半径的增大 DOA 估计结果越来越精确,半径 r 超过 0.3 m 后 DOA 估计结果反而越来越差。然后将麦克风接收的 5 个入射信号的信噪比 SNR 设置为 −10 dB 到 30 dB 的范围,每一个信噪比值处都进行了 200 次独立的蒙特卡洛实验。实验获得的 DOA 估计结果的均方根误差(RMSE)如图 7.5 所示。图 7.5 的结果显示,随着信噪比的增加,DOA 估计结果的均方根误差越来越小。而且在相同的 SNR

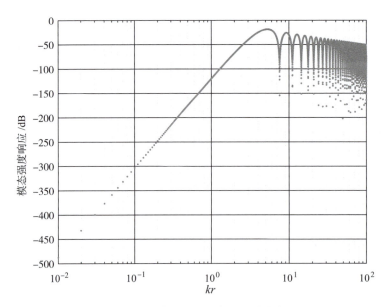

图 7.3 开放球第 4 阶模态强度响应曲线

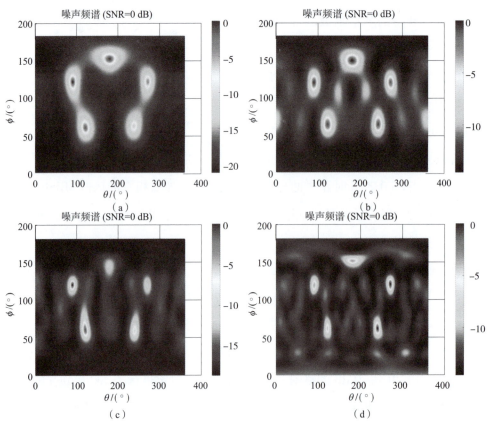

图 7.4 四个不同尺寸的单球阵列的 DOA 估计结果图
（a）$r=0.2$ m；（b）$r=0.3$ m；（c）$r=0.4$ m；（d）$r=0.5$ m

处，半径 $r=0.3$ m 的球形阵列获得的 DOA 估计结果的均方根误差是最小的，这和前文的理论分析一致。即：当其他条件都一致的情况下，模态强度最大值所对应的半径的球形阵列获得的 DOA 估计结果最准确。换言之，随着球形阵列半径的增加，DOA 估计性能先增加后下降。

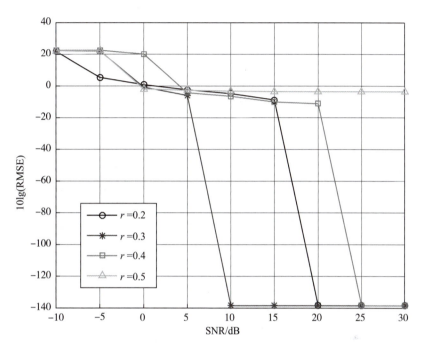

图 7.5　四个不同尺寸的单球阵列 DOA 估计结果的
均方根误差 vs 信噪比曲线

7.3.2　半径相同和半径不同的多球阵列

根据上一小节的分析，当声源的频率固定的时候，DOA 估计结果由阵列的尺寸决定，而当球形阵列的半径固定时，DOA 估计的结果将会受声源信号的频率影响。也就是说，声源信号的频率值 f 和球形阵列的半径 r 呈反比。据此我们在这一节设计了两种多球阵列结构，一种为半径全相同的三球圆环均匀分布的多球阵列，另一种为半径不相同的三球圆环均匀分布的多球阵列。这两种阵列的结构示意图如图 7.6 所示。图中三个相同和不同半径的球形阵列被均匀地分布在半径为 1 m 的圆环上，每个球形阵列上都均匀分布了 30 个麦克风。图 7.6（a）中的三个球的半径均为 0.3 m，图 7.6（b）中的三个球的半径分别为 0.1 m，0.3 m 和 0.5 m。

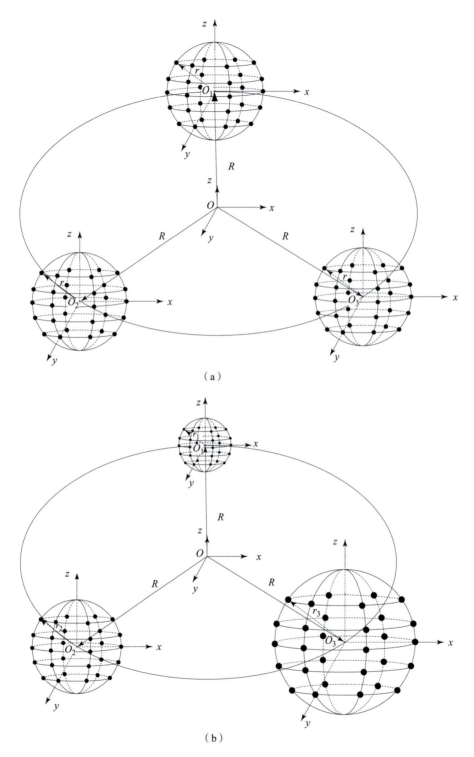

图 7.6　半径相同和半径不同的多球阵列结构示意图

(a) 相同半径；(b) 不同半径

当信噪比为 0 dB 时，相应的 DOA 估计结果的空间谱如图 7.7 所示。可以看出使用不同半径获得的空间谱图 7.7（b）要比使用相同半径获得的空间谱图 7.7（a）中的谱峰更加尖锐、旁瓣更低。图 7.8 给出了两个多球阵列对应的 DOA 估计结果的均方根误差（RMSE）随着麦克风接收信号的信噪比 SNR 的变化图。图 7.8 的结果表明，在低信噪比的环境中，不同半径的多球阵列的 DOA 估计的均方根误差比相同半径的 RMSE 的值更小，即在低信噪比的环境中不同半径的多球阵列具有更好的估计性能。

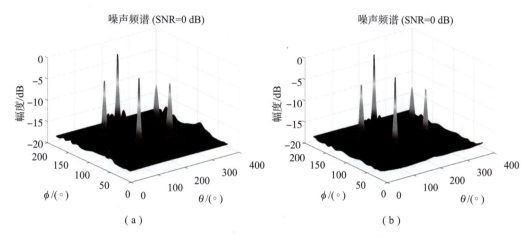

图 7.7　用两种结构进行五个相邻声源 DOA 估计的三维谱

（a）相同半径；（b）不同半径

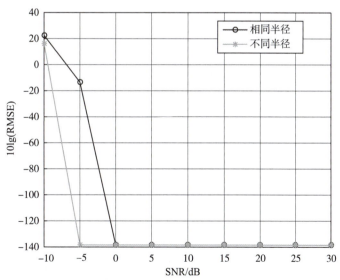

图 7.8　两个多球阵列对应的 DOA 估计结果的

均方根误差 vs 信噪比曲线图

7.3.3 不同分布方式的多球阵列

在使用多传声器组成的阵列进行 DOA 估计中,以球形分布的阵列要比平面和直线分布的阵列具有更好的三维空间估计性能。这一小节中,我们设计了四种不同空间分布方式的多球阵列结构如图 7.9 所示。四种多球阵列均使用五个半径为 0.2 m,表面均匀分布 30 个麦克风的单球阵列组成。在线性和十字分布方式的多球阵列中,相邻的 2 个小球的间距都设置为 0.5 m;圆环分布的多球阵列,将 5 个小球均匀地分布在半径为 0.5 m 的圆环上;球形分布的多球阵列中,5 个小球被分布在半径为 0.5 m 的大球表面,其中 2 个分别位于球的上下 2 个极点上,其余 3 个均匀分布在大球赤道所在的圆环上。图 7.10 给出了信噪比 SNR = 0 dB 时 4 个不同分布方式的多球阵列 DOA 估计空间谱图。

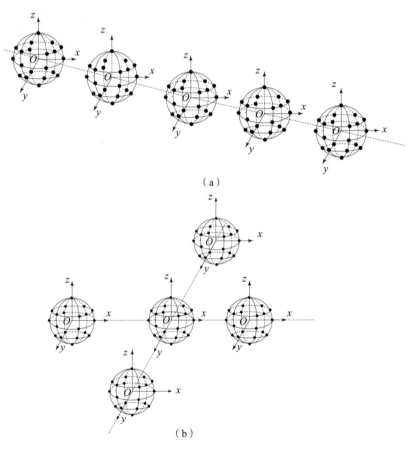

图 7.9 四种不同空间分布方式的多球阵列结构示意图
(a) 线性分布;(b) 十字分布

其中线性分布的多球阵列结果最差，十字和圆环分布的结果十分相似，而球形分布的多球阵列的空间谱谱峰比其他三种分布方式的谱峰都尖锐。

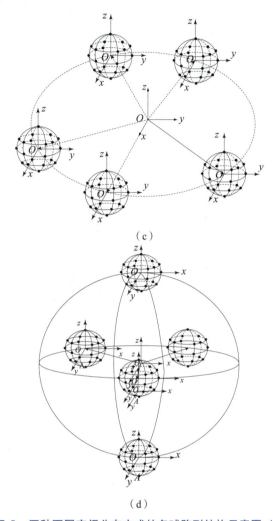

图 7.9　四种不同空间分布方式的多球阵列结构示意图（续）

（c）圆环分布；（d）球形分布

图 7.11（a）和（b）中分别给出了不同信噪比下的方位角和俯仰角的均方根误差（RMSE）。图 7.11（a）的结果显示，在四种分布方式中线性分布的多球阵列的方位角的 RMSE 最大，即对方位角的 DOA 估计性能最差，其余三种分布方式的方位角 RMSE 十分接近。但是在俯仰角的均方根误差图 7.11（b）中，和其他三种分布方式的多球阵列相比球形分布的多球阵列的俯仰角的估计的 RMSE 最小。可见在对三维空间进行 DOA 估计时，球形分布的空间对称性最好，其估计结果更适用于三维空间定向。

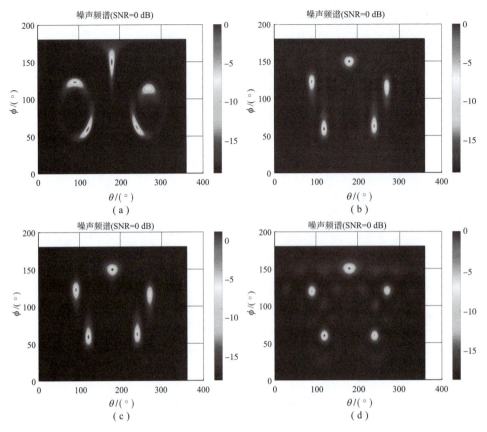

图 7.10 信噪比 SNR = 0 dB 时 4 个不同分布方式的多球
阵列 DOA 估计空间谱图
(a) 线性分布；(b) 十字分布；(c) 圆环分布；(d) 球形分布

假定两个平面波分别以 (θ_1, ϕ) 和 (θ_2, ϕ) 的角度入射到多球阵列中，那么相邻源的角度分辨力可由下式给出

$$Q_{\text{peak}} = [Q(\theta_1, \phi) + Q(\theta_2, \phi)]/2 \qquad (7-21)$$

$$Q(\Delta\theta) = Q_{\text{peak}} - Q(\theta_m, \phi) \qquad (7-22)$$

式中，$Q(\theta_i, \phi) = \text{spectrum}(\theta_i, \phi)$，$i = 1, 2$；$\theta_m = (\theta_1 + \theta_2)/2$；$\Delta\theta = |\theta_1 - \theta_2|$。令方位角 $\phi = 180°$，通过增加 $\Delta\theta$ 的值获得的方位角的分辨力如图 7.12（a）所示。然后令 $\theta = 90°$，增加 $\Delta\phi$ 的值得到相应的俯仰角的分辨力如图 7.12（b）所示。结果表明线性分布和圆环分布的多球阵列得到的方位角分辨力要比其余两种分布方式的方位角分辨力好，而在俯仰角分辨力的结果中，球形分布的多球阵列的分辨力明显地超过其他三种分布方式。

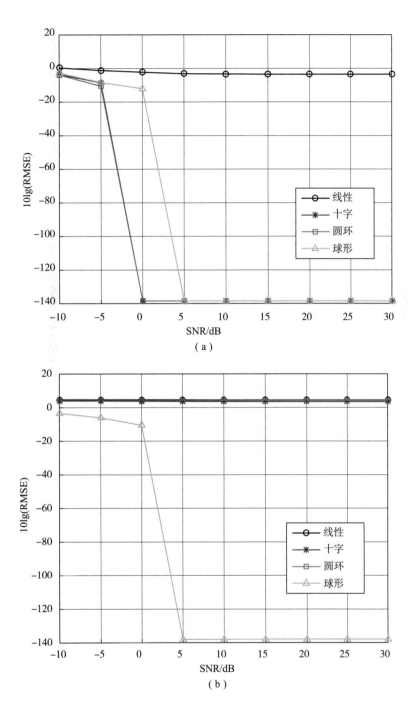

图 7.11 不同信噪比下的方位角和俯仰角的均方根误差曲线

（a）方位角；（b）俯仰角

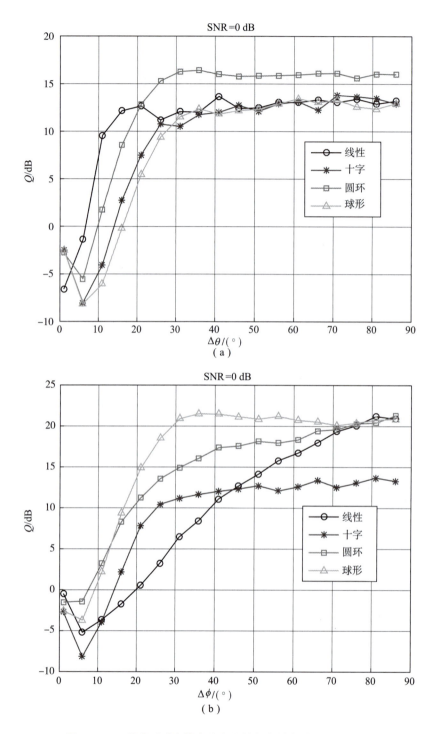

图 7.12 四种阵列对应的方位角和俯仰角的角度分辨力曲线
（a）方位角；（b）俯仰角

7.3.4　多球阵列设计规律

根据前面的理论分析和仿真实验,现将多球阵列的设计规律总结如下:

(1) 对于开放球形阵列,球形阵列的半径选择应该保证阵列的模态强度远离零点,这样能够获得良好的估计结果。

(2) 通过使用不同半径的小球组成的多球阵列,不但能够提高 DOA 估计精度,同时还能增加可处理的声源频率范围。

(3) 对于不同分布方式的多球阵列结构,其空间对称性越好,多球阵列的三维空间的 DOA 估计性能就越好。

参 考 文 献

[1] 栗苹. 战场声探测技术研究 [D]. 北京：北京理工大学，1995.

[2] 黄海军. 基于传声器阵列的声源定位系统的初步研究 [D]. 上海：东华大学，2013.

[3] 陶小亮. 基于地震动的目标识别和人员定位算法的研究与实现 [D]. 南京：南京理工大学，2007.

[4] 向瑾. 基于四元十字阵的被动声定位技术研究 [D]. 太原：中北大学，2008.

[5] 王伟. 基于时延估计的被动声定位研究 [D]. 长沙：国防科学技术大学，2010.

[6] Ledeczi A, Volgyesi P, Maroti M. Multiple simultaneous acoustic source localization in urban terrain [J]. Information Processing in Sensor Networks, 2005.

[7] Reiff Christian G. A coustic Source Localization and Cueing from an Aerostat during the NATO SET-093 Field Experiment [C]. Orlando：SPIE, 2009.

[8] B Rafaely. Analysis and design of spherical microphone arrays [J]. IEEE Trans. Speech Audio Process. 13 (1) (2005) 135-143.

[9] C T Jin, N Epain. A Parthy, Design, Optimization and Evaluation of a Dual-Radius Spherical Microphone Array [J]. IEEE Trans. Audio Speech Lang. Process. 22 (1) (2014) 193-204.

[10] T D Abhayapala, D B Ward. Theory and design of high order sound field microphones using spherical microphone array [C]. in：2002 IEEE International Conference on Acoustics, Speech, and Signal Processing (ICASSP), 2002, pp. II-1949-II-1952.

[11] I Balmages, B Rafaely. Open-sphere designs for spherical microphone arrays [J]. IEEE Trans. Audio Speech Lang. Process. 15 (2) (2007) 727 – 732.

[12] J Meyer, G Elko. A highly scalable spherical microphone array based on an orthonormal decomposition of the soundfield [C]. in: 2002 IEEE International Conference on Acoustics, Speech, and Signal Processing (ICASSP), 2002, pp. II – 1781 – II – 1784.

[13] Z Y Li, R Duraiswami. Flexible and optimal design of spherical microphone arrays for beamforming [J]. IEEE Trans. Audio Speech Lang. Process. 15 (2) (2007) 702 – 714.

[14] H Sun, H Teutsch, E Mabande, W Kellermann. Robust localization of multiple sources in reverberant environments using EB – ESPRIT with spherical microphone arrays [C]. in: 2011 IEEE International Conference on Acoustics, Speech and Signal Processing (ICASSP), 2011, pp. 117 – 120.

[15] O Nadiri, B Rafaely. Localization of Multiple Speakers under High Reverberation using a Spherical Microphone Array and the Direct-Path Dominance Test [J]. IEEE Trans. Audio Speech Lang. Process. 22 (10) (2014) 1494 – 1505.

[16] D Khaykin, B Rafaely. Coherent signals direction-of-arrival estimation using a spherical microphone array: Frequency smoothing approach [J]. in: 2009 IEEE Workshop on Applications of Signal Processing to Audio and Acoustics, 2009, pp. 221 – 224.

[17] L Kumar, R M Hegde. Near-Field Acoustic Source Localization and Beamforming in Spherical Harmonics Domain [J]. IEEE Trans. Signal Process. 64 (13) (2016) 3351 – 3361.

[18] E D D Claudio, R Parisi. WAVES: weighted average of signal subspaces for robust wideband direction finding [J]. IEEE Trans. Signal Process. 49 (10) (2002) 2179 – 2191.

[19] 苏淑静. 雷场地面声目标定位方法研究 [D]. 北京：北京理工大学, 2008.

[20] A Gupta, T D Abhayapala. Three dimensional sounded reproduction using multiple circular loudspeaker arrays [J]. IEEE Transactions. On Audio, Speech and Language

Processing, vol. 19, no. 7, pp: 1149 – 1159, 2011.

[21] 陈华伟. 低空目标声测无源定向理论与算法研究 [D]. 西安: 西北工业大学, 2004.

[22] 季瑞. 被动声探测系统及应用研究 [D]. 西安: 西北工业大学, 2007.

[23] F Z Wang, X Pan. A Novel Algorithm for Wideband Acoustic Sources Localization Using Multiple Spherical Arrays [J]. IEEE International Symposium on Signal Processing and Information Technology, Greece, 2013. 12. 11 – 15.

[24] N R Shabtai, B Rafaely. Spherical Array Beamforming for Binaural Sound Reproduction [C]. IEEE 27th Convention of Electrical &Electronics Engineers in Israel, pp: 1 – 5, 2012.

索 引

0~9（数字）

5 元线阵最佳阵增益与常规阵增益（图） 133

152 mm 加农榴弹炮典型功率谱（图） 30

A~Z

ANN 148、151、158、159

    分类过程 151

    目标方向角估计（表） 158、159

    目标检测（识别）系统框图（图） 148

    目标识别模型（图） 151

    学习过程 151

AR 模型参数 81、82

Cramer 99

CR 不等式 99

DOA 估计 MUSIC 算法步骤 184

Fisher 99

Kellermann 182

k' 与 $(\alpha_M - \alpha)$ 关系曲线（图） 120

M 元线阵测距系统（图） 109

PE 145

Rao 99

SMA 173

Teutsch 182

ХОХЛОВ 63

B

半径不同多球阵列 189、190

    结构示意（图） 190

半径相同多球阵列 189、190

    结构示意（图） 190

半自动步枪噪声信号分析结论 43

半自由空间 44

被动声探测定位 11

    方法 11

    系统 11

贝叶斯准则 59

表面波 1

波前 6

波束形成定位方法 11

波束形成器工作原理 12

波线　6

波阵面　6

伯努利定理　49

不共轴式双旋翼直升机　27

不同半径单球阵列　187、190

　　结构示意（图）　190

不同尺寸单球阵列 DOA 估计结果（图）　188、189

　　　　均方根误差 vs 信噪比曲线（图）　189

不同分布方式多球阵列　192

不同分布方式多球阵列 DOA 估计空间谱（图）　194

　　球形分布　194

　　十字分布　194

　　线性分布　194

　　圆环分布　194

不同空间分布方式多球阵列结构示意（图）　192、193

　　球形分布　193

　　十字分布　192

　　线性分布　192

　　圆环分布　193

不同信噪比下方位角和俯仰角均方根误差曲线（图）　195

不同坐标系定位误差之间关系　107

C

参考文献　198

测量时差原理框图（图）　97

测量时延和目标方向角装置　96

测试系统　52、53

　　功能　52

　　组成框图（图）　52

常规空间处理器数据融合框图（图）　133

超声波　1

弛豫过程理论　10

处理单元基本结构和功能（图）　146

传声器　53、159

　　个数对方向角估计影响　159、159（表）

传声器输出信号　81、86

　　数学期望和相关函数　81

传声器位置误差　112、114、116

　　对目标位置估计精度影响　112

　　引起的定位误差　114

传声器阵列　14、85、88、118、127

　　布设方式　14

　　布置及信号处理注意事项　118

　　典型布阵方式　88

　　输出信号模型　85

　　信号处理技术　127

传声器阵列被动声探测定位方法　11

　　波束形成定位方法　11

　　高分辨率谱估计定位方法　12

　　基于时延估计定位方法　13

　　声压幅度比定位方法　13

传输函数 146

传统波束形成器作用原理（图） 12

纯几何法确定目标位置（图） 94

次声波 1

D

单架战斗机时域波形和频谱（图） 36、37

  起飞状态下时域波形和频谱（图） 36

单架直升机时域波形和频谱（图） 38、39

单辆轮式车辆时域波形和频谱（图） 41

单辆坦克时域波形和频谱（图） 40

单门炮时域波形和频谱（图） 43

单目标方向角估计最小方差分析 98

单目标声信号 22、33

  特性分析 22

单目标仰角、方位角同时估计时最小方差分析 102

单球阵列 187

单球阵列 DOA 估计结果 187、188（图）

  均方根误差 vs 信噪比曲线（图） 189

单旋翼直升机 26

  典型功率谱（图） 27

  声谱 27

等角度采样 174

低级信息融合 130

笛卡儿直角坐标系 92

地波 44

地面环境对声探测系统影响 47

地面战场被动声探测定位技术 14

典型判决准则 59

典型声源特性与分析 21

典型噪声源声功率级 5

点目标 20

点声源 7、20

  声波传播 7

电容式传声器特点 53

定位误差 113、114、116～118

  分析 107、111、118

  随传声器间距变化曲线（图） 117

  随目标方向角变化曲线 116、117（图）

多层神经网络目标方向角估计功能 154

多传感器数据融合 128、129

  基本原理 128

  技术 129

多传声器 94、129、130、134、145

  定位方法 94

  互补信息融合 129

  冗余信息融合 129

  数据融合方法 130、145

  特征信息融合方法 134

  相关信息融合 129

  原始信息融合方法 130

多传声器决策信息融合 135

方法 135

多传声器融合信息层次 130
 低级或原始信息融合 130
 高级或决策信息融合 130
 中级或特征信息融合 130

多传声器信号提供信息特点 129
 互补性 129
 冗余性 129
 相关性 129

多目标方向角估计最小方差分析 104

多目标和单目标声信号关系 33

多目标声信号特性分析 36

多球阵列 186、189～192
 DOA 估计结果均方根误差 vs 信噪比曲线（图） 191
 仿真 186
 球谐系数 186
 算法 185

多球阵列 DOA 估计空间谱（图） 194
 球形分布 194
 十字分布 194
 线性分布 194
 圆环分布 194

多球阵列结构 162、182
 设计 182

多球阵列结构示意（图） 190～193
 球形分布 193
 十字分布 192

 线性分布 192
 圆环分布 193

多球阵列设计 186、197
 规律 197

多声源定位多球阵列结构设计 182

E

二维平面内目标方向角估计简单模型 92、93（图）

二维平面内目标位置估计模型（图） 93

F

反射声（图） 45

反射现象 8

方位角 195、196
 角度分辨力曲线（图） 196
 均方根误差曲线（图） 195

方向角估计 97、100、102、106、161（表）
 参数曲线（图） 102
 方差随方位角变化曲线（图） 106
 方差随仰角变化曲线（图） 106
 实验结果（表） 97
 最小方差与传声器个数关系曲线（图） 100、102
 最小方差与方向角关系曲线（图） 100、102

防风罩 50

非均匀媒质中定位误差分析　118

非随机未知信号检测　62、72、74、75

　　回归检测方法　72、75

　　回归检测算法　74

分类器　80

分析系统　52、53

　　功能　52

　　组成框图（图）　52

分子弛豫吸收　46

峰值声压　1

风对传声器影响　48、49

　　对传声器接收信号影响　48

风对目标定位精度影响　118

风对声传播影响（图）　49

风对声探测系统影响　48

风速对定位误差影响　118

风速对声速影响　49、118、119（图）

　　对有效声速影响　118

风速梯度场　49

俯仰角角度分辨力曲线（图）　196

俯仰角均方根误差曲线（图）　195

G

干扰源　21

刚性球表面散射声场展开式　170

刚性球模态强度随自变量变化幅度（图）　171

高分辨率谱估计定位方法　12

高级信息融合　130

高阶统计量　75~78

　　基本概念　76

　　检测系统框图（图）　78

　　目标检测方法　75

　　在目标检测中应用研究　77

高斯背景下非随机未知信号检测　62

高斯背景下检测高斯信号判决公式　64

高斯采样　175

高斯信号检测　62、63

　　回归检测方法　63

高斯噪声中非随机未知信号回归检测　72~75

　　方法　72、75

　　算法　74

高斯噪声中高斯信号回归检测方法　63

跟踪技术　121

跟踪精度　124

跟踪坐标系选择　122

共轴式双旋翼直升机　27

估计精度　160

观测方程　122

广义互相关法　16

　　时延估计原理（图）　16

广义似然比　72

H

合成的两架战斗机时域波形和频谱

（图）　37

合成的两架直升机时域波形和频谱
（图）　39

横波　1

后续信号处理　127

互功率谱法　95

互相关时延估计方法　15

回归检测　62、63、69、72、75

　　方法　62、63、72、75

　　系统框图（图）　69

回归检测算法　69、71、74

　　讨论　69

　　验证　71

回归统计方法　63

回归系数　63、81

　　目标检测检验统计量计算方法　63

回归运算检测　62、64、68、69

　　方法　64

　　目标检测方法实现途径　69

　　目标检测判决公式　68

　　系统　62

火炮射击噪声　30

火炮噪声特性分析　30、43

　　结论　43

J

基本互相关法　15

基尔霍夫　10

基于 LMS 自适应滤波器的时延估计原理
（图）　17

基于高阶统计量目标检测方法　75

基于互相关时延估计方法　15～17

　　广义互相关法　16

　　基本互相关法　15

　　相位谱时延估计法　17

　　自适应滤波时延估计法　17

基于回归运算检测方法　64、69

　　目标检测方法实现途径　69

基于回归运算检测系统　62、68

　　目标检测判决公式　68

基于回归运算目标检测系统　75

基于球形阵列声场球谐分解　173、176、180

　　有限阶数引起的截断误差分析　180

基于球形阵列声场性能分析　173

基于人工神经网络目标识别系统　152

基于时延估计定位方法　13

机枪射击时典型功率谱（图）　29

机枪射击噪声　29

　　特点　29

机枪噪声特性分析　29、43

　　结论　43

激励函数　146

吉普车测试　30

　　特性分析　30

吉普车行驶时目标特性（图）　31

典型功率谱图　31

　　典型相关曲线　31

　　统计分布曲线　31

极大极小准则　59

计算机仿真实验　79

计算机模拟实验　137、158

　　结果　158

计算机实现的（传统的）模式识别

　　（图）　151

加权算术平均　135

加权最小二乘法　139

　　在目标位置融合中应用　142

减弱风的噪声干扰途经　50

检测高斯信号判决公式　64

检测系统　56

　　模型（图）　56

检验统计量　61、79

检验统计量分布曲线（图）　72

　　回归检测法　72

　　能量检测法　72

间接时延估计法　15

脚步声测试　30

　　特性分析　30

脚步声特性（图）　32

　　典型功率谱图　32

　　典型相关曲线　32

　　统计分布曲线　32

角度分割方式对方向角估计影响

　　（表）　161

接收器　11

接收系统　56

截断误差分析　180

截断误差随截断阶数 N 和 kr 值变化

　　（图）　182

　　俯视图　182

　　三维图　182

介质对声波吸收原因　9

近距离探测系统　57

经典吸收　46

具体目标型号识别　79

决策信息融合　130、137

　　方法　137

均匀　175

均匀采样　175

均匀媒质中定位误差分析　111

均匀平面阵　89

　　模型（图）　89

　　输出信号模型　89

均匀线阵模型（图）　88

　　输出信号模型　88

均匀圆阵　90、91

　　模型（图）　91

　　输出信号模型　90

K

卡尔曼滤波理论　122

开放球第 4 阶模态强度响应曲线
（图） 188

开放球麦克风阵列几何模型（图） 176

开放球模态强度随自变量变化幅度
（图） 171

开放球形阵列总声场声压表达式 169

空对地波 44

空间处理器原理框图（图） 132

空间角度分割方式 160

  对目标方向角估计影响 160

空间增益 131

空气吸收对声探测系统影响 45

空气吸收系数与频率关系（图） 46

宽带声源信号 177、178

  频率-空间域数学模型 178

  时间-空间域模型 177

宽带随机信号 86

L

累积量 76

理论基础 1

立体阵列 14

联合测向测距目标定位系统误差分
  析 109

联合有效估计 103

  计量方差 103

两个神经网络 156

两架战斗机时域波形和频谱（图）
36、37

  起飞状态下时域波形和频谱（图） 36

两架直升机合成的时域波形和频谱
（图） 39

两辆轮式车辆合成的时域波形和频谱
（图） 42

两辆坦克合成的时域波形和频谱
（图） 41

两门炮合成的时域波形和频谱（图） 43

两种结构五个相邻声源 DOA 估计三维谱
（图） 191

  不同半径 191

  相同半径 191

轮式车辆声信号特性分析 41、42

  结论 42

履带式装甲车声信号特性分析 40

  结论 40

滤波 121

滤波求和波束形成器 12

M

麦克风单球阵列模型（图） 187

门限取值对判决域影响（图） 60

门限值确定 61

米-26 直升机噪声谱（图） 27

模拟条件 138

模式识别 150、151

  方法 150

过程图示（图） 151

模态强度响应曲线 187

目标定位 84、92、112、131、139

　　多传声器信息融合方法 139

　　方法 92

　　技术 84

　　与跟踪系统原始信息融合框图（图） 131

　　原理（图） 112

目标定位系统 84

　　定位误差分析 107

　　模型 85、85（图）

目标定向、定位方法 92

目标定向精度 156

目标方位角（图） 87

目标方向角估计 98、100、153、159、160

　　方差与时延估计方差的关系 100

　　精度 159

　　最小方差分析 98

目标跟踪 84

　　技术 84

目标跟踪系统 84、124～126

　　跟踪精度 124

　　计算机模拟结果对比（图） 126

　　框图（图） 125

　　模型 85、85（图）

目标检测 22、54、59、148

　　技术 22、54、148

　　理想情况 59

　　神经网络（图） 149

目标检测系统 55、57、58、61、131、134、136、148

　　决策信息融合框图（图） 136

　　框图（图） 148

　　模型 55

　　判决准则确定 58

　　特征信息融合系统 134

　　要解决的问题 57、61

　　原始信息融合框图（图） 131

目标识别 54、79

　　层次 79

目标识别技术 54、79、150

　　研究 79

目标识别系统 55、57、80、83、131

　　模型 55、80

　　验证 83

　　要解决的问题 57

　　原始信息融合框图（图） 131

目标特性 52

　　测试系统 52

　　分析系统 52

　　获得途径 52

目标位置 112、140、142

　　估计精度 112

　　融合 140、142

目标信号模型　75

目标仰角（图）　87

目标源　21

目标种类识别　79

N

奈曼－皮尔逊准则　59、60

　　最佳检测系统　60

能量方程　19、20

黏性吸收　10

O

欧拉方程　163

P

判决准则　58、59、59（图）

炮声信号特性分析　42

平均声能量流　3

平均声能密度　3

平面波　2、6、7、162、164、168

　　传播（图）　6

　　声场球面散射模型（图）　168

　　声强表达式　7

　　声压表达式　2、7

平面阵列　14

平稳随机信号　86

Q

枪声信号特性分析　42

球麦克风阵列　173

　　设计　173

球麦克风阵列空间采样方案　174、175

　　等角度采样　174

　　高斯采样　175

　　均匀采样　175

球面编码　175

球面波　7、8、165

　　传播（图）　7

　　声强表达式　8

　　声压表达式　8

球面坐标表示法　122

球面坐标系　92、165

　　示意（图）　165

球谐波　162、182

　　理论　162

球谐多重信号分类算法　183

球谐分解 MUSIC 算法　182

球谐函数　172～174

　　实部三维图（图）　173

　　正交性矩阵表达式　174

球形阵列　14、162、173

　　声场性能分析　173

球形阵列声场球谐分解　173、176、180

　　有限阶数引起的截断误差分析　180

球坐标系中球谐函数实部三维图
　（图）　173

球坐标系中声波方程通解　165

R

热传导吸收　10

人工神经网络　80、135、145、148、150、153、154、157

　　分类器　80

　　基本理论　145

　　基本模型　145

　　检测器不同信噪比条件下检测结果（表）　150

　　结构（图）　157

　　目标定向系统　154

　　目标检测技术　148

　　目标声定位系统结构（图）　157

　　目标声定位系统框图（图）　154

　　目标识别技术　150

　　目标识别系统　153

　　输入矢量确定　154

　　特征信息融合原理框图（图）　135

　　在声探测系统中应用　145

　　最基本处理单元　145

人工神经网络和多传感器数据融合技术　127

　　在声探测系统中应用研究　127

人工神经网络技术　127、128、135

　　用于目标方向角估计　153

人工神经网络目标识别系统　152

　　一般形式　150

人工神经元　145

融合方法优缺点比较（表）　136

融合目标位置估计值（图）　142

冗余信息融合方法　139

瑞利波　1

S

三层人工神经网络　149

三阶统计量　79

三球阵列几何模型（图）　185

三维空间目标定位信息融合方法　141

三维空间球面坐标系示意（图）　165

三维空间声场球面散射　168

三维空间中平面波　164

散射波　9

射线　6

神经网络　128、135、147、156

　　模型（图）　147

　　输入量与目标方向角关系（图）　156

　　特征信息融合原理（图）　135

神经网络定位系统　154、161

　　容错能力　161

声波　1、8~10、44、162、163、165

　　发散衰减对声探测系统影响　44

　　反射　8

　　方程　163、165

　　经典吸收　10

散射　8、9、162

衍射　8、9

折射　8

声波传播　1、6、8、50、51

机理　1

模型　6

曲线（图）　51

受温度变化影响　50

特性　8

声波辐射　44、162

空间　44

声波接收　10、11

过程　11

声波衰减原因　9

几何衰减　9

散射作用　9

吸收损失　9

声　场　1、162、164、168、170、173、176～178

频率-空间域模型　177

球面散射　168

球谐分解　173、176

入射到直角坐标系示意（图）　164

声压球谐函数展开式　170

时间-空间域模型　176

性能分析　173

声场球谐域建模　162、178

模型　178

声定位技术　11

声定位系统　18

框图（图）　18

声功率　3

和声强关系　3

声功率级　3～5

声接收器　10

声呐方程　20

声呐时延估计方法　95

声呐系统　20

声能量　2

密度　2

声强　3

声强级　3、4

声速　5

声探测定位　1、11

方法　11

理论基础　1

声探测目标检测系统　55、57

模型　55

要解决的问题　57

声探测目标识别系统　55、57、79、80

模型　55、80

任务　79

要解决的问题　57

声探测人工神经网络目标检测系统原理　148

声探测系统　18～20、44、54、55、84、

111、118、127、130~135、137
  传声器阵列布置及信号处理注意事项 118
  定位功能应用场合 111
  多传声器决策信息融合方法 135
  多传声器数据融合方法 130
  多传声器特征信息融合方法 134
  多传声器原始信息融合方法 130
  环境特性分析 19
  目标定位技术 84
  目标分析 19
  目标跟踪技术 84
  目标识别 54
  任务 19
  探测目标 44
  特征信息融合 134
  信息融合原理框图（图） 137
  应用场合 18
  原始信息融合准则 131
  最佳空间处理器结构 132
  最佳空间处理器原理框图（图） 132
声探测系统目标检测 54、62
  技术 54
声探测系统目标识别技术 54、79
  研究 79
声探测系统能量方程 19~21
  推导示意（图） 20

声探测系统设计 21、51
  复杂性 21
  注意事项 51
声吸收系数公式 10
声信号合成实验框图（图） 34
声信号频谱（图） 35
声学中物理概念 1
声压 1、2
  单位 2
声压幅度比 13
  定位方法 13
声压级 3、4
声源 6、21、167
  传播模型 6
  类型 6
  内部域示意（图） 167
  外部域示意（图） 167
实现基于回归运算目标检测方法途径 69
时延测量系统原理框图（图） 96
时延测量装置 96
时延定向、定位法 92
时延估计 13~15、94
  测向、测距技术 14
  定位方法 13
  定位原理（图） 13
  方法 14、15
时延估计误差 112、113、116
  对目标位置估计精度影响 112

213

和传声器位置误差同时存在时定位

误差　116

　　　引起的定位误差　113

时延和目标方向角测量装置　96

识别系统　56

　　　模型（图）　56

双旋翼同轴式直升机　28

　　　桨噪声　28

　　　噪声谱　28

双旋翼直升机　27、28

　　　典型功率谱（图）　28

瞬时声压　1

斯托克斯　10

斯托克斯-基尔霍夫公式　10

似然比检验系统　60

四种阵列对应的方位角和俯仰角角度分

　　　辨力曲线（图）　196

算术平均法　134

随机信号数学期望和相关函数　81

T

坦克测试数据分析结论　40

坦克和非坦克目标识别结果（表）　82

坦克目标识别系统组成框图（图）　82

坦克上坡行驶时目标特性（图）　25、26

　　　典型功率谱图　25

　　　典型相关曲线　25

　　　统计分布曲线　26

坦克声信号特性分析　40

坦克时域波形和频谱（图）　40

坦克下坡行驶时目标特性（图）　24、25

　　　典型功率谱图　24

　　　典型相关曲线　24

　　　统计分布曲线　25

坦克匀速行驶时目标特性（图）　23、24

　　　典型功率谱图　23

　　　典型相关曲线　23

　　　统计分布曲线　24

坦克噪声测试与特性分析　22～26

　　　结论　26

　　　坦克上坡时　25

　　　坦克下坡时　24

　　　坦克匀速行驶时　23

探测目标　44

特征波束　182

特征波束-ESPRIT声源定位算法　182

特征量　134、135

特征提取　80、152

　　　与人工神经网络训练时间、收敛性

　　　及识别效果关系　152

特征信息融合　130、134、135、137

　　　方法　134、137

　　　框图（图）　134

特征信息融合与决策信息融合目标位置

　　　估值（图）　138

　　　决策信息融合　138

特征信息融合 138

同轴式直升机平飞时噪声包线谱（图）28

W

微型汽车测试 30
  特性分析 30
微型汽车行驶时目标特性（图）31
  典型功率谱图 31
  典型相关曲线 31
  统计分布曲线 31
未融合目标位置估计值（图）142
温度梯度 48、50
  对声波影响（图）50
  对声探测系统影响 48
问题讨论 159

X

现代波束形成器 12
线性阵列 14
限幅函数 146
相同半径多球阵列结构示意（图）190
相位谱时延估计法 17
消除风的噪声干扰途径 50
信道 57
信号 62、75、77、127
  和噪声差异 127
  检测研究 75

三阶中心矩在目标检测中应用 77
信宿 57
信息传输系统 57
信息融合 128、131、137
  框图（图）131
  原理框图（图）137
信源 57
信噪比 160
  对方向角估计影响（表）160
  对估计精度影响 160
旋翼噪声 27
  宽带噪声 27
  旋转噪声 27

Y

压缩波 1
夜间声波传播曲线（图）51
映射 150
有效声压 1、2
  典型例子 2
语音测试 30
语音特性 30~32
  典型功率谱图（图）32
  典型相关曲线（图）32
  分析 30
  统计分布曲线（图）32
雨对声探测系统 48
  干扰 48

影响　48
预白处理　133
预测　121
预处理电路波形示意（图）　97
　　传声器接收到的原始信号　97
　　预处理后信号　97
原点矩　76
原始信息融合　130、131
　　方法　130
　　框图（图）　131
　　准则　131
远距离探测系统　57
运动目标跟踪技术　121

Z

噪声干扰　48
窄带随机信号　86
战场地面环境对声探测系统影响　47
战场典型声源特性与分析　21
战场环境特性　44、51
　　对声探测系统影响　44、51
　　分析　44
战场声信号合成规则　33
战斗机声信号特性分析　36
战斗机时域波形和频谱（图）　36、37
　　起飞状态下时域波形和频谱（图）　36
折射现象　8
振幅定向法　92
阵列技术　14
阵列输出信号模型　91

直达声（图）　45
直角坐标系表示法　122
直接时延估计法　15
直升机飞行噪声　26
　　特性分析　26
直升机声信号特性分析　38
　　结论　38
直升机旋翼　26
中级信息融合　130
中心矩　76
主动声探测定位系统　11
柱面波传播（图）　6
驻极体电容式无指向传声器　53
转移函数　146
状态方程　122
自然界生物实现的模式识别（图）　151
自适应滤波器时延估计原理（图）　17
自适应滤波时延估计法　17、18
自由空间　44、45
纵波　1
最大似然准则　59
最佳检测系统　61、62
　　结构（图）　61
最佳空间处理器原理框图（图）　132
最小错误概率准则　59
最小二乘法　139、140
　　在目标位置融合中应用　140
最小方差分析　98、102、104

（毋栋　余鹤　编制）